살아있는 우리 역사,

문화유산의 세계

전호태 지음

UUP.

살아 있는 우리 역사, 문화유산의 세계

2010년 4월 26일 초판 2쇄 인쇄
2010년 5월 03일 초판 2쇄 발행
2004년 3월 02일 초판 발행

지은이 전 호 태
발행인 김 도 연
주 소 680-749 울산광역시 남구 대학로 102(무거동)
UUP(울산대학교 출판부)
전 화 (052)259-2488
F A X (052)277-3011
등록 울산시 제20호(2000. 3. 24)

값 16,000원
ISBN 978-89-7868-211-4 93910

차 례

책을 펴내며 / 5

제1장 총론: 문화유산이란 무엇인가 / 7

제2장 청동기 문화와 철기 문명이 남긴 것: 선사, 역사 초기의 한국 / 17

제3장 고분벽화의 세계: 고구려 / 33

제4장 금동대향로에 담긴 뜻: 백제의 문화 / 57

제5장 금관과 갑옷: 신라와 가야의 문화 / 77

제6장 과학기술의 정화, 그릇1: 토기 / 93

제7장 과학기술의 정화, 그릇2: 청자와 백자 / 105

제8장 풍부한 불교유산1: 사원, 탑, 부도 / 119

제9장 풍부한 불교유산2: 불상 / 135

제10장 풍부한 불교유산3: 불화 / 149

제11장 자연 속의 집과 성1: 집, 온돌, 한지 / 165

제12장 자연 속의 집과 성2: 궁과 성 / 179

제13장 귀족의 글, 서민의 그림 / 195

제14장 장인의 손끝에서 나온 가구와 장식 / 211

제15장 내세 삶터의 살림살이: 고분과 껴묻거리 / 223

주(註) / 239

도판목록 / 251

참고문헌 / 259

찾아보기 / 269

책을 펴내며

우리의 문화유산을 말하는 시대가 되었다. 호사가들, 매니아, 연구자들만의 관심 대상이자 연구 영역으로 남아있던 문화유산이 어느 틈엔가 누구나 언급하며 그 가치와 자리 매김에 대해 묻고, 고민하며 토론하고 답하고자 애쓰는 대상으로 떠오르게 되었다. 긍정적이고 의미 있는 현상이라고 하겠다.

문화유산이란 한 민족이나 사회, 특정한 집단의 역사적 경험이자, 그 경험의 결과물이다. 우리의 말과 글, 민족의 기원에 대한 신화 뿐 아니라, 수 천 년, 수 만 년 전 돌로 만들어진 작은 도구 조각까지 문화유산이라 불리며 보존, 관리, 유지될 필요가 있다. 진품이나 명품만이, 이른바 화폐로 가치가 교환될 수 있는 오래된 물건만이 문화유산은 아닌 것이다.

모든 문화유산은 특유의 환경을 바탕으로 생성된다. 시대와 지역, 사회가 엮어낸 인문 지리적, 사회역사적 환경을 떠나거나 무시한 채 문화유산의 과거와 현재를 이해하고 미래를 전망하기는 어렵다. 문화유산을 특정한 역사 속에서, 문화의 흐름 속에서 읽어내지 못한다면, 문화유산은 정체불명의 골동품, 유래를 알 수 없는 경험담에 불과하게 될 것이다.

정의하기에 따라 문화유산의 범위는 무한정 확대될 수도 있다. 유무형의 모든 문화유산을 제한된 지면 안에서 소개하고 논하려고 한다면 바닷물을 양동이 하나에 모두 퍼 담으려다가 그릇째 쏟아버리고 마는 어리석은 시도와 결과에 이를 수 있다. 이를 고려하여 이 책에서는 우리의 역사와 문화의 전개 속에서 만들어지고 남아 전하는 유형적인 것들에 대해 개략적으로 소개하고자 한다. 관심 있는 이들을 한국의 문화유산이라는 이름의 커다란 도시로 인도하면서 도시 입구에서 이들에게 대로와 지표건물만 표기된 간단한 길잡이 지도를 건네는 것과 마찬가지이다. 상세한 내용을 담고 있지는 못하지만 도시에 들어서는 이로 하여금 도시의 규모를 가늠하고 큰 길 중심으로 오가는 방향을 판단하는 데에는 도움이 되리라는 생각에서이다.

우리의 문화유산과 관련된 방대한 자료에 대한 충분한 검토와 이해가 전제되어야 하지만, 알게 모르게 글쓰기의 기한에 쫓기면서 재확인을 기약하기만 한 채 마무리한 부분도 있다. 수정의 기회를 마련하고자 한다. 이 책의 출판을 제안하고, 긴 시간 원고의 완성을 기다려 준 울산대학교 출판부장 김호연 교수께 감사하며, 깔끔한 편집과 성의 있는 교정으로 거친 원고의 단점을 잘 보완해 준 출판부 편집진에게 고마운 마음을 전한다.

2003년 9월

문수산 기슭 연구실에서 전호태

❖ 제1장 총론: 문화유산이란 무엇인가.

1. 문화는 무엇이고, 유산은 또 무엇인가.

넓은 의미에서 문화란 '인간의 삶의 양식과 흔적 전체', '인간의 삶과 관련된 모든 것'을 가리킨다. 아름다운 음악이나 깊이 있는 그림을 만들어내고 이를 감상하는 행위는 문화를 이루어내는 수많은 인자 가운데 한 가지일 뿐이다. 문화유산이란 유산으로 전해지는 문화, 곧 현재 이전에 시작되어 지금까지 전해지는 인간 삶의 흔적을 가리킨다. 이 흔적에는 유형의 물질, 무형의 지식과 습관이 모두 포함된다. 유형의 물질 가운데 이동이 가능한 것, 물건으로 부를 수 있는 것을 문화유물, 이동이 어려운 것, 자연지형과의 분리가 어려운 것을 문화유적이라고 한다.

석기시대에 사용되던 뼈로 만든 낚싯바늘이라든가, 청동기시대에 사용되던 그릇의 파편, 옛 사람들이 집에서 기르던 소의 코뚜레 같은 것이 문화유물에 해당된다면, 구석기시대 사람들이 살았던 동굴, 삼국시대에 죽은 사람을 묻었던 무덤, 주춧돌만 남은 오래된 절터 같은 것은 문화유적에 해당한다. 무형의 지식과 습관이란 자기 집안의 뿌리에 대해 전해 오는 오랜 이야기, 옛 사람들이 부르던 노래, 음식이나 장을 만드는 전래의 비법, 마을의 강과 호수, 산이나 바위의 유래와 관련하여 전해진 이야기, 집이나 가구, 그릇을 만드는 전통적인 방법 등을 말한다. 사례를 살펴봄으로써 문화유산에 대한 이해를 보다 구체화 해보기로 하자.

50만 년, 혹은 100만 년 전의 어떤 시점, 어느 장소에 한 무리의 사람들이 어디에선가 불씨를 구해 와서 불을 피워 근처 바위 곁에서 볕을 쬐던 도마뱀 한 마리(대단히 재수 없는 녀석이다.)를 잡아 불에 구워 나누어 먹고 곧바로 다른 곳으로 옮겨갔다고 하자. 혹 그 불 피웠던 자리가 곧이어 갑작스런 산사태를 겪고 흙무더기에 덮인 뒤 몇 가지 특별한 화학적, 물리적 요인으로 말미암아 그 흔적이 보존되었다. 최근의 어떤 발굴조사를 통해 '흙이 타서 붉어지고, 모닥불의 재가 검은 덩어리가 되어 남은 모습'이 확인되고 그 자취에 대한 분석을 통해 이 흔적이 옛 사람의 삶의 어떤 순간과 관련되었음을 알게 되었다면, 어떤 도마뱀이 사람이 피운 불에 통구이가 되었던 이 자리는 문화유적이며, 검은 덩어리는 문화유물, 흔적 전체는 문화유산이다.

150년 전 태백산맥 준령 깊은 골짜기에 외딴 집이 한 채 있었다고 하자. 그 집에 살던 할머니와 할아버지가 당신들이 살면서 겪었던 세계에 대한 이야기를 우연히 그 집에서 하룻밤 묵고 떠난 나그네에게 가락을 담아 들려주었고, 나그네는 자신의 일지에 그 내용의 상당 부분을 담아두면서 타령조의 가락으로 일부를 아이들에게 들려주었다고 하자. 10년 전 어떤 이유로 그 집터가 발굴되고 노인부부의 삶의 흔적이 발견되었으며, 나그네 후손이 보관하고 있던 조상의 일지 속의 이야기와 그 흔적의 연관성이 확인되었고 출처를 모르는 채 흘러 내려오던 어떤 가락 역시 노인부부로부터 나그네를 거쳐 전해 내려오게 되었음을 알게 되었다면, 집터와 삶의 흔적 뿐 아니라 일지와 그 속의 '이야기', 출처를 알게 된 노래 가락도 문화유산에 포함된다. 이야기 속에 담긴 150년 전 사람의 지식과 경험, 습관, 민가에서 불리던 노래 가락, 일지가 전해주는 노인의 모습, 말하는 태도, 신념이나 신앙은 정보의 형태로 전해지는 무형의 문화유산이다.

이처럼 가치 있고 아름다운 조상 전래의 유적이나 유물만이 문화유산은 아니다. 그 유적이나 유물, 혹은 전해진 어떤 이야기나 노래 가락을 통해서 지나간 시대의 사람이나, 먼 옛날 태고시대 인간의 체취를 느낄 수 있다면 그것을 가능하게 하는 모든 것이 '문화유산'이다. 사실 먼 과거의 사람 흔적만 문화유산은 아니다. 과거는 지금도 만들어지고 있기 때문이다. 나의 어제조차도 사실은 과거이며, 지금의 내가 말하며 사용하는 것도 내일이라는 시점에서 되돌아보면 과거가 된다.

이런 시각에서 볼 때, 문화유산은 끊임없이 만들어지며, 잊혀지고, 망실된다고 할 수 있다. 문화유산을 지난 시대 인간 삶의 특별한 자취로만 인식하고 특별하지 않은 것, 혹은 가까운 과거의 것, 현재의 것은 문화유산이라는 범주에 넣지 않으려 한다면 마치 사회적 지위가 높지 않거나, 재산이나 지식, 명예, 권력을 어느 정도 지니고 있지 않은 사람은 사람이 아니라고 규정하고 외면하며 배척하는 무서운 아집에 빠지는 것과 다름없다.

2. 문화유산과 문화재

인간의 삶의 자취 가운데 귀중하지 않은 것은 없다. 그러나 현실이 뒷받침되지 않는 상태에서 모든 인간 삶의 자취가 보존되거나 관리, 유지되기는 어렵다. 해당 사회의 재정적 능력이나 보존기술, 사회적 인식, 역사적 필요가 문화유산의 개별적 가치를 평가하고 보존 가능성을 저울질하게 만든다. 원칙도 있어야 하지만 현실도 무시할 수는 없는 것이다. '유산(遺産)'이 보편적, 관념적 가치를 전제한 개념이라면 '재(財)'란 개별적, 실용적 가치를 염두에 둔 용어이다.[1] 문화유산은 가치의 등급화를 전제하지 않는 용어이지만 문화재는 가치를 등급화 하려는 의도를 담은 개념이라고 할 수 있다. 문화유산과 문화재는 사실 동일한 대상을 가리키는 개념이자 용어이지만 각각의 용어 안에 담고 있는 의미에는 미묘하면서도 중요한 차이가 있다고 하겠다.

한국에서 일부 문화유산은 '문화재보호법'에 의한 보존, 관리의 대상이다. 문화재보호법은 1962년 제정되고 1982년 전면 개정된 뒤 1984년부터 현재까지 계속 부분 개정되고 있는 한국의 문화재 보호 관리를 위한 대표적인 법적, 제도적 장치이다.[2] 현행

문화재보호법에 의하면 문화재는 유형문화재, 무형문화재, 기념물, 민속자료로 구분되며, 각 유형별로 다시 세분된다. 세부 항목과 내용은 다음과 같다.

- 유형문화재: 건조물·전적·서적·고문서·회화·조각·공예품 등 유형의 문화적 소산으로서 역사적·예술적 또는 학술적 가치가 큰 것과 이에 준하는 고고자료.
- 무형문화재: 연극·음악·무용·공예기술 등 무형의 문화적 소산으로서 역사적·예술적 또는 학술적 가치가 큰 것.
- 기 념 물: 패총·고분·성지·궁지·요지·유물 포함층 등의 사적지와 특별히 기념이 될 만한 시설물로서 역사상·학술상 가치가 큰 것, 경승지로서 예술적·경관적 가치가 큰 것, 동물(그 서식지·번식지·도래지를 포함한다)·식물(그 자생지를 포함한다)·광물·동굴·지질·생물학적 생성물 및 특별한 자연현상으로서 역사적·경관적 또는 학술적 가치가 큰 것.
- 민 속 자 료: 의식주·생업·신앙·연중행사 등에 관한 풍속·관습과 이에 사용되는 의복·기구·가옥 등으로서 국민생활의 추이를 이해함에 불가결한 것.

문화재로서의 가치가 있다고 판단되어 공공차원의 보존, 보호의 필요성이 제기된 문화유산은 국가 및 광역 지방자치단체를 단위로 한 문화재위원회의 심의와 의결을 거쳐 지정된다. 국가문화재는 문화재청이, 지방문화재는 광역자치단체가 주관하여 해당분야의 전문가들을 위촉함으로써 구성되는 문화재위원회 산하 각 분과가 특정 문화유산에 대하여 지정 여부를 심의, 의결한다. 특정한 문화유산이 국가 및 지방문화재로 지정될 경우, 해당 문화재의 소유권은 개인이나 기관에 그대로 남아 있을 수 있으나, 소유권이 이전될 경우, 관리담당기관에 그 사실이 알려져야 한다. 또한 문화재의 관리 보존 상태는 정기적, 혹은 부정기적으로 국가나 지방의 담당기관에 의하여 확인 받아야 하며, 일정한 한도 안에서 국가나 지방자치단체로부터 관리, 보존에 필요한 비용을 보조받을 수 있다.

그러나 가치의 평가를 전제로 한 이와 같은 문화재 규정은 '현실'이라는 특정한 상황을 잘 반영한 것이기도 하지만 모르는 사이에 문화유산의 범위를 크게 줄여 놓음으로서 많은 사람들이 현재와 미래를 위해 과거를 지우는 행위를 당당히, 서슴없이 하도록 만들고 있다. 제한된 개념규정이 최소한의 보호규정으로 인식되지 않는 데에 근본적 원인이 있겠지만 인간 문화의 흔적을 '재'라는 가치 용어 겸 개념을 바탕으로 이해하고 정리하려는 자세에서 말미암는 바도 크다고 하겠다. '거기서 거기'가 아니겠느냐는 비아냥거림도 있을 수 있으나 가능한 한 인간 삶의 자취를 보는 인식의 범위, 곧 시야를 넓혀 놓는 용어와 개념을 사용한다면 규정과 보존, 보호의 범위 역시 넓어지고 방식도 개선되지 않겠는가.

3. 디지털 시대와 문화 인프라

시대를 보고 읽는 시야가 좁고 인식 수준이 낮으면 자신이 살고 있는 사회를 거칠고 이기심이 가득한 사람들의 세상으로 만들 수 있다. 시야가 좁으면 눈앞의 이해관계에 매달려 가까운 미래를 풍족하게 할 투자가 무엇인지조차 알려고 하지 않으려는 자세를 지니게 된다. 인식 수준이 낮으면 미래가 어떻게 되어야 될 지에 대한 아무런 생각도 하지 않게 된다. 결국 현재의 이익과 편리를 위해 '다가올 현재'에 대해 보려고도, 준비하려고도 하지 않게 되는 것이다.

시대의 코드가 아날로그에서 디지털로 바뀐다는 소리가 높아가고, 실제 일상생활의 많은 부분이 디지털 기기의 영향을 받는다. 개인용 전자기기부터 대중 교통수단에 이르기까지 그 안에 들어있는 아이 손톱 크기 만한 칩에 의존하여 가동되지 않는 것이 없을 지경에 이르렀다. 디지털 코드로 운용되는 또 하나의 세계가 '사이버 공간'이라는 이름으로 만들어져 그 영역을 넓히는 정도가 아니라 OFF LINE의 세계보다 주요하고 의미 있는 새 공간으로 자신의 위치를 확고히 하게 되었다. 가상현실이 아니라 현실 속의 현실, 새로운 세대의 일상을 사실상 지배하는 세계가 되었다는 이야기까지 나온다. 전자정부에서 전자 화폐, 전자책에 이르기까지 ON LINE 공간은 독립 세계로 운영되기에 충분한 모든 것을 갖춘 상태가 되었다.

드디어 일부에서는 '박물관'이나 '미술관'도 필요 없는 시대가 되었다는 말을 하기 시작한다. 많은 비용과 인력이 요구되는 문화시설 가운데 하나인 박물관과 같은 기관의 설립과 유지를 위해 더 이상 정부와 민간의 재정이 압박 받을 이유가 없다는 시각이다. 박물관이나 미술관 뿐 아니라 현실세계의 모든 하드웨어적 시설들은 가능한 빠른 시간 안에 비용과 인력을 거의 요구하지 않는 디지털 세계 안에 새로 건설하여 운용되도록 해야 한다는 것이다. 실제 그러한가.

디지털 공간 속에 펼쳐진 모든 도구와 시설, 물체는 그 원형이 OFF LINE의 세계에 있다. 사이버 공간이라는 개념조차도 디지털 코드를 다루는 '사람'의 머릿속에서 나온다. 가장 아름다운 창의물은 전통의 모방에서 나온다는 말이 있듯이 이미 있는 것을 본떠 만들어지지 않은 새로운 것은 없다고 해도 과언이 아니다. 박물관이나 미술관은 이미 있는 것, 만들어진 것을 모아 놓은 장소이다. 비록 '기념할 만하고 보존할 가치가 있는'이라는 전제가 붙기는 하지만 문화유산이라고 불릴 수 있는 것들이 수집, 정리, 연구, 전시, 보존되는 특별한 문화시설이다. 박물관이나 미술관에 보존, 전시되는 문화유산이라고 불리는 것들은 물질적인 형태로 그 흔적을 남기고 있거나, 보이지 않는 것이라고 하여도 기기를 통해 소리나 느낌이 재생될 수 있어야 한다. 또한 보이지 않는 것조차도 그와 관련된 물질적인 증거에 의해 문화유산으로서의 위치와 의미를 확인 받을 수밖에 없다. 결국 이들 문화유산은 현실 세계 속에 뿌리를 내린 채 그 역사문화적 생명을 유지하는 것이라고 할 수 있다. 디지털 기호만으로 대체될 수는 없는 존재인 것이다.

디지털 시대 이전부터 인프라의 가치와 기능은 계속 강조되어왔다. 산업 인프라, 사회복지 인프라, 정보 인프라, 문화 인프라와 같은 용어와 개념들이 시대적 과제처럼 차례차례, 혹은 한꺼번에 거론되어왔다. '인프라'란 어떤 분야의 운용과 발전을 위한 바탕이 되는 것을 말한다. 자동차가 사람을 오가게 하고 물자를 실어 나르려면 잘 닦인 도로가 필요하고, 인터넷으로 정보와 지식이 쉽게 교환, 공유, 확산되려면 전자 신호가 오갈 수 있는 전자고속도로들이 마련되어야 하는 데, 이러한 기반시설들을 인프라라고 한다.

훌륭한 수영선수를 길러내려면 수영을 좋아하는 많은 사람들이 있어야 하고, 이를 위해서는 사람들이 어디서나 쉽게 수영을 즐길 수 있도록 많은 수영장이 마련되어야 하며, 이것이 가능하려면 사회적 합의와 재원 염출, 지속적 투자가 전제되어야 한다. 디지털 시대의 도래와 함께 끊임없이 강조되는 문화 인프라 역시 인프라가 무엇이며, 문화가 무엇인지, 문화 인프라는 어떻게 마련될 수 있는지에 대한 이해와 인식을 전제로 구축 가능성이 조심스럽게 검토될 필요가 있다. OFF LINE상의 수영장 몇 개와 수많은 사이버 수영장만으로 두터운 수영 동호인층의 형성과 좋은 기록을 내는 훌륭한 수영선수의 출현을 기대하는 것은 무리이다. 사이버 박물관이나 미술관, 연주홀들과 현실세계에 존재하는 몇 개의 공·사립시설만으로 문화 인프라의 구축이 가능하다고 믿는다면 이 역시 무리한 것이다.

ON LINE 공간에서 요리된 음식물들이 '그대로' 현실세계의 식탁 위에 오르지는 못하며, 현실 공간 속의 요리재료가 사이버 세계로 옮겨가려면 이미지로 읽혀질 뿐이듯이 두 세계 사이의 소통에는 아직 뚜렷한 구분 선이 있다. 디지털 시대가 요구하는 문화 인프라는 인간과 물질세계 전체가 전자신호로 바뀌지 않는 한 OFF LINE의 공간에서 준비될 수밖에 없으며 현실세계 속의 시설, 인력, 비용을 요구한다. 문화유산의 관리가 시도되어야 하고, 문화유산의 연구가 진행되어야 하며, 문화유산의 전시와 보존이 이루어져야 한다. 현실 문화에 대한 진단과 전망이 있어야 하고, 과거 역사와 문화의 전개과정에 대한 이해와 검토가 뒤따라야 한다. 과거로부터 현실로 이어지는 문화 활동의 흔적에 대한 추적과 평가, 관리방법이 논의되어야 하는 것이다. 어떤 요리의 재료로 쓰이는 채소나 과일이 씨앗으로부터 싹이 터서 꽃이 피고 열매 맺으면서 수확, 판매, 공급되듯이 문화의 산물들도 만들어진 다음, 버려지거나 잊혀 땅에 묻힌 뒤, 오랜 시간이 흘러 다시 세상의 빛을 보거나, 대대로 쓰이면서 전해져 수집, 정리, 연구, 전시, 보존된다. 사이버 공간에서 이루어질 수 없는 일이다. 현실 세계가 담당하고 책임질 영역이다.

❖ 제2장 청동기 문화와 철기 문명이 남긴 것–

선사, 역사 초기의 한국

1. 최초의 도구들: 돌과 뼈, 나무로 시작된 새 세상

인부로 나온 노인들은 '참 이상도 하다'고 생각하면서 너무나 찰져 갓 쪄낸 인절미 덩어리를 떠올리는 진흙덩이를 호미로 긁어냈다. 무슨 학술발굴이라던데 이 붉은 진흙덩이 속에서 도대체 무엇을 찾으려는지 알 수 없었다. 벌써 보름째 수 십 명의 노인들이 거대한 진흙의 대지에 쪼그리고 앉아 하루 종일 흙을 긁어낼 뿐이다.

1979년 경기도 연천 전곡리유적 발굴 현장의 한 장면이다. 길게는 20만년, 짧게는 4만 5000년 전에 형성된 구석기시대의 이 유적에서 10여 년에 걸쳐 행해진 10 차례의 발굴로 모두 4000여 점의 석기 유물이 발견, 수습되었고, 더 많은 수의 유물이 유적 주변에서 지표 채집되었으며, 세계 구석기유적 연구에 중요하고도 새로운 정보들이 추가되었다.[3] 유적분포지도가 새로 작성되었으며 초·중·고등학교 국사교과서와 대학의 한국역사 및 고고학 개론서에 한국 구석기시대에 관한 새 절, 혹은 새 장이 더해졌다. 구석기인들이 쓰던 석제 도구들이 발견된 전곡리의 거대한 현무암 대지는 1980년 국가에 의해 사적 제256호로 지정, 보호받게 되었고, 근년에 이르러 발굴현장 가까운 곳에는 전시관이 건립되었다.

[그림 1] 주먹도끼, 외날찍개, 가로날도끼 등 구석기 일괄, 연천 전곡리 출토

전곡리유적에서 발견된 석제 도구들은 주먹도끼, 가로날도끼, 뾰족끝찍개, 긁개 등으로 불리는 것들로 언뜻 보기에는 한쪽 끝이 깨어진 채 냇가에 굴러다니는 강돌처럼 보이는 것도 많다.[그림1]

유럽의 어떤 구석기 학자가 수년 째 이 방면의 연구에 참여했던 연구생들에게 구석기시대에 만들어진 실제의 석기와 자신이 직접 만든 석기들을 나란히 두고 진위를 판별해 보도록 하였더니, 상당수가 새로 만든 것들을 '발굴된 유물'로 판단했다는 이야기가 전한다. 이처럼 유적에서 발굴되지 않은 것일 경우, 구석기 유물의 판별은 전문가에게조차 어려운 과제이다. 자연현상의 산물인 깨어진 돌덩어리와 사람이 의도적으로 깨어 만든 석기는 비록 외형적으로는 두 돌의 차이가 거의 구별되지 않는다 하더라도 앞의 것은 돌덩어리에 불과하지만, 뒤의 것은 인간문명의 첫 걸음과 깊은 관련이 있는 귀중한 문화유산이다.

중석기시대를 거쳐 신석기시대에 이르면 인간이 만든 도구의 종류와 수량은 급격히 증가한다.[그림2] 깨고 다듬고 갈아서 만든 다양한 형태와 용도의 석기와 뼈로 만든 여러 가지 도구들이 신석기시대 사람들이 살던 곳에서 발견된다.[그림3] 특별한 환경조건 아래에서 잘 보존된 나무로 만든 도구들이 고고학적 발굴을 통해 수습되기도

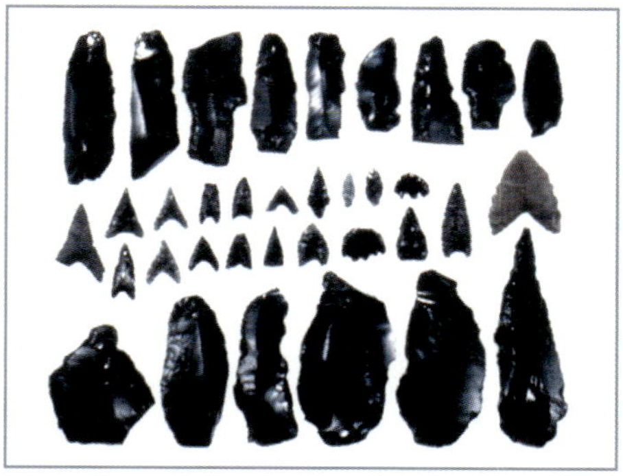

[그림 2] 흑요석제 석기 일괄, 여천 돌산 송도, 통영 욕지도 외 출토

[그림 3] 돌도끼, 돌칼, 돌낫, 부여 송국리, 진양 대평리 외 출토

한다. 구석기와는 비교도 되지 않는 발전된 도구들의 세계가 신석기 유적과 그 주변에서 펼쳐진다.[4)]

정교하게 다듬어진 석기들과 함께 새로운 시대를 특징짓는 특별한 도구로 눈여겨 보아야 할 것은 그릇이다. 신석기시대에 이르러 처음으로 모습을 드러내는 그릇은 '흙'이라는 자연 상태의 재료에서는 상상할 수 없던 '형태'를 갖춘 존재로 만들어냈다는 점에서 인간에 의한 새로운 차원의 발명품이라고 할 수 있다. 재질에 변화를 주지 않고 재료의 형태만을 다듬은 결과 출현한 석기와 달리 그릇은 흙이라는 재질에 상당한 변화를 주면서 빚어낸, 자연 상태에서는 존재하지 않던 인간만을 위한 새로운 도구이다. 흙으로 만들어진 그릇은 자연 상태의 재료를 보는 인간의 눈을 새롭게 한 발명품이다.

신석기인의 발명품인 흙그릇은 인간에게 유용한 것들을 담는 도구로도 쓰였지만 먹을거리를 담아두거나 조리하는 데에 보다 자주 적극적으로 쓰이게 되었다. 아래 부분이 계란 끝처럼 마무리된 그릇을 비롯하여 바닥이 편평한 그릇에 이르기까지 시기와 지역, 용도에 따른 다양한 형태의 그릇이 신석기 문화를 풍부하게 했다.[5)]

식량생산은 신석기 사회가 문명의 단계로 진입하는 데에 주요한 동인으로 작용하였다.[6)] 농경과 목축으로 대별되는 신석기인의 식량 생산 활동은 신석기시대의 사람들로 하여금 10여 명 정도가 무리를 이루어 동굴 속에 모여 살던 수준을 넘어서게 하였다. 일정한 시기가 지나면 일정한 량의 식량 확보가 가능하다는 예측만으로도 신석기인들은 하루살이에 불과하던 구석기인들과는 다른 차원의 삶에 들어설 수 있었다. 구석기 사회에 비해 한 무리의 규모가 비할 바 없이 커졌으며, 먹을거리를 찾아 끊임없이 옮겨 다니던 떠돌이 생활도 서서히 청산되었다. 붙박이 생활을 위한 집이 만들어지고 마을이 생겨났다. 마을 가까운 곳에 무덤을 만들기 위한 자리가 마련되었고, 무리의 삶의 과정과 내용을 담은 쓰레기가 모여 집터 주변에 거대한 더미를 이루는 일이 일어났다.[7)]

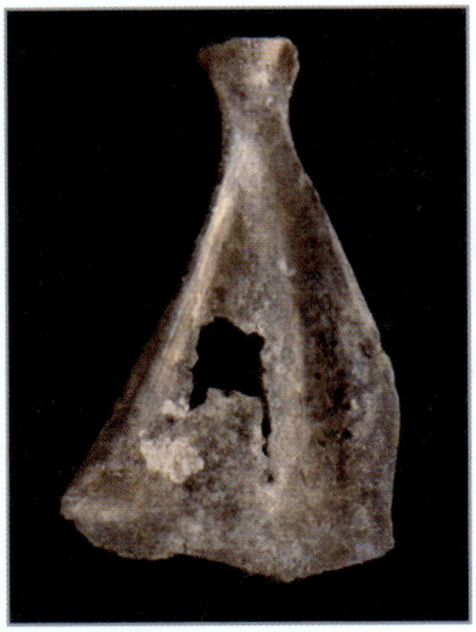

[도 4] 뼈점의 흔적, 해남 군곡리 조개더미 출토

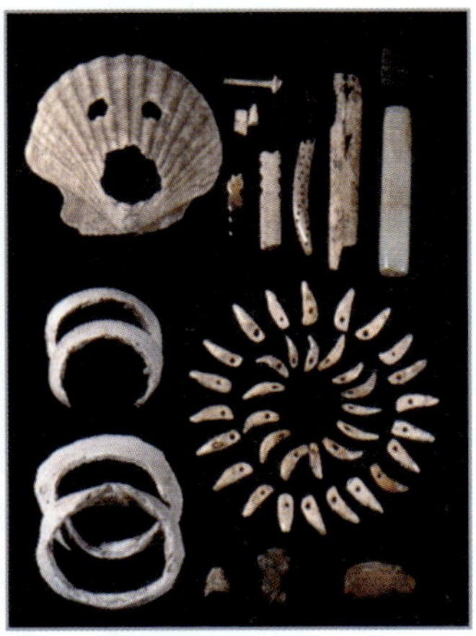

[도 5] 뼈와 조가비로 만든 신석기 유물들, 부산 동삼동 조개더미 출토

신석기인이 사용하던 석기는 구석기인의 찍개나 긁개와 같이 외양은 단순하지만 쓰임새는 다양한 몇 종류에 그치지 않는다. 이 시대에 만들어진 석기들은 이미 오늘날에도 쓰이는 도끼, 보습, 괭이, 칼, 끌과 같은 전통도구들의 기본 형태를 모두 갖춘 것들이다. 그릇도 저장용에서 조리용에 이르기까지 다양한 형태와 종류, 크기를 자랑한다. 항아리, 병, 사발, 접시, 시루로 불릴 수 있는 그릇들이 신석기 후기의 유적들에서 쉽게 발견된다. 반지하 움집 형태의 집들이 신석기인의 마을을 구성했음이 고고학적 발굴을 통하여 확인되며, 움집 내부가 용도에 따라 공간적으로 구획되기도 했다는 사실도 이미 알게 되었다. 조개껍질과 옥을 이용해 만든 장식품들,

뼈로 만들어진 신상(神像)이나 뼈점의 흔적들도 신석기 유적에서 발견되는 것들 가운데 하나이다.[그림4] [그림5] 여러 가지 생활도구와 장식품, 신상을 저승길 동무로 삼은 신석기인의 무덤은 이 시기에 이르러 본격화되는 내세신앙의 구체적 증언으로 읽혀진다. 그릇 표면의 장식무늬, 바위에 새겨진 그림들은 신석기인의 종교 관념을 이해하는 데에 주요한 열쇠로 기능한다.

시간상으로 보면 구석기시대로부터 길게는 수십만 년, 짧게는 몇 만 년의 시간이 흐르는 가운데 인간의 삶은 자연 상태로부터 크게 멀어졌다. 구석기인에게는 깨어진 돌과 비슷해 보이는 자신이 만든 도구의 사용이 스스로도 놀랄 수밖에 없는 사건이었다. 그러나 신석기인에게는 잘 다듬어진 석기의 사용이 너무나 당연한 일이 되었으며, 흙그릇의 사용조차 흥미롭고 새로우며 유용한 도구의 고안과 제작을 자극하는 계기일 뿐이다. 집이 만들어지고 장식품이 사용되며, 신상을 몸에 지니고 다니는가 하면, 죽은 이의 저승길을 염려하는 시대가 시작되었다. 인간 삶의 흔적이 폭발적으로 증가하는 시기에 들어선 것이다.

2. 자연 속에 없는 물질과 생명: 청동거울에 새겨진 신(神)의 세계

순동(純銅)의 발견은 돌이나 뼈, 나무를 대신할 수 있는 도구재료를 찾고자 애쓰던 인간의 오랜 자연탐색 과정에서 얻어진 선물이라고 할 수 있다.[8] 그러나 이 새로운 재료는 돌보다 가볍고 질길 뿐 아니라 다루기도 쉬웠지만, 돌도끼나 돌칼을 대신할 만큼 단단하지는 않았다. 이 새로운 물질의 재질적 장점을 그대로 유지하면서 석제 도구만큼 단단하게 만들 방법은 없을까. 흙으로 빚은 그릇을 단단하게 만들던 '불'에 쬐거나 굽는 방법을 여기에도 적용해 볼까. 오래 동안 불에 올려놓으면 어떤 돌처럼 금이 가거나 깨어지는 것은 아닐까. 혹 타버리지는 않을까. 더 물러지면 어떻게 하지.

[그림 6] 청동기시대의 농경장면, 전(傳) 대전 출토 농경문 청동기 부분

[그림 7] 탄화된 곡물, 부여 송국리유적 출토, 청동기시대

갖가지 방법이 시도된 끝에 출현한 것은 새로운 순동제품이 아닌 초기의 철제품이었다. 근동에서의 고고학적 발굴을 통해 확인된 바로는 초기의 철제품은 철 속의 탄소성분이 충분히 제거되지 못하여 쉽게 부러지는 단점을 지니고 있었다. 탄소 제거기술이 제대로 개발되지 못하자 철제품의 사용 빈도는 급격히 떨어졌다고 한다. 결국 뒤이어 개발된 합금기술의 산물로 청동이라는 새로운 금속이 소개되자 청동(靑銅)이 철을 대신하는 도구 재료로 적극적으로 쓰이기 시작했다.

청동이나 황동(黃銅)은 자연 상태로는 존재하지 않는 금속이다. 대개의 경우 광석의 구성성분으로 존재하는 쇠나 구리 같은 금속의 발견도 경이로운 사실인데, 광석에서 추출될 수 있는 두 가지 이상의 금속을 합성시켜 새로운 금속을 만들어내는 일은 그야말로 혁명적인 일대 사건이었다. 신이 돕지 않으면 할 수 없는, 상상조차 어려운 사건이 인간의 눈앞에 현실이 되어 나타난 것이다. 평범한 사람들의 눈에는 신이 함께 하는 자, 신의 기술을 전수 받은 자만이 청동을 만들어낼 수 있는 것으로 보였다.

구리와 주석을 주성분으로 하는 이 새로운 금속의 출현으로 인간사회의 모습과 질서는 크게 바뀌었다. 청동으로 만들어진 기구로 나무를 다듬는 작업이 매우 쉬워졌으므로 다양한 종류의 도구들이 다량으로 만들어져 사람들 사이에 보급되었다. 사용되다가 부러지거나 닳아서 쓸 수 없게 되어도 나무는 구하기 쉬웠고, 이것을 재료로 한 새 도구를 만드는 작업에 그리 오랜 시간과 큰 인력이 요구되지는 않았다. 돌보다 가벼워 사용하기 쉽고, 여러 가지 형태로 다듬어 낼 수 있는 목제 도구들이 널리 쓰이게 되면서 오랜 세월 인간 문명의 주요 도구로 자리 잡았던 석기는 쓰임새가 줄어들고 점차 자취를 감추게 되었다. 경작도구에서 목제가 지니는 비중이 압도적으로 높아졌다. 농경이 보다 효율적으로 이루어져 곡물 생산량이 많아지는 것도 사용하기 편한 도구의 다량 보급과 관련이 깊다. [그림6][그림7]

신과 함께 하는 자만이 만들어 낼 수 있는 이 신비로운 금속의 원료는 쉽게 구하기 어려웠으므로 '청동'은 가장 가치 있는 물건을 만드는 데에 주로 사용되었다. 신과의 대화에 필요한 의례용 기구들은 거의 예외 없이 청동으로 만들어졌다. 청동방울과 청동거울들이 이 의기(儀器)에 해당하는데, 빛과 소리는 신과의 의사소통을 위한 주요한 매개이자, 신의 뜻을 나타내는 수단으로 여겨졌기 때문이다. 신비한 청동제 방울에서 나는 소리, 청동제 거울에서 반사되는 빛은 자연 상태로는 들을 수도 볼 수도 없던 것이었다. 신과의 대화가 가능한 특별한 사람, 신들린 자만이 성스러운 기구들을 사용할 수 있었다. 집단의 생명을 지켜주고, 무리의 안전과 번영을 보장해 줄 수 있는 신과 관계된 물건이었으므로 청동의기들은 말 그대로 신적 기술로 만들어졌다. 만들도록 예정된 자들이 아니면 흉내조차 낼 수 없을 정도로 정교한 무늬들이 청동거울과 청동방울, 청동으로 만든 제의도구에 찍혀 나왔다.[그림8]~[그림10] 거푸집 상태에서 새기기 불가능하다고 판단될 정도로 얇고 가는 선들이 거푸집에 부어 주조해 낸 '청동거울' 뒷면에 생생히 드러나게 하는 기술을 청동기시대의 사람들은 지니고 있었다.9)

[그림 8] 잔줄무늬 청동거울, 전(傳) 논산 출토, 국보141호

무기는 청동이라는 이 신비한 금속으로 만들어 낼 필요가 있던 또 한 종류의 가치 있는 물건에 속했다. 청동으로 만든 검(劍)과 모(矛), 과(戈), 창(槍)을 지닌 용사들은 자신들을 하늘이 내린 자, 신의 피를 받은 자라고 주장했고, 청동검과

[그림 9] 검파형 청동기, 예산 동서리 돌널무덤 출토

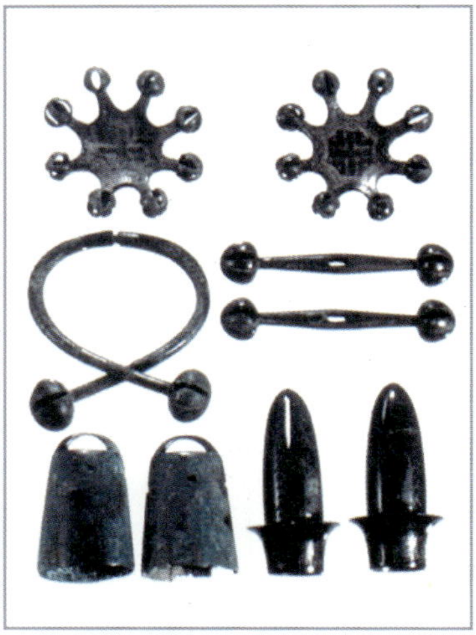

[그림 10] 청동방울들, 전(傳) 덕산 출토, 국보255호

청동모에서 뿜어내는 놀라운 힘에 압도된 사람들은 청동무기로 무장한 사람들을 '신의 자손'으로 여길 수밖에 없었다. 신의 자손들이 사람의 자손을 지배하는 거대한 집단이 출현하였고, 청동제품을 만들어 쓸 수 있는 소수가 그렇지 못한 다수를 거느리는 사회가 형성되었다.

청동이라는 금속의 제조 기술과 사용권을 독점한 사람들, 신의 혈통을 지닌 사람들은 청동제 의기와 무기에 자신들의 조상이자 신앙대상인 '신들'의 모습, 언어, 신들이 사는 세계, 신들과 자신들의 관계, 자신들과 신들 사이에 이루어진 대화, 신화적 사건에 관한 이야기, 이미지를 그림과 기호의 형태로 새겨 넣었다. 단순한 선을 반복하거나, 번개 치는 모습, 중첩된 산의 모습, 강의 흐름이나 물결, 파도를 연상시키는 특정한 형태를 나타내거나, 사람의 얼굴이나 신체의 특정부분을 과도하게 묘사하거나, 사람과 짐승의 형상을 복합시켜 표현하는 등의 방식으로 청동거울의 뒷면, 청동방울의 표면, 청동검의 손잡이가 장식되었다.

돌로 만든 칼이나 도끼를 사용하는 땅의 사람들이 청동무기로 무장한 하늘의 사람들을 대적하기는 어려웠다. 하늘의 사람들이 믿는 신의 이름으로 땅의 사람들에 대한, 혹은 또 다른 하늘의 사람들에 대한 정복이 끊임없이 이루어졌다. 전쟁에 패한 집단의 구성원들은 승자의 노예가 되었고, 강자의 힘에 굴복한 사람들은 지배를 받는 자가 되었다.

청동기시대에 이르러 인간사회의 규모는 그 이전과는 비교할 수 없을 정도로 커졌고, 구성도 복잡해졌다. 규모가 큰 마을에는 중앙에 광장이 마련되고, 그 주변에는 회관과 창고가 지어졌으며, 세워졌다. 성읍으로 불리는 일반 마을보다 훨씬 크고 복잡한 구조를 지닌 방어형 집단 주거지도 나타났다. 평범한 사람들의 움집이나 반(半)움집과는 구별되는 견고한 벽과 천장, 튼튼한 기둥, 틈 없는 지붕을 지닌 집이 고귀한 자들을 위해 지어졌다. 주인, 혹은 왕으로 불리는 자의 집은 많은 인원을 상주시킬 수 있도록 거대하면서도 외부의 침입에 대비할 수 있도록 견고하게 지어졌다. 신의 집, 곧 신전의 건축에는 그 사회에 알려진 모든 지식과 기술, 예술 감각이 총동원되었다. 성이 나타나고 요새가 세워졌다. 전쟁은 끊임없이 일어났고, 마을이 사라진 자리에 도시가 세워지고, 요새가 무너진 자리에 성이 세워졌다. 숲이 불탄 자리는 목초지가 되고, 강이 길을 잃은 곳은 밭이 되었다.

청동기시대에도 평범한 사람들의 생활용구는 목기(木器)나 석기였다.[10] 물론 앞 시대에 비해 나무로 만든 도구가 많아졌고 자주 쓰였다. 청동기시대에 이르러 출현하는 바퀴와 수레 역시 목제였다. 흙을 재료로 한 그릇은 석기시대의 것과 달리 불에 제대로 구워 물도 담을 수 있는 상태가 되었으며, 신을 위한 제의에 쓰기 위해 청동으로 제작한 특별한 형태의 것도 나타났다. 물도 담을 수 있는 그릇이 출현함으로써 조리기법이 발달하게 되었고, 이로 말미암아 그릇의 형태와 종류도 보다 다양해졌다. 한 방면의 발전이 다른 방면의 발전을 자극하는 식으로 '새로운 금속'의 출현으로 시작된 인간사회의 변화는 모든 방면에서 진행되었고, 점차 그 폭을 넓히고 속도를 더해갔다.

비파형 동검 및 세형동검(한국식동검), 잔줄무늬 청동거울로 대표되는 한국의 청동기문화는 오르도스식 청동기로 대표되는 북방청동기문화, 그 갈래라고 할 수 있는 요녕지방 청동기문화와 깊은 관련을 지니면서 발전하였다.[11] 비파형 동검의 발전된 형태인 한국식동검은 현재 한반도 전역에서 발견되며, 동검을 만들기 위한 틀인 거푸집도 여러 차례 청동기시대 유적에서 수습되었다.[12][그림11] 한반도의 청동기문화는 영산강유역에서 가장 오래 동안 그 전통을 유지한다. 한국 역사의 첫 장을 여는 고조선은 청동기문화를 바탕으로 성립한 국가로 초기의 중심지는 요하 유역에 두었으나 점차 동으로 옮겨 위씨 왕조가 성립하기 전 단계에 이르면 대동강 중류 유역을 새로운 국가 중심으로 삼은 것으로 알려진다.[13]

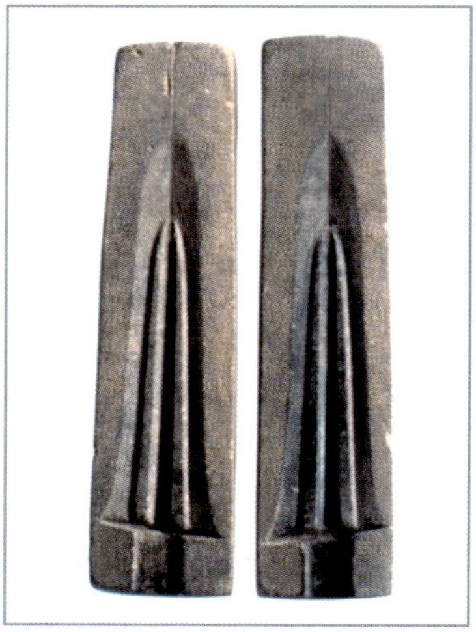

[그림 11] 청동과(靑銅戈) 제작에 쓰인 거푸집
영암 출토, 국보231호

3. 영웅시대의 개막: 철기로 무장한 전사들

구리, 주석, 아연 광석을 제련함으로써 얻어지는 구리합금제품은 재료를 구하기도 쉽지 않았고, 완성품으로 만들어내는 과정도 간단치가 않았다. 청동이나 황동제품을 소유할 수 있는 사람은 한정되었으며, 이 새 금속의 용도는 제한적이었다. 도구제작용 도구로도 만들어졌지만, 무기로 만들어지는 경우가 많았고, 제사의식에 쓰기 위한 기구 제작에 더 자주 사용되었다. 청동은 출현한 이후, 언제나 신의 뜻과 관련된 비밀의 금속, 성스러운 재료였다. 청동 제품이 가장 잘 어울리는 사람은 신과의 대화가 가능한 사제였으며, 신의 자손으로 여겨지는 지배자였다.[14]

그런데, 이미 발견되었다가 사용이 포기되었던 철에서 탄소 함유량을 낮추는 기술이 개발되었다. 쇠로 만든 기구가 쉽게 부러지지 않도록 하는 것이 가능해졌다. 철은 구리에 비해 원료를 구하기가 쉬운 금속이다. 곳에 따라서 철광석은 땅 표면에서도 쉽게 구할 수 있었고, 땅을 그리 깊이 파 들어가지 않고도 철 광맥을 만나기는 어렵지 않았다. 철 광맥 곁을 흐르는 강이나 시내의 모래 속에서 '쇳가루'를 걸러낼 수도 있었다. 쉽게 대량으로 확보될 수 있는 철을 잘 제련하여 이물질만 제대로 제거한다면 청동과 달리 모든 도구를 철로 제작하는 것도 불가능하지는 않은 듯했다. 실제 제사용구부터 농기구에 이르기까지 모든 도구를 철로 제작할 수 있는 시대가 눈앞의 현실이 되고 있었다.[15)]

철기의 등장으로 가장 큰 변화를 겪은 곳은 농업분야였다. 목제 도구가 주류를 이루던 농경구의 대부분이 철제도구로 바뀌었다. 쇠로 만든 호미, 괭이, 낫, 보습이 등장하면서 한 마지기의 밭을 경작하는 데에 소요되던 인력으로 두 세 마지기의 밭을 관리하고도 여유 있게 다른 일까지 마칠 수 있게 되었다. 적은 인력으로 보다 넓은 경작지를 효율적으로 관리할 수 있게 되었으므로 곡물생산능력도 크게 높아졌고 곡물의 수확량도 획기적으로 늘어났다. 일정한 면적의 경작지를 확보한 사회가 먹여 살릴 수 있는 인구의 규모도 몇 배로 커졌다.

청동보다 단단하고 쉽게 부러지지 않으며, 대량생산이 가능한 철로 만들어진 무기들이 다량 확보되자 철제 무기로 무장한 강력한 전사 집단의 출현도 가능하게 되었다.[16)][그림12] [그림13]

[그림 12] 청동제 말 모양 허리띠 장식 출토상황, 천안 청당동5호분, 초기철기시대

[그림 13] 철검 및 칠기검집 출토 상황, 창원 다호리1호분 통나무목관 밑 껴묻거리구덩이, 초기철기시대

철제 투구와 갑옷으로 몸을 감싸고 철제 검과 창, 도끼로 무장한 전사들이 무리를 이루어 세상을 휩쓸고 다니게 되었다. 말을 훈련시켜 말 위에 올라탄 기마군단도 등장하였다. 많은 수의 병사가 철제무기와 갑옷으로 무장한 채 쇠로 만든 솥과 여러 종류의 그릇, 몇 달치 식량을 수레에 싣고 장거리를 이동하며 장기간의 정복전쟁을 수행하는 것도 가능해졌다.

섬세하고 정교한 무늬와 기호를 자랑하는 청동거울이나 청동방울의 힘, 신과 대화할 수 있는 사제의 성스러운 능력과 권위만으로는 온 몸을 쇠로 감싼 전사들의 행진을 멈출 수 없는 시대가 되었다. 청동제 무기를 지닌 신의 자손들의 성스러운 혈통이 철기로 무장한 또 다른 하늘의 아들들의 신적인 힘 앞에서는 무력했다. 어떤 지역에서는 청동의 성스러움이 여전히 받아들여졌지만, 대부분의 지역에서는 철기의 힘이 새로운 권위의 근원이 되었다. 한 쪽에서는 그 어느 시기보다 뛰어난 기술로 청동제 의기가 만들어지는가 하면, 다른 한 쪽에서는 거칠고 조잡한 청동 제품들이 제작되는 것도 이 시대에 나타나는 두드러진 현상 가운데 일부이다. 철기의 힘에 대항하기 위해 청동의 성스러움에 더욱 매달린 집단이 있는가 하면, 철기 제작기술을 습득하여 스스로 철기의 힘을 가지고자 애쓰는 가운데 청동제품의 생산에 더 이상 마음을 쏟지 않는 사회도 생겨났던 것이다. 거친 정복의 발길이 정교한 청동의 세계를 어지럽게 돌아다니고 있었다. 철제 무기로 무장한 전사들의 영웅담이 청동제 의기를 몸에 지닌 사제들이 전하는 신화를 역사의 무대에서 밀어내며 사람들의 입에서 입으로 전해졌다. 영웅담이 전설이 되고, 신화가 되면서 만주와 한반도 일원에도 관료조직과 상비군을 지닌 국가들이 나타났다.

청동과 달리 다량 제조와 대중적 사용이 가능했지만 철기 또한 청동처럼 금속으로 제련해 내기 위한 특수한 기술이 전제되지 않으면 자연 상태로는 구하기 어려운 물질이었다. 철기 생산을 담당한 사람들에게는 특별한 지위가 부여되었으며, 철기생산 기술을 지닌 사람의 자손이라는 사실 자체가 사회에서는 의미심장하게 받아들여졌다.[17] 철의 생산과 공급은 국가가 직접 관리하는 분야 가운데 하나였다. 철은 국가의 전략

물자 가운데 최우선 순위에 올려졌다. 철을 지배하는 자가 국가를 지배하였고, 철의 생산과 공급을 원활히 할 수 있는 나라는 그렇지 못한 주변의 다른 크고 작은 나라를 통제하거나 더 나아가 지배할 수 있었다. [그림14] [그림15]

[그림 14] 철제 갑옷, 전(傳) 김해 퇴래리 출토, 삼국시대

[그림 15] 철제 갑주로 무장한 고대 무사의 모습, 복원모형

그러나 철은 청동에 비해 시간과의 싸움에 약했다. 쉽게 녹이 슬고, 습한 기후 속에서는 특히 보존성이 떨어졌다. 지배자의 시신과 함께 땅속에 묻힌 철기는 청동 제품에 비해 빠른 속도로 산화되어 그 형태를 잃어버렸다. 철기시대가 본격적으로 전개된 이후에도 이 시대에 만들어진 무덤 속에서 철기보다 청동기나 석기가 더 많이 발견되는 것도 이 때문이다. 특수한 환경조건, 예를 들면 석회층 등에 의해 둘러싸여 진공, 밀봉된 상태를 유지했을 경우가 아니면 수 십 년 이상 철기가 원형대로 보존되기는 어려웠다. 석기시대 이래, 특히 청동기시대부터 대량 생산된 목기들이 오늘날 옛 유적에서 쉽게 발견되지 않듯이, 철기시대의 주인공이라고 할 수 있는 철기 역시 그 시대의 유적에서 흔적만 간신히 남기는 경우가 많은 것도 어쩌면 당연하다고 할 수 있다.

다량으로 생산되고, 그 용도도 다양했던 철은 제련 직후, 단순한 형태의 덩이쇠로 만들어져 화폐처럼 사용되기도 하였다. 무게와 크기를 달리하는 덩이쇠들이 수 십, 수백 장씩 묶여 거래되기도 하고, 물물교환의 매개물로 쓰이기도 했다.[18] 무역을 통해 확보된 덩이쇠는 장인의 손길을 거쳐 무기, 농경구, 의기, 장식품으로 재탄생하기도 하였다. 철제품이나 덩이쇠는 지배자의 무덤에 시신과 함께 묻혀 죽은 자 생전의 부와 권력을 과시하는 수단으로 쓰이기도 하였다.[그림16]

[그림 16] 바닥에 덩이쇠들이 깔린 복천동 46호분 내부. 부산 동래. 가야 5세기

만주 남부와 한반도에서 청동기문화가 크게 발전할 무렵, 중국 전국시대의 연(燕)으로부터 철기문화가 전래되어 동방사회의 문화지도를 바꾸기 시작한다.[19] 고조선의 위씨 왕조도 철기문화에 대한 지식과 사용 능력을 바탕으로 세워졌다. 기원 전후의 시기에는 철기문화에 바탕을 둔 강력한 정복국가들이 동방문화권에 속속 등장하여 이 지역의 정치적, 사회적 질서를 재편성한다. 청동기 및 철기를 혼용하는 경우가 많았던 한반도 중남부의 70여 개의 성읍국가들, 이른바 삼한(3韓)세력은 신라, 백제, 가야연맹으로 통합되며, 이 과정에서 청동기 문화적 전통은 철기 문화적 질서로 대체된다.[20]

✤ 제3장 고분벽화의 세계: 고구려

1. 고구려의 역사

고구려의 국가로서의 성립 년대는 시조 동명성왕 주몽이 혼강(渾江) 유역의 소국 졸본부여를 세력기반으로 삼아 건국을 선언한 기원전 37년이다.[21] 하지만, 정치적 실체로서의 고구려는 중국의 진한(秦漢) 이전부터 그 존재를 뚜렷이 드러내고 있었다. 근래의 연구는 고구려국가 성립의 주체인 맥족(貊族)이 늦어도 고조선의 위씨왕조 출현 시기에는 다수의 소국(小國), 혹은 소국연맹체 형태로 고조선이라는 연맹체 국가에 참여하였던 것으로 이해하고 있다.

기원전 1세기말부터 1세기말에 이르는 기간, 고구려는 동북아시아의 북부지역에서 오랜 역사와 강대한 세력을 자랑하던 북부여와 동부여에 대한 상대적 우위를 확보하는 데에 성공하고 서와 남으로부터 가해지던 한군현(漢郡縣)의 압력을 배제하면서, 동북아시아 권에서 주목할 만한 새로운 국가세력으로 성장해 나간다. 이 시기 고구려는 압록강 중상류일대를 중심으로 장백산맥 주변의 하천과 계곡지대에 널리 퍼져 살던 기존의 부여·예맥계 정치세력들 외에도 비(非)예맥계로 통칭될 수 있는 다양한 계통의 주변 크고 작은 세력과 집단들을 아우르며 세력을 크게 증대시킨다. 고구려가 아우른 세력에는 옛 현도군의 설치과정에 동방사회로 흘러들었던 한계(漢系)도 포함되었는

[그림 17] 오녀산성 원경, 중국 요녕성 환인, 고구려

데, 이들은 한(漢)과 고구려 사이의 교류에 무리가 없게 하는 매개 역할을 담당하였다.

시조 동명성왕(東明聖王) 주몽(朱蒙)에서 태조왕(太祖王)에 이르는 국가성립기 고구려의 문화는 첫 수도 환인(桓仁)을 감싸고 흐르는 혼강유역과 다음 수도인 국내[집안]이 자리 잡은 압록강 중류일대를 중심으로 전개된다.[그림17]

2세기 전반에 이르기까지 고구려의 첫 번째 과제는 요동 동부와 한반도 중·북부에 남아 있던 한(漢)의 군현세력을 제거하여 독자세력권을 확보하는 것이었다. 때문에 고구려의 가장 빈번한 접촉 대상은 한의 군현이었지만, 한(漢) 문화의 수용은 제한적으로 이루어질 수밖에 없었다. 이 시기의 환인과 집안을 중심으로 한 고구려 문화가 고유의 전통을 바탕으로 전개되는 것은 이와 같은 역사적 흐름과 일정하게 관련된다.

2세기 초부터 4세기 초에 걸쳐 고구려는 주변 군소세력의 통합을 마친 뒤, 여기에서 더 나아가 현도(玄菟)·낙랑(樂浪) 등 요동 동부지역과 한반도 중북부일대에 남아 명맥을 유지하던 한의 군현세력 및 한 군현을 바탕으로 성립한 정치세력들을 완전히 소멸시킨다. 고구려가 동북아시아의 패자가 될 수 있는 기초가 마련된 셈이다.

2세기 후반부터 영토 확장이 본격화하면서 고구려는 보다 이질적(異質的)이고 다양한 사회와 접촉하게 될 뿐 아니라, 이러한 사회를 영역화 하게 된다. 이것은 고구려와는 다른 문화를 지닌 사회가 고구려의 일부가 됨을 뜻하며, 이로 말미암아 고구려 문화가 보다 풍부한 내용을 지니게 됨을 의미한다. 이 시기 나름의 문화적 특징을 지니면서 고구려의 새로운 영역으로 포함되는 지역으로는 북부여(北扶餘)가 있던 서북의 부여성지역, 북옥저(北沃沮)와 동부여(東扶餘)가 있던 동(東)의 책성(柵城)지역, 동옥저(東沃沮)와 동예(東濊)의 영역이던 동남의 동해안 일대, 낙랑(樂浪)이 있던 남(南)의 대동강 유역, 요동군(遼東郡)과 현도군(玄菟郡)이 있던 서(西)의 요동지역 일부를 들 수 있다.

서북의 부여성 지역은 부여 고유의 문화가 발달했던 곳이며, 동의 책성지역은 옥저(沃沮)문화와 말갈(靺鞨)문화가 복합된 위에 동부여 문화가 더해진 곳이다. 동해안 일대는 예(濊)문화에 한(漢)문화가 더해진 지역이며, 평양을 중심으로 한 대동강 유역은 고조선(古朝鮮)문화에 한(漢)문화가 더해지면서 성립한 낙랑(樂浪)문화의 중심이다. 고구려와 중국, 북방 유목세력 사이의 영역 다툼이 심하던 요동지역은 여러 계통의 문화가 복합된 문화적 점이지대(漸移地帶)에 속한다.[22] 이로 보아 고구려가 매우 다양한 문화권을 영역화 하게 되었음을 알 수 있다.

4세기 중엽에서 6세기 초에 걸쳐 고구려의 영역은 이전에 비해 크게 확장된다. 5세기에 전성기를 맞는 고구려의 영역은 서(西)로는 요하(遼河) 좌우, 북(北)으로는 동류(東流) 송화강(松花江)유역, 동(東)으로는 연해주(沿海州) 남단, 남(南)으로는 한반도 중부 전역

[그림 18] 대형 돌무지무덤들, 중국 길림성 집안, 고구려

[그림 19] 광개토대왕비 전경, 중국 길림성 집안, 고구려 414년

에 이른다. 이와 같이 영역을 크게 확장하면서 고구려는 동북아시아의 패자(覇者)로 자리 잡으며, 나아가 동아시아의 국제질서를 좌우하는 4강(强)의 하나로 부상한다.[그림18][그림19] 남북조(南北朝) 및 유연(柔然)과의 세력균형을 바탕으로 동북아시아의 패자로서의 지위를 확고히 한 고구려는 1세기 이상 만주·한반도일대의 여러 세력에 대해 패권(覇權)을 행사하게 된다. 이른바 고구려적 천하(天下)의 성립과 전개이다.[23]

이 시기 고구려의 영역 확장 및 동북아시아에서의 패권 확립과 관련하여 이루어지는 사회·문화적 제반 흐름에서 주요한 줄기를 이루는 것으로는 지배이념의 정비, 그 과정이자 결과로서의 평양 천도(平壤遷都), 남북조 및 유연(柔然) 등 동아시아 주요 세력과의 지속적인 교섭(交涉)을 들 수 있다. 지배이념의 정비와 평양천도는 4세기 후반부터 진행된 고구려의 제반 체제정비와 밀접한 관련이 있는데, 그 과정이자 결과로 눈길을 끄는 것이 보편문화의 산실(産室)이자 보편관념의 종합체로서의 불교의 수용과 확산, 현실 역사이자 국가 지배이데올로기로서의 주몽신화(朱蒙神話)와 이에 대한 신앙의 체계화, 고구려적 천하의 중심이자 새로운 고구려 문화의 중심으로서의 평양의 부상(浮上)이다.[그림20]

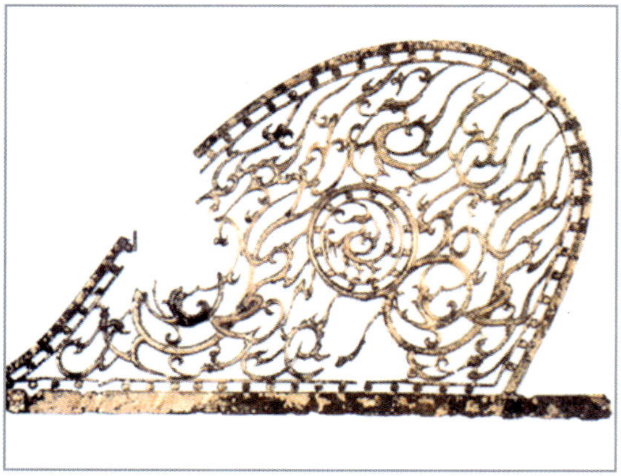

[그림 20] 일상투조금장식(日像透彫金裝飾), 진파리7호분 출토, 고구려 6세기

남북조, 유연 등과의 교섭 내용과 그 영향도 주목될 필요가 있다. 남북조에서 중국문화와 잘 버무려진 서(西)아시아문화와 막북(漠北)의 유연을 다리로 삼은 비(非)중국

적 외래문화가 지속적으로 고구려에 유입되기 때문이다. 이 시기 고구려가 고유의 전통 위에 가꾸고 다듬어온 문화를 새로 유입되는 동서(東西) 여러 문화와 어떤 방식으로 만나게 하고 어떻게 새롭게 빚어내는 지가 관심의 대상이 아닐 수 없다. 특유의 고구려적 개성에 보편성을 더한, 국제적 수준의 고구려적 보편문화, 이른바 범(汎)고구려 문화로의 발전 여부는 당대 고구려사회가 담당해야 할 몫이었기 때문이다.

6세기 중엽에서 7세기 중엽에 이르는 기간, 고구려는 백제의 부흥(復興), 신라의 성장(成長), 중국 남북조시대의 종결 및 통일세력 수·당의 등장, 통일중국의 주변사회에 대한 압력 등 동아시아 국제질서의 변화에 맞닥뜨린다. 고구려가 기존의 세력과 영역을 유지할 수 있을지, 새로운 국제환경이 요구하는 제한된 틀 속에서나마 역사를 지속시킬 수 있을지는 이와 같은 질서변화에 대한 효과적 대응 여부에 달려 있었다.

그러나 이와 같은 국제질서의 재조정기(再調整期)에 고구려는 귀족연립정치의 전개 및 지방분권화(地方分權化)로 귀결되는 정치·사회적 혼란에 빠진다. 중앙정치세력의 분열로 말미암아 사회 내부의 통합력이 약화되자, 신라를 비롯한 주변세력에 대한 영향력은 급속히 떨어졌고, 결국 고구려 중심의 천하는 와해된다.

해체된 동북아시아 여러 세력 간의 기존 질서는 당시 수·당(隋·唐)을 중심으로 이루어지던 동(東)아시아 국제질서 재편활동과 맞물리면서 새로운 질서 수립을 요구받게 되는데, 고구려는 이 새로운 국제질서 수립을 주도하기보다는 구질서(舊秩序)의 복원에 관심을 보인다. 그 결과는 동아시아의 중심으로 대두한 수·당의 동북아 지역질서에의 개입, 그에 대한 고구려의 강경 대응, 수·당과의 지속적 대립 및 충돌로 말미암은 고구려 세력의 약화와 소멸이다.

6세기 중엽이래 고구려의 사회·문화적 전개와 관련하여 눈길을 끄는 것은 이 시기의 고구려사회를 특징짓는 귀족연립에 따른 지방분권적 사회운영이라는 대내질서의 변화가 중국 여러 왕조와의 지속적 교섭이라는 5세기 이래의 대외정책과 맞물리면서 빚어내는 사회·문화적 결과이다. 남북조 및 수·당에서 생성되거나 이들 왕조를 경유한 제반 문화가 수도 평양 외에 집안에도 집중적으로 전해지고, 두 지역이 나름의 문화

전통과 기준 위에 이들 문화를 소화함으로써 두 지역의 문화는 일정한 공통점과 상이성을 동시에 드러내게 된다.

5세기 이전부터 존재하던 두 지역 문화전통의 내용과 지향성의 차이가 5세기 중엽 이후, 범 고구려 문화라는 틀 안에서 좁혀지고, 나아가 하나로 통합되는 과정을 밟아 나가 일정한 성과를 거두는 데에까지 이르렀음에도 불구하고, 6세기에 들어서면서 이러한 흐름이 더 이상 탄력을 받지 못하게 된 것이다. 귀족 지배층을 중심으로 한 남북간의 정치·사회적 분열과 대립이 고구려사회의 문화적 흐름에도 영향을 미치게 되었음을 짐작하게 하는 부분이다. 고분벽화는 고구려사회 안에서 진행되던 이와 같은 흐름을 잘 드러내는 역사자료이자 문화 산물이라고 할 수 있다.[24)]

2. 고분벽화의 발생

고대에는 신분이나 지위가 높은 사람이 죽으면, 죽은 자를 시중들던 사람까지 함께 묻는 순장(殉葬)이라는 장례방식이 있었다. 사람들이 죽음 뒤의 세계를 살고 있는 세계와 동일시하여 내세(來世)에도 현세(現世)에서의 신분과 지위를 누리려는 의도에서 비롯된 관습이다. 자신이 죽은 뒤에도 처첩과 시종들의 시중을 받으며 생전과 꼭 같은 편안하고 즐거운 삶을 누리기를 바랐기 때문이다. 그러나 시일이 지나면서 죽은 자의 세계에서는 현세의 사람과 물건이 별 쓰임새가 없을 것이라는 인식이 생겨나 널리 퍼지게 되었다. 이제 사람들은 무덤 안에 실물대신 모형을 묻기도 하고, 죽은 자 생전의 영광을 기리고, 죽은 자가 누리고 싶어 하던 삶을 형상화한 그림을 무덤의 벽과 천장에 직접 그리게 되었다.

우리나라 삼국시대의 경우, 신라와 가야에서는 모형을 껴묻는 습속이 오래 동안 지속된 반면, 고구려에서는 일찍부터 무덤의 방 안에 그림을 그리는 것이 유행하였다.

현재까지 발견된 삼국시대의 벽화고분 가운데에는 고구려의 것이 가장 많아 무려 117기에 이른다(평양·안악지역 79기, 환인·집안지역 38기).[25] 고구려에서는 벽화고분이 3세기 중엽부터 7세기 전반까지 지속적으로 만들어졌고 벽화의 내용과 구성방식, 표현기법 등도시기에 따라 바뀌었다.

3. 고구려 고분벽화의 전개

1) 제1기: 영화로운 삶의 재현

고구려의 고분벽화는 주로 흙무지돌방무덤에서 찾아지지만 간혹 돌방무덤에 가까운 돌무지무덤에서 발견되기도 한다. 집안의 우산하41호분은 돌무지무덤이지만 무덤칸 벽에 그림이 그려진 벽화고분이다. 이들 벽화고분과 벽화는 요동 및 낙랑지역의 한·위·진대 벽화고분의 영향을 받아 축조 제작되기 시작한 것으로 보인다. 그러나 무덤축조 및 벽화제작방식이 고구려에 수용된 이후에는 곧바로 고구려화 한다. 이러한 점은 357년경 제작된 안악3호분 벽화의 인물들이 전형적인 중국계 복식을 하고 있는 반면, 408년에 그려진 덕흥리벽화고분 벽화의 인물들이 이전보다 고구려화 한 복식을 하고 있는 데에서 잘 드러난다.

고구려 고분벽화의 주제는 크게 생활풍속, 장식무늬, 사신(四神)으로 나누어 볼 수 있다. 각 주제는 시기와 지역에 따라 독립적으로 그려지기도 하고, 서로 혼합되기도 하여 시기와 지역에 따른 고구려 사회상의 변화나 내세관의 중심줄기를 이해하는 데에 도움을 줄 뿐 아니라 고분 조성과 벽화제작시기를 추정하는 편년기준을 제공하여 주기도 한다. 고분구조와 벽화주제 등을 함께 고려하면서 고분벽화 제작시기를 가늠하여 보면 크게 세 시기로 나누어 볼 수 있다.

[표] 고구려 벽화고분의 분포현황

지 역		지역내 고분군	고분명
집안권	집안군	하해방 고분군	모두루총, 하해방31호분, 환문총
		우산하 고분군	우산하41호분, 각저총, 무용총, 통구12호분, 산연화총,삼실총, 통구사신총, 오회분5호묘, 오회분4호묘, 우산하2174호분, 우산하3319호분
		산성하 고분군	산성하332호분, 산성하983호분, 미인총, 산성자귀갑총, 산성하절천정묘, 동대파365호분, 산성하491호분, 산성하725호분, 산성하798호분, 산성하1020호분, 산성하1305호분, 산성하1405호분, 산성하1407호분, 산성하1408호분,
		만보정 고분군	만보정645호분, 만보정709호분, 만보정1022호분, 만보정1368호분
		마선구 고분군	마선구1호분
		장천 고분군	장천1호분,장천2호분,장천4호분
	환인군	미창구 고분군	미창구장군묘
	무순군	시가고분군	시가1호분
평양권	평양군	순천지역	천왕지신총, 요동성총, 용악동벽화분, 동암리벽화분
		평원지역	운룡리벽화분, 청보리벽화분
		대동지역	덕화리1호분, 덕화리2호분, 가장리벽화분, 팔청리벽화분, 대보산리벽화분
		평양지역	평양역전벽화분, 장산동1호분, 장산동2호분, 청계동4호분, 청계동5호분, 화성동벽화분, 미산동벽화분, 고산동1호분, 고산동7호분, 고산동9호분, 고산동10호분, 고산동15호분, 고산동20호분, 안학동7호분, 안학동9호분, 노산동1호분, 개마총, 내리1호분, 남경리1호분, 호남리사신총, 傳동명왕릉, 진파리1호분, 진파리4호분, 금옥리1호분, 보림리11호분, 단군릉, 대성동벽화분, 용악산벽화분
		남포지역	성총, 감신총, 수렵총, 우산리1호분, 우산리2호분, 우산리3호분, 용흥리1호분, 용강대묘, 쌍영총, 대안리1호분,대안리2호분, 보산리벽화분, 연화총, 태성리1호분, 태성리2호분, 태성리3호분, 수산리벽화분, 강서대묘, 강서중묘, 덕흥리벽화분, 약수리벽화분, 보림리1호분, 용호리1호분
		온천지역	마영리벽화분,계명동고분
	안악군	안악지역	월정리고분, 한월리고분, 노암리고분, 안악읍고분, 안악3호분, 안악1호분, 안악2호분, 평정리벽화분, 봉성리1호분, 봉성리2호분, 복사리벽화분
		연탄지역	송죽리고분
		사리원지역	어수리고분, 은파읍벽화분

제1기는 3세기중엽에서 5세기 초에 걸치는 시기로 여러방 무덤에 생활풍속이 즐겨 그려지며, 제2기는 5세기 중엽에서 6세기 초에 걸쳐 여러방 무덤과 외방무덤에 생활풍속, 장식무늬, 사신이 독자적으로 혹은 뒤섞여 그려진다. 제3기는 6세기 중엽에서 7세기 전반에 걸친 시기로 외방무덤에 사신만이 그려진다. 대부분의 벽화는 모본(模本)에 따라 묵이나 목탄, 먹 바늘 등으로 밑그림을 그린 후, 채색하는 방법으로 제작되었으나, 밑그림을 따로 그리지 않은 상태로 그려진 경우도 있다. 안료로는 진사(辰砂), 자토(紫土), 황토(黃土) 등 광물질가루가 사용되었다. 색채는 무덤 안의 분위기를 부드럽고 차분하게 하는 갈색계통이 많이 쓰였으며 흑색, 황색, 자색, 청색, 녹색 등이 함께 쓰였다.

고구려 고분벽화 전개과정상의 제1기인 3세기 중엽에서 5세기 초에 걸치는 기간은 고구려의 영토가 크게 확장되는 시기이다. 벽화는 주로 무덤 안에 석회를 바르고 그 위에 그림을 그리는 방식으로 제작 된다. 이 시기에 즐겨 택해지는 생활풍속계 벽화고분은 무덤방 구조와 벽화 내용이 죽은 자 생전의 저택구조를 재현하거나 상징적으로 드러내도록 서로 맞물리는 경우가 많다.[그림21] 이러한 무덤은 흔히 무덤 방 모서리와 벽의 위 부분에 자주색 안료로 기둥과 들보 등 목조가옥의 뼈대를 그려 무덤 안을 주택과 같이 꾸민다.

[그림 21] 벽화고분 내부 전경, 안악3호분, 고구려 357년

생활풍속은 죽은 자 생전의 공적(公的) 생활 가운데 기념할만한 것과 사적(私的) 생활의 풍요로움을 무덤 안에 그림으로써 내세에도 이와 같은 삶이 재현되기를 바라는 마음에서 택해진 벽화주제이다. 때문에 생활풍속을 주제로 한 고분벽화에서는 무덤주인이나 무덤주인부부가 남녀시종들의 시중을 받으며 춤과 노래, 놀이를 즐기는 장면, 대규모 행렬에 둘러싸여 출타하는 장면, 산야(山野)를 질주하며 사냥하는 장면 등이 자주 나온다. 벽화 속의 인물들은 흔히 신분과 계급 정도에 따라 각각 다른 사람의 몇 배, 혹은 몇 분의 1 크기로 그려지며, 모자와 머리모양, 입은 옷의 무늬와 빛깔, 소매나 가랑이의 너비와 길이 등이 다르게 묘사된다.

생활풍속을 주제로 한 평양·안악지역의 고분 가운데 대표적인 것으로는 묵서(墨書)로 쓰인 명문(銘文)이 남아 있는 안악3호분과 덕흥리벽화고분을 들 수 있다. 안악3호분(357년)은 남향의 여러 방무덤으로 무덤 안의 방벽에 그려진 인물과 시설 옆에 설명형식의 묵서가 있다. 이 무덤은 회랑에 10.5m에 걸쳐 250명 이상의 인물이 그려진 대규모 행렬도로 특히 유명하다. 무덤주인이 선비족 모용씨(慕容氏)가 요동(遼東)일대에 세웠던 연(燕)에서 고구려로 망명한 장군 동수(佟壽)인지, 아니면 고구려의 미천왕(美川王)이나 고국원왕(故國原王) 인지 여부를 둘러싼 국제적인 논란의 대상이 되는 무덤이기도 하다.

안악3호분벽화에 적용된 고대적 회화기법은 앞방 오른쪽 곁방의 무덤주인부부도와 회랑의 대(大)행렬도에서 잘 드러난다. 회랑의 대행렬도는 행렬의 일부만을 그린 것인 만큼 전렬·중렬의 규모에 견주어 후열(後列)까지 고려에 넣으면 행렬 전체는 500여명에 이르는 대규모였을 것으로 추정되는데,[26] 행렬중의 인물을 겹쳐 그림으로써 화면에 공간감을 주려한 점이 눈에 띈다.[그림22] 대상을 겹쳐 그림으로써 공간적 깊이를 드러내는 기법은 고대회화에서는 상당히 높은 수준의 표현기법에 속한다.

한편, 인물들의 얼굴은 대부분 ¾ 측면관이며 자세나 복장은 각기 다르나 얼굴표정은 거의 동일하다. 대상의 개성표현은 회화기법의 발전과도 관련 있지만 대상의 개별성에 대한 인식과도 관련이 깊다. 개인을 부족이나 씨족의 구성원으로서가 아닌 가문을 대표하거나 독립적인 존재로 인식하는 것은 고대사회의 마지막 시기에 이르러서이다. 따라서 비교적 세련된 표현기법에도 불구하고 벽화중의 인물들이 몰(沒)개성적으로 그려진 것은 대상인식의 시대적 한계도 일부 작용했기 때문임을 알 수 있다. 그러나 인식과 표현상의 한계에도 불구하고 무덤주인의 얼굴은 밑그림이 2~3회에 걸쳐 고쳐진 흔적이 있어 무덤주인 초상의 표현에는 남다른 관심이 기울여졌음을 알게 한다.

덕흥리벽화분(408년)은 남향의 두 방무덤으로 광개토왕(廣開土王) 재위기간(391년~412년)에 만들어진 벽화고분이다. 벽화 가운데 현 중국의 하북성(河北省) 지역을 중심으로 설치되었던 유주(幽州) 13군태수(郡太守)가 무덤주인인 자사(刺史) 진(鎭)에게 나아와 배례(拜禮)를 하는 장면, 60여 개의 별자리 및 견우(牽牛), 직녀(織女)를 비롯해 신화, 전설상의 존재로 가득한 하늘세계의 그림으로 널리 알려진 무덤이다. 벽화의 구성과 배치를 통해 5세기 초 고구려 귀족의 저택이 바깥주인이 손님을 맡거나 공적(公的)인 업무를 처리하는 장소로 쓰인 사랑채와 놀이 및 휴식, 사적(私的) 행사를 위한 생활공간으로 쓰인 안채로 나누어졌음을 알 수 있다.[27)]

[그림 22] 대행렬 부분, 안악3호분 회랑 벽화 부분, 고구려 357년

[그림 23] 유주13군태수배례, 덕흥리 벽화분 벽화, 고구려 408년

벽화에서 주목되는 것은 무덤주인초상의 표현과 그 위치, 인물, 동물, 산수의 표현양식, 불교관계 표현과 묵서묘지명의 내용 등이다. 무덤구조가 고구려식의 두 방무덤으로 바뀌면서 무덤주인초상은 곁방에서 앞방 안벽과 안방 안벽으로 옮겨졌다. 무덤주인초상도에 적용되던 화면상의 삼각형 구도는 이전에 비해 약화되는 경향을 보이나 계급비례적 인물표현방식은 바뀌지 않는다. 13군태수배례도나 무덤주인출행도 등에 보이는 인물표현은 여전히 몰개성적인 반면 표현기법과 수준은 오히려 낮아져 인물과 동물이 펼쳐져 표현됨으로써 화면상의 공간감이 약화되었다.[그림23]

복식은 안악3호분벽화의 인물에 비해 고구려화 되고 있는데, 시녀의 주름치마 등에서 잘 드러난다. 천장고임 사냥도중의 산수는 둥글게 오려 나란히 붙인 판지 위에 유황덩이가 큰 성냥개비를 세워 놓은 듯한 모습으로 그려졌다. 이것은 벽화를 그린 화가가 산수를 제대로 표현할 수 있을만한 회화수준에 이르지 못한 때문이기도 하겠지만 산수가 아직은 독자적인 회화표현대상으로 인식되지 못했던 데에 말미암은 면도 있을 것이다.

제1기에 속하는 집안지역의 벽화고분으로는 각저총, 무용총이 잘 알려졌다. 집안의

우산(禹山) 남쪽기슭에. 서남향으로 나란히 축조된 두 무덤은 두 방무덤으로 무덤의 구조나 크기도 거의 같다. 두 무덤의 내부는 목조가옥의 뼈대그림에 의해 각 벽면과 천장고임이 나누어졌으며, 화면의 각 제재는 커다란 나무로 구분되었다. 각저총은 매부리코의 서(西)아시아계 인물과 고구려인의 씨름그림으로 잘 알려졌지만, 무덤주인과 두 부인의 그림으로도 일반에게 익숙한 벽화고분이다. 무덤주인 부부와 시종을 비롯해 벽화에 등장하는 인물들은 볼에 군살이 없이 얼굴선이 깔끔하게 내려오는 고구려인 특유의 갸름한 얼굴을 지녀 볼과 턱이 살진 평양지역 고분벽화 인물들의 얼굴과 대조를 이룬다.[그림24]

[그림 24] 시녀, 각저총 벽화, 고구려 5세기초

무용총은 산을 넘나드는 기마사냥 장면과 무용그림, 무덤주인이 서역계 승려로 보이는 인물과 대화를 나누는 모습, 두 역사(力士)가 수박희(手搏戲)라고도 불리던 택견류의 격투기를 벌이는 장면, 하늘로 떠오르는 연꽃과 연봉오리, 선인(仙人)과 청룡(靑龍), 백호(白虎) 및 갖가지 상서 동물들로 가득한 하늘세계 그림으로 잘 알려진 무덤이다. 무용 장면은 말을 타고 나가는 무덤주인과 그 뒤의 시동(侍童), 무덤주인을 배웅하는 무용수와 합창대로 이루어진 그림의 일부인데, 5세기 전반 집안지역 화가의 기량을 잘 드러내는 작품으로 평가되고 있다.[그림25]

무용수 가운데 나란히 선 듯한 다섯 사람은 실제로는 비스듬한 선을 이루는 세 사람과 수평선상에 나란히 선 두 사람으로 나뉜다. 이는 앞의 세 사람 가운데 두 사람의 두루마기 빛깔을 다르게 표현하고, 다른 두 사람의 저고리와 바지 색(色)이 서로 엇바

[그림 25] 무용과 합창, 무용총 벽화, 고구려 5세기 중엽

뀌게 그리며, 합창대로 추정되는 일곱 사람 가운데 세 번째 사람을 고개를 돌려 뒤를 돌아보는 모습으로 그리는 등의 방법과 함께 화면에 변화와 생동감을 부여하려는 화가의 의도에 따른 창의적 표현이라고 할 수 있다. 반면, 무용수들은 한결같이 두 팔을 일자('一'字)로 펴면서 뒤로 젖힌 듯한 자세인데, 화면상으로는 두 팔이 한쪽 겨드랑이에서 돋아난 듯이 표현되었다. 이 시기 집안지역 고분벽화의 인물들은 흔히 고구려 특유의 점무늬가 있는 왼 여밈 옷을 입은 모습으로 그려져, 오른 여밈이나 맞 여밈 위주인 평양 및 안악지역 고분벽화 인물의 일반적인 복장과 대조를 보인다. 왼 여밈은 내륙아시아 유목민족 복장의 특징적 요소이다.

2) 제2기: 복잡해진 하늘세계

제2기는 5세기 중엽에서 6세기 초에 걸치는 시기로 고구려가 동아시아 4대 강국의 하나로 군림하던 시대이다. 외방이나 두방무덤에 생활풍속과 사신(四神), 혹은 생활풍속과 장식무늬가 공존하는 그림, 장식무늬만을 주제로 한 그림들이 그려진다. 사신이 무덤 방안에 그려질 때에는 방위나 방향에 맞추어 좌(左[東])청룡, 우(右[西])백호, 전(前

[南]_주작, 후(後[北])현무의 순서로 그려진다. 사신은 무덤자리가 풍수지리에서 말하는 사신 형상의 지세인 사세(四勢)에 해당되지 않거나 최선의 자리가 아닐 경우, 이를 대신하여 그려진 것으로 볼 수 있다.[28)]

[그림 26] 문지기, 장천1호분, 고구려 5세기 전반

생활풍속과 장식무늬, 혹은 장식무늬가 벽화주제인 무덤은 집안지역에서 다수 발견된다. 벽화의 장식무늬로는 동심원문(同心圓文), '왕'자문('王'字文), 연꽃문, 구름무늬, 얽힌 용무늬[交龍紋], 인동무늬 등이 선택되며, 이 가운데 연꽃문을 주제로 한 경우가 벽화고분의 대다수를 차지한다. 이들 연꽃문은 5세기에 이르러 고구려에서 불교가 크게 유행한 것과 관련이 깊다. 무덤방 안에 그려진 연꽃문은 주로 죽은 자의 정토왕생(淨土往生)을 희구하는 표현으로 읽혀지기 때문이다.

제2기를 대표하는 집안지역의 벽화고분으로는 장천1호분과 삼실총을 들 수 있다. 장천1호분은 전형적인 두 방무덤으로 무덤주인과 그의 손님을 위해 펼쳐지는 여러 가지 놀이 장면, 여래와 보살, 비천과 기악천 등 불교적 존재들로 가득한 하늘세계와 이 하늘세계를 떠받치는 서(西)아시아계 역사(力士)들의 모습, 두 사람의 동남동녀(童男童女)가 연꽃에서 화생(化生)하는 장면 등으로 내외의 관심을 모았던 벽화고분이다.

벽화 중의 인물표현에서 주목되는 것은 실물크기로 그려진 문지기 두 사람에게서 풍기는 뚜렷한 개성이다.[그림26] 둥근 얼굴, 부드러운 눈매, 두 손을 가슴 앞에서 모아 쥔 공손한 자세로 말미암아 문인을 연상시키는 오른벽 인물과 달리 왼벽 인물은 각진 얼굴, 날카로운 눈매, 두 손을 배 앞에 대고 상대를 위압하려는 듯한 자세로 인

[그림 27] 하늘세계를 받치는 역사, 삼실총 벽화, 고구려 5세기 중엽

해 무인적(武人的) 기질을 느끼게 한다. 각저총과 무용총 벽화에서 싹튼 인물의 개성표현이 이 벽화에 이르러는 줄기를 뚜렷이 하고 있는 것이다.

대상에 부여한 비중에 따라 크기를 조절하는 고대적 표현방식 또한 이 시기에 이르러서는 서서히 불식되어간다. 백희기악(百戲伎樂)과 가무진찬(歌舞進饌) 장면에 등장하는 사람과 동물들 사이에 적용된 표현비례의 차이는 사람보다 몇 배 크게 그려진 흰 말 정도를 예외로 하면 앞 시기의 벽화에 비해 크게 줄어들고 있다.

삼실총은 널방 세 방이 'ㄷ'자 모양으로 이어진 특이한 형태의 벽화고분이다. 무덤 안의 두 번째, 세 번째 널방의 벽은 천장고임을 떠받치는 역사나 갑주(甲胄)무사가 차지하고 있으며, 하늘세계는 기린(麒麟)을 비롯한 신화적인 존재들, 해와 달, 별자리들이 자리 잡고 있다. 각 벽에 가득 차게 그려진 역사는 장천1호분 벽화의 역사들과 같은 서아시아계 인물이다.[그림27] 초원의 길을 매개로 한 고구려와 중앙아시아 및 서아시아와의 문화교류를 짐작하게 하는 존재들 가운데 하나이다.

평양 및 안악지역의 생활풍속계열 무덤에서는 생활풍속과 사신(四神)이 함께 나타나는 경우가 많다. 초기단계에는 사신이 무덤방 천장고임에 별자리와 함께 그려지지만, 일정한 시간이 흐르면 벽면으로 내려와 결국 벽면 전체를 차지하면서 생활풍속 장면을 소멸시킨다. 제2기에 속하는 평양·안악지역의 벽화고분 가운데 눈길을 끄는 것은 쌍영총, 수산리벽화분, 덕화리1호분 등이다.

남향의 두 방무덤인 쌍영총 벽화에서 관심의 대상이 되는 것은 앞 시기와는 비교가 안 될 정도로 깔끔하고 세련된 필선으로 묘사된 갸름한 달걀형 얼굴의 인물들이다. 남자들은 고구려 특유의 모자인 절풍(折風)을 머리에 쓰고, 선(襈)을 덧댄 왼 여밈 저고리에 통 넓은 바지를 입었으며, 여자는 선을 덧댄 저고리에 주름치마를 입었다. 수산리벽화분의 벽화에서도 이와 같은 모습의 인물들을 발견할 수 있다. 5세기 후반에 이르면 고구려 회화에서 고구려식 인물표현의 한 전형이 완성됨을 알게 한다.

[그림 28] 하늘세계, 덕화리1호분 벽화, 고구려 5세기말

외방무덤인 덕화리1호분 널방 좌벽과 우벽의 청룡과 백호는 직선형 몸통과 계단형 꼬리로 대표되는 초기 사신표현의 특징적 요소를 아직 지니고 있다. 그러나 얼굴 세부요소 사이의 조화는 이미 상당한 수준에 이르고 있다. 이제 상상적 사실성에 기초한 전형적인 사신도의 출현이 멀지 않았음을 예견하게 하는 부분이다. 사방연속 귀갑무늬를 배경으로 그려진 북두칠성(北斗七星)과 남두육성(南斗六星), 여러 별자리들은 천정석 가득 그려진 연꽃과 함께 무덤 안을 죽은 자를 위한 또 하나의 우주로 인식하게 한다.[그림28]

3) 제3기: 보호받는 쉼터

제3기는 6세기 중엽에서 7세기 전반에 걸치는 기간으로 고구려가 주변 신흥세력들의 도전에 직면하는 시기이다. 벽화는 주로 무덤 방의 다듬어진 석면(石面)에 그대로 그림을 그리는 방식으로 제작되는데, 안료 제작상의 기술적 진보를 읽게 하는 부분이다. 널방만 있는 외방무덤에 사신도가 즐겨 그려진다. 평양·안악지역의 제3기 고분벽화로 대표적인 것은 진파리1호분, 진파리4호분, 강서대묘, 강서중묘 등을 들 수 있으며, 집안지역의 것으로는 통구사신총, 오회분5호묘, 오회분4호묘를 꼽을 수 있다. 이들 무덤들은 모두 구릉기슭에 남향으로 축조되었으며, 뒤로는 산을 지고 앞으로는 들을 내다보는 곳에 위치하였다. 이 시기 사신은 각각 널방의 한 벽면씩을 차지하는 존재이다. 이러한 현상은 사신이 단순히 하늘의 28별자리[28星宿] 가운데 동서남북 각 방위별 7별자리씩이 형상화된 방위신 정도가 아니라, 신선신앙과 불교신앙이 혼합된 형태의 내세를 지켜주는 우주적 수호신으로 여겨진 것과 관련이 깊다.[29)]

[그림 29] 나무, 진파리1호분 벽화, 6세기 전반

제3기 평양지역 벽화고분의 하나인 진파리1호분 널방 안벽의 현무(玄武)는 바람에 휘날리는 구름과 인동연꽃, 수염털 달린 연봉오리들로 가득한 들판 한가운데에 서 있다. 현무의 좌우에는 각 두 그루씩의 커다란 소나무와 크고 작은 산과 다수의 나무를 묘사하였다. 농담(濃淡)이 가해진 나무 밑의 바위산과 이 산 너머 먼 산에 선묘(線描)된 나무들은 소박하게나마 이 산수에 공간감을 부여하고 있다. 또 바람에 크게 흔들리는 듯한 화면 좌

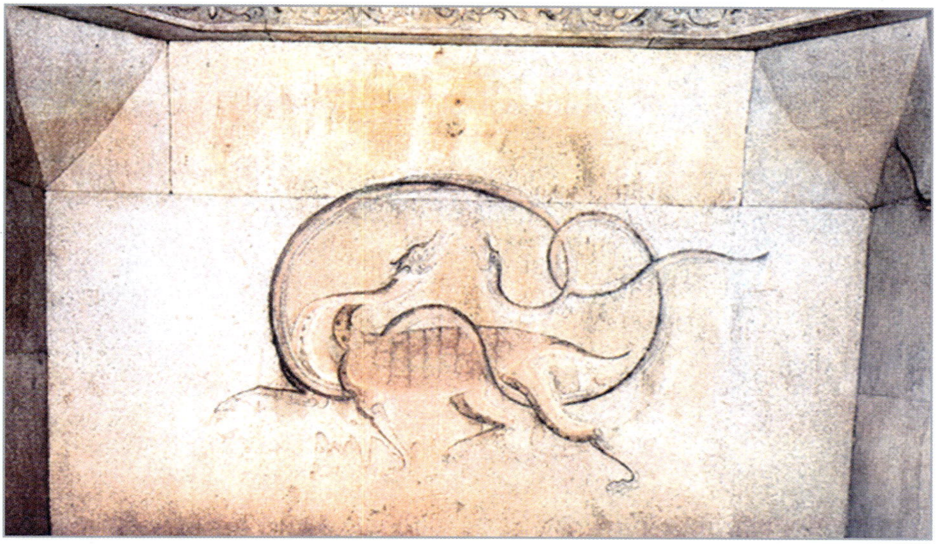

[그림 30] 현무(玄武), 강서대묘 벽화, 고구려 6세기 말

우의 큰 소나무는 윤곽선 없이 실재감 있게 그려졌다.[그림29] 6세기 고구려회화에서 산수표현이 이전과는 현격히 다른 수준에 이르렀음을 알게 하는 사례의 하나이다.

진파리1호분 보다 늦은 시기에 제작된 강서대묘와 강서중묘 벽화는 고구려회화가 6세기 전반의 중국 남조(南朝)미술의 영향에서 벗어나 나름의 새로운 세계를 어떻게 만들어나갔는지를 보여준다.[30] 두 무덤 모두에서 사신(四神)은 아무런 배경 없이 벽면에 그려졌으나, 세련된 필치와 선명한 채색으로 말미암아 상상적 동물임에도 실재하는 존재인 듯이 느껴지며, 사신이 획득한 실재성(實在性)은 무(無)배경의 벽면에 깊은 공간감을 주어 벽면이 마치 아득한 하늘세계인 것처럼 느껴지게 한다.[그림30]

그러나 이 시기에 이르러서도 특정한 대상이 지닌 부피감은 효과적으로 표현되지 못하는데, 강서대묘의 현무에서 이러한 면이 잘 나타난다. 네 다리로 버티고 선 거북을 힘을 뿜어내며 움직이는 존재로, 거북의 몸을 감은 뱀을 탄력과 긴장감으로 가득한 동물로 그리면서도 뱀과 거북이 몸이나 목을 뒤트는 부분의 묘사는 평면적인 선

처리에만 의존함으로써 부피감을 제대로 나타내지 못하고 있다.

제3기에 속하는 집안지역 고분벽화는 고구려 특유의 힘과 긴장감, 6세기경 집안 문화만의 화려하고 세련된 분위기를 함께 담아내고 있어 고구려 후기문화의 지역적 성향과 특징을 이해하는 실마리를 제공한다. 이 시기 집안 고분벽화의 특징은 오회분5호묘와 오회분4호묘 널방 벽 및 천장고임 그림에 잘 담겨 있는데, 벽과 고임그림에 적용된 구도와 기법에 따라 회화적 효과가 조금씩 다르다.

널방 벽의 사신은 인동과 불꽃, 혹은 화생(化生)중의 인동(忍冬) 및 인동연꽃 위의 화생천인(化生天人)으로 채워진 화려한 연속변형귀갑문 위에 세련되고 숙달된 필치로 묘사되었다. 청룡과 백호는 입을 크게 벌리고 눈을 부릅뜬 채 상대를 덮쳐 내릴 듯한 자세로 하강하며, 주작은 크게 나래치고, 현무(玄武)는 대지 위에 힘있게 버티고 서 있다. 사신의 몸체는 세부까지 세밀하게 묘사되었고, 오색(五色)으로 화려하고 선명하게 채색되었다. 그러나 지나치게 선명한 윤곽선과 엄격하게 구분된 채색띠, 규칙적이고 도식적인 세부표현 등은 오히려 신수(神獸)로서 사신이 지녀야할 신비성과 사실성을 약화시키고 있다. 나아가 화려한 배경그림은 벽지(壁紙)와 같은 효과를 가져와 이러한 종류의 화면이 지녀야할 공간감을 약화시킴으로써 결과적으로 사신의 신수적 힘과 운동력을 떨어뜨리고 있다.

두 고분벽화의 천장고임에는 해와 달, 별자리 외에 해신과 달신을 비롯해 불의 신, 농사의 신, 대장장이 신, 수레바퀴의 신 등 여러 종류의 문명신(文明神)과 악기를 다루는 천인(天人)들이 등장한다. [그림31] 고구려 특유의 힘과 긴장감을 담은 자세로 해와 달을 받쳐 들고 있는 해신, 달신 등은 평양지역의 고분벽화에는 보이지 않던 존재들 이묘널방 천장고임의 인물들과는 모습과 표현에서 구별된다.

이와 같이 제3기 고분벽화에서 평양과 집안, 두 지역은 똑같이 사신을 벽화의 주제로 삼으면서도 그 표현에서는 뚜렷이 구별된다. 6세기 중엽 이후 고구려에서 귀족연합정치라는 새로운 정치방식이 등장하면서 평양과 집안 사이에 정치·사회·문화 등의 여러 분야에서 다시금 거리가 생기고 있었음을 벽화가 보여주고 있는지도 모른다.

[그림 31] 해신과 달신, 오회분4호묘 벽화, 고구려 6세기 중엽

✤ 제4장 금동대향로에 담긴 뜻 -백제의 문화-

1. 백제의 역사

1) 건국:

기원전 18년, 한 무리의 부여계 사람들에 의해 한강 하류, 오늘날의 서울 강남일대를 근거로 새 나라의 창건이 선언되었다. 건국 선언의 주역은 역사에서 비류(沸流), 온조(溫祚)의 무리로 일컫는 사람들이다. 물론 후에 백제로 불리게 되는 이 나라의 성립이 '건국 선언'으로 완결될 정도로 간단하지는 않았을 것이다. 이들 한 무리의 부여계 사람들이란 졸본부여가 아직 독자세력으로 존재할 때, 그 안에서 갈라져 나왔다는 설도 있고, 졸본부여를 모체로 고구려가 성립한 뒤, 왕위계승을 둘러싸고 발생한 갈등을 무리 없이 풀어나가는 과정에서 갈라져 남으로 내려왔다는 견해도 있다. 고구려의 건국과정에 지역 기득권을 잃게 된 졸본부여의 한 세력이 새로운 활동공간을 찾아 남행하였다는 이해, 원(元)부여에서 여러 세력이 갈라져 나올 때, 졸본부여를 세운 집단과 여러 가지를 공유하던 또 한 세력이 남으로 내려왔다는 시각도 있다.

아마도 부여계 사람들의 남하는 오랜 시기에 걸쳐 여러 차례 이루어졌을 것이고, 정착지도 일률적이지는 않았을 것이다. 한강 하류 일대 역시 기원전 1세기 말 이전, 부여계 사람들이 새로운 정착지로 삼은 지역 가운데 한 곳이었으리라. 고조선의 옛터를 중심으로 성립한 중국 군현세력이 자리 잡지 않은 곳, 청동기문화를 배경으로 나름의 성읍국가 체제를 갖추고, 소국 사이의 연결망을 잘 가동시키던 마한(馬韓) 소국 연맹의 변두리에 해당하는 지역 가운데 하나가 한강 하류 일대였는지도 모른다. 어쨌든 기원전 1세기말에는 한강유역에도 부여-고구려계 문화를 지닌 사람들의 정치·사회적 공간이 마련되었다.

중국 정사(正史)의 동이전(東夷傳)에 소개된 삼국 성립 초기 이 일대의 정치·사회적 동향에 따르면, 한강 중하류 일대에도 마한 소국 연맹에 소속된 작은 나라들이 있었다. 북에서 내려온 부여계 사람들은 한강 유역 소국들의 영역 한 귀퉁이에 정착을 허용 받았다가 점차 세력을 키우고, 소국 지배세력들과 정치적 연합을 이루어나가는 방식으로 작은 나라를 세우는 데에까지 이른 것으로 보인다.[31] 백제는 성립 초기부터 외부 세력의 도전을 견뎌내야 했고, 때로는 적극적으로 주변 세력을 누르거나 세력권 안에 편입시켜야 했다. 압록강 중하류일대가 그러하듯이 한강 하류 일대도 여러 세력과 문화의 이동통로였다. 마한 연맹을 주도하던 목지국(目支國)을 비롯한 토착 소국세력들과의 관계 설정도 만만치 않았지만 중국 군현세력의 중심 역할을 자처하던 낙랑, 남방으로의 세력 확산을 시도하던 동예, 말갈의 움직임도 주의 깊게 살펴보며 대응방안을 찾아야 했다.

각기 건국을 선언했던 온조, 비류의 세력이 통합되고, 목지국의 간섭을 물리치면서 백제는 마한 연맹을 주도하는 소국 세력의 하나가 되었다.[그림32] 북방의 철기문화로 단단히 무장한 이 새로운 부여계 집단의 등장으로 마한 연맹에 가입했던 소국들 가운데 일부는 지금까지는 제한적이었던 철기의 수용을 보다 본격화하면서 백제 중심의 새 질서를 마련하려는 움직임에 동조하였다. 마한 연맹은 나누어지기 시작하여 한강 유역의 소국들은 백제를 새 연맹의 중심으로 삼았고, 이전의 주류는 금강 유역에서 영산강 유역에 걸치는 영역을 연맹의 범위로 삼고 기존 질서를 지키는 데에 주력하게 되었다.[32] 그러나 시대는 이미 바뀌고 있었다.

부여계 이주민의 등장으로 한강 유역에는 새로운 유형의 무덤이 나타났다. 돌무지무덤[적석총 積石冢]이다.[33] 흙구덩이를 파고, 그 안을 그대로 다듬거나, 넓적한 돌로

[그림 32] 몽촌토성 전경, 서울, 백제

바닥과 벽을 만들어 죽은 이를 묻는 공간으로 삼던 기존의 무덤 양식과 달리 돌무지 무덤은 말 그대로 시신을 넣은 관 위를 돌로 덮는 형태의 무덤이다. 언뜻 보기에 크고 작은 돌무더기로 보이기 쉬운 무덤들이 임진강과 한강 유역에 나타나게 된 것이다. 신분이 높거나, 일정한 사회적 지위를 확보했던 사람들의 무덤은 층을 이루도록 만들어졌지만 강돌을 이용하여 돌무더기를 만드는 점에서 부여계 이주민들의 무덤은 동일하며 기존의 마한계 토착세력들의 무덤과 구별된다. [그림33]

백제의 건국세력은 이미 철제 농경구를 이용한 농사 경험을 지닌 사람들이었으므로 새로운 이주지에서도 기존의 방식에 비해 효율적인 농경 방법을 소개한다. 백제국의 등장으로 한강 하류 일대는 짧은 시간 안에 한반도 중남부의 정치·사회적 중심으로 성장할 뿐 아니라 북방과 중국에서도 눈여겨보는 곳이 된다. 500년(기원전18년~475년)에 걸친 한성시대가 열린 것이다.

2) 흥망성쇠:

도전이 거듭되고, 경쟁이 치열해지면 살아남는 자가 있고, 이름조차 잃는 자가 있

[그림 33] 복원된 석촌동3호분 전경, 서울, 백제 4세기

다. 백제는 마한 연맹에 가장 늦게 가입한 소국의 하나로 출발하여 50여 개를 상회하는 연맹의 소국 가운데 마지막까지 살아남은 나라이다. 소수의 부여계 이주민들이 토착세력의 틈바구니 속에서 나라를 세우는 것도 쉽지 않았지만, 수시로 밀려 내려오는 새 이주민이나, 적대적 외부세력들을 적절히 받아들이고, 강력히 되처 내기도 보통 어려운 일이 아니었다.

한강 하류에 마련한 새 삶터를 지키고, 넓혀 나가는 과정에서 여러 명의 백제왕이 죽음을 당했다. 자객에 의해 암살되는 경우도 있었고, 전장에서 전사하는 사례도 있었다.[34] 외부세력의 침입과 도전이 계속되었고 이에 대한 방어와 응전 역시 간단없이 이루어져야 했으므로 백제는 내부의 통합력과 생산력을 강화시키는 데에 주력하면서, 이를 가능케 하는 새로운 기술과 문화의 수용, 습득에 온 힘을 기울여야 했다. '적으로부터 배운다'는 말이 있듯이 백제는 나라의 힘과 능력을 키우는 데에 도움이 되는 것에 민감했고 이를 받아들여 활용하는 데에 적극적이었다.

초기 백제의 역사에서 대동강 하류의 낙랑(樂浪)은 선진 문화 탐색과 수입의 원천이자 주요한 통로로 기능하였다. 중국 본토의 정치·사회적 동향과 문화적 흐름에 민감했던 낙랑은 내용상 토착화가 상당히 진행된 이후에도 형식적인 측면에서는 중국 왕조의 외군(外郡)으로 자처했다. 중국 군현세력의 거점으로 자신을 자리매김 함으로써 낙랑은 정치·군사적 취약성을 보강하는 한편, 별다른 제한 없이 중국으로부터 기술과 지식, 문화 산물들을 가져와 동북아시아 문화중심으로서의 지위와 기능을 유지할 수 있었다. 백제는 낙랑의 이와 같은 입장을 잘 이해하였고, 그 기능을 적극 활용하였다. 낙랑을 거친 중국의 지식과 문화는 곧바로 백제로 건네져 국가의 체제를 정비하고, 사회를 조직하며, 문화를 발전시키는 데에 적절히 쓰여졌다.

백제는 삼국 가운데 가장 먼저 왕권을 확립시켰고, 관제를 정비하였으며, 율령을 반포하였다. 국가의 운용에 필요한 여러 가지 제도와 문물을 조기에 갖춤으로써 삼국 간의 경쟁에서 앞설 수 있었다. 한강 하류, 백제 초기의 도성인 풍납토성(風納土城)은 거대한 판축성으로서의 외관을 지니고 있었고, 성의 내부는 바둑판처럼 구획된 도로, 처마를 이은 가옥들로 잘 정비된 도시의 이미지를 갖추고 있었다.[35)]

장엄한 궁궐과 신전을 배경으로 백제의 왕은 전제군주적 권한을 행사하였다. 4세기경, 백제는 이전에는 넘보지 않았던 북방으로의 진출을 시도하여 옛 대방(帶方)의 영역을 석권한 뒤, 낙랑의 옛 터를 지나 대동강 건너 고구려의 새로운 중심을 향하여 나아간다. 같은 시기에 남방 진출을 시도하던 고구려의 고국원왕이 평양성을 포위한 백제 군대에 맞서다가 전사한 것도 이즈음이다.

372년의 평양성 전투를 계기로 고구려와 백제는 '견원지간(犬猿之間)'이 된다. 내용상으로는 동북아시아의 패권을 둔 두 나라 사이의 쟁패전이 본격화된 것이다. 육지에서 뿐 아니라 서해의 지배권을 둘러싼 갈등도 격화되었다. 이미 백제는 중국과 한반도, 일본열도를 잇는 항로를 개발하여 외교 및 무역에 적극 활용하려 하였고, 이를 알아챈 고구려는 백제가 구축하려는 동북아시아 해상망을 자국의 관할 아래 두려고 하였다.[36)] 백제는 중국의 강남, 산동반도, 요동반도, 한반도 서남해안, 일본열도를 잇는 연안항로 외에도 황해도 연안과 산동반도 사이를 연결하는 서해 직항로, 이른바 적산(赤山)항로를 개발, 운용하면서 고구려를 정치·외교적으로 압박하고, 동북아시아 문물교류의 주역으로서의 지위를 지켜나가고자 애썼다.[그림34]

[그림 34] 칠지도(七支圖), 일본 나라현 천리시 석상신궁(石上神宮), 백제 369년

그러나 393년, 고구려의 남방 경략전에 밀려 아신왕(阿莘王)이 광개토왕의 신하가 될 것을 맹세하는 큰 패배를 맛보면서 백제는 동북아시아 패권전에서 고구려에 밀리기 시작하였고 황해도 지역의 상실로 서해 지배권의 상당 부분도 상실하게 되었다. 백제는 한반도 중부에서의 대 고구려전 패배로 말미암은 제반 손실을 메우기 위해 남방항로의 개척을 보다 적극적으로 추진하는 한편, 일본열도 세력들과의 정치·군사적 동맹을 강화시키기 위한 여러 가지 조치를 취한다. 4세기 후반 이후, 일본열도로 백제의 기술과 인력, 문물이 대량으로 전해지는 것도 백제를 중심으로 한 동북아시아 국제정세의 변화로 말미암은 바 크다.

고구려의 평양 천도 및 남진 본격화에 대응하여 백제는 신라와 공수동맹을 맺고, 중국 남조(南朝)의 송(宋), 일본열도 세력들과도 밀접한 외교관계를 유지하였다. 그러나 이런 노력에도 불구하고 백제는 동북아시아 패권국가로서의 지위를 굳힌 고구려의 남진을 막는 데에 실패한다. 475년, 장수왕이 이끄는 고구려군에 의해 한성이 함락되고, 개로왕(蓋鹵王)이 죽음을 당하면서 백제의 한성시대는 막을 내린다. 백제의 인력과 기술이 다시 한 번 대량으로 일본열도로 건너가고, 500년 가까이 국가의 중심지역으로 개발되었던 한강유역은 고구려의 지배 아래 들어간다.

한성을 잃은 백제의 왕실과 관료, 도성지역의 백성들은 이전까지는 국가의 지방 중심지에 불과했던 남쪽의 웅진(熊津, 공주)로 내려와 국가재건에 착수한다. 문주왕(文周王), 동성왕(東城王)의 뒤를 이어 무령왕이 즉위하면서 백제는 서해를 중심으로 한 해상망을 재건하였고, 신라 및 일본과 연결하여 고구려의 남진을 막으며, 동북아시아 패권에 다시 도전할 능력을 갖추는 데에 매진하게 된다.[37] 복구된 백제의 해상망은 중국 남조 양의 기술과 문물이 백제로 시차 없이 전해지는 것을 가능하게 했고, 백제로 하여금 일본과의 정치·군사적 동맹이 실제의 상황에 도움이 될 수 있다는 자신감을 갖게 하였다.[그림35]

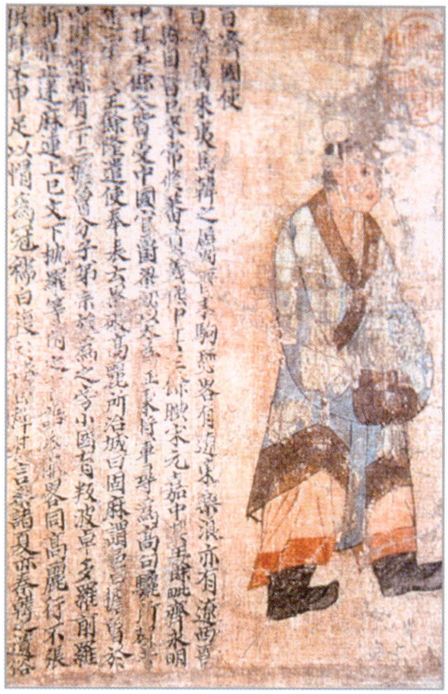

[그림 35] 백제국사(百濟國使), 양직공도(梁職貢圖) 부분, 소역(蕭繹, 505년~554년)

백제의 적극적 자세를 바탕으로 이루어진 중국 남조와의 밀접한 교류는 백제에 '남조문화(南朝文化)'가 그대로 이식되도록 하였다. 웅진시대 백제의 왕실무덤들 가운데 벽돌무덤이 나타나고, 무덤의 부장품이 남조문화에서 유래한 물품으로 채워지는 것도 이러한 이유 때문이다. 무령왕릉에서 발견된 매지권(지하세계의 지배자로부터 땅을 샀다는 증서)은 이전의 백제 문화 산물에서는 볼 수 없던 것으로 형식과 내용에서 사실상 중국 남조에서 쓰이던 문서양식과 차이를 보이지 않는다.[38]

국가의 재건이 어느 정도 궤도에 올랐다고 판단되자, 성왕(聖王, 523년~554년)은 금강 하류 연변에 새 도성을 짓고 백제의 중심을 옮긴다.[39] 사비(泗沘, 부여)시대의 개막이다. 538년 부여를 새로운 수도로 삼으면서 성왕은 국호도 '남부여(南夫餘)'로 바꾼다. 백제가 부여로부터 비롯된 나라임을 내외에 다시 천명하면서 북방적 건강성을 회복하고, 개국 당시의 정신과 기백으로 나라의 부흥을 이루자는 뜻을 담은 조치이다. 건국의 무대였던 한강 유역의 회복이 시도되고, 실제 백제는 일시적이나마 한성시대의 중심부를 되찾는 데에 성공한다.

역사는 한 시대에 두 영웅이 한 자리에 있게 하지 않는지 모른다. 성왕 보다 뒤에 신라의 왕위에 오른 진흥왕(眞興王, 540년~576년)의 정력적인 정복과 확장정책이 고구려로부터 한강 일대를 되찾는 것을 가능하게 했던 두 동맹국 신라와 백제의 충돌을 가져왔고, 늙은 성왕의 전사를 불러왔다. 백제는 결국 나라의 첫 터를 되찾는 데에 실패하였으며 한성시대에 구축했던 서해 해상망을 완전히 재건하여 해상왕국으로서의 위상을 되찾겠다는 꿈도 접어야 했다. 성왕을 돕고자 바다를 건너왔던 왜군 역시 가야군과 함께 관산성 패전의 당사자들 가운데 하나가 되었다. 일본은 신라가 바다 건너로 정복군을 보낼 것을 염려하며 열도(列島)의 방어에 몰두하게 되었으며, 한반도 사태에의 개입은 더 이상 엄두도 내지 못하게 되었다.

비록 부흥의 영주, 성왕의 죽음으로 동북아시아의 패권을 고구려로부터 빼앗는 데에는 실패하였지만, 남부여 백제의 국세는 쉽게 위축되지 않았다. 동맹세력의 확보를 위한 대 중국, 대 일본 교섭이 재개되었고, 해상망을 바탕으로 한 외교 및 무역상의 거점들이 다시 구축되었다. 적절한 농업생산력을 확보하기 위한 충청, 전라지역 농경지의 추가 개발이 적극 시도되었고, 천지신과 조상묘에 대한 정기적 제의를 통한 이념적 구심력의 강화도 추진되었다. 이와 같은 국력 정비 정책이 궤도에 오르자 백제는 무왕의 즉위 이후, 대 신라 공세를 본격화하게 된다.

무왕(武王, 600년~641년)시대에 이르러 백제는 불교의 미륵신앙을 바탕으로 왕권의 전제성을 더욱 더 강화하면서 신라의 영역을 잠식해 들어간다. 무왕은 자신이 현실세계의 미륵(彌勒)으로 여겨질 수 있도록 미륵신앙과 관련된 설화를 유포시키는 한편, 익산에 새로운 왕궁과 사원을 지어 이곳이 미륵불국토의 이상이 실현되는 장소처럼 인식되게 하려 한다. 익산

미륵사지의 거대한 불탑(佛塔)은 이 때에 만들어진 미륵신앙 관련 건축물들 가운데

하나이다.[그림36]

백제가 신라에 대한 공세의 고삐를 늦추지 않던 7세기 전반, 동아시아는 중국의 새로운 통일왕조 당(唐)을 중심으로 새 국제질서를 마련해가고 있었다. 물론 이 새 질서는 통일 중국의 당이 동북아시아를 비롯한 중국 주변의 크고 작은 세력들에게 요구하는 중심과 주변의 관계를 기초로 한 것이었다. 당은 자국을 중심으로 동아시아 국제질서가 완전히 재편되기를 기대하고 있었고, 이를 위해서는 지역 단위 국제사회의 분쟁에 적극적으로 개입할 권리도 지니고 있다고 인식하였다. 백제는 동아시아 국제질서가 재편되고 있다는 사실은 잘 알고 있었지만, 중국의 당이 지역질서의 재편에 직접 개입하여 필요에 따라서는 직접 지배까지 모색하리라고는 생각하지 않았다. 때문에 의자왕(義慈王) 치세에 이르러서도 백제의 신라 압박은 계속되었다.

[그림 36] 미륵사지 석탑(동탑). 복원모형. 익산 미륵사지

660년, 신라와 당의 연합군이 백제를 침공하였다. 이를 예상하지 못했던 의자왕은 당황하였다. 바다로부터, 육지로부터 협공 당하면서 백제군은 적절한 대응의 방향과 시기를 놓치고 말았다. 사비성은 포위되었고, 버티어 낼 수 없다고 판단한 의자왕과 대신들은 성 밖으로 나가 항복하였다. 700여 년에 가까운 백제의 역사가 종말을 고한 것이다. 왕과 관료, 기술자, 병사, 유력한 백성들 다수가 당의 수도 장안으로 끌려갔으며, 또 다른 많은 수의 백제인이 바다를 건너 일본으로 건너갔다. 2년에 걸친 부흥운동이 실패로 끝나자 남은 자들은 신라의 백성으로 편입되었다. 백제는 역사의 무대에서 자취를 감추었고, 그 흔적들은 옛터와 이주자, 망명자들의 땅에 흩어져 남게 되었다.

2. 금동대향로의 발견

백제대향로, 백제용봉대향로, 백제금동용봉대향로로도 불리는 백제금동대향로는 1993년 10월 국립부여박물관 학술발굴단에 의해 부여 능산리 절터 서편에 자리 잡고 있는 제3건물지에서 발견되었다.[40][그림37]

지붕의 기와가 내려앉은 상태로 천 수백 년 동안 땅속에 묻혀 있었던 제3건물지의 가운데 방 서편 구덩이에서 칠기(漆器)에 넣어진 상태로 출토된 향로는 뚜껑과 몸통이 분리된 상태였다. 발견 장소가 공방(工房)의 물을 저장하는 구유 형태의 목제 수조가 있던 자리여서 토기와 기와, 유리제품, 칠기편 등과 함께 물에 잠긴 상태로 땅속에 있었던 까닭에 유물이 생물학적, 화학적 파괴의 힘에 거의 노출되지 않고 보존될 수 있었다. 유물이 보존용액 속에 담겨 장기간 밀봉 보존된 것과 같은 효과를 얻은 것이다.

[그림 37] 백제금동대향로, 부여 능산리 사지 출토, 백제 6~7세기, 국보287호

전체 높이 64㎝, 최대 지름 19㎝인 이 향로는 뚜껑장식인 꼭지, 뚜껑, 몸통, 받침의 4부분이 각각 따로 주조되어 결합시키는 방식으로 만들어졌으나 외관상 꼭지와 뚜껑이 한 부분, 몸통과 받침이 다른 한 부분을 이룬 것처럼 보인다. 꼭지의 중심장식은 꼭지 위에 서서 크게 날갯짓하는 봉황으로 가슴 위에 여의주, 혹은 사당(沙棠)으로 해석되는 구슬처럼 보이는 둥근 물체를 올려놓고 부리 아랫부분으로 누르고 있다.[그림38] 여의주는 용왕의 뇌에서 나왔다고 전하는 것으로

원하는 모든 것을 낼 수 있을 뿐 아니라 이를 지닌 이로 하여금 일체의 번뇌와 고통에서 헤어나게 해주는 신통력을 지닌 물건으로 여겨져 불교에서는 깨달음, 정토(淨土)의 상징으로 쓰이는 물체이다. 사당은 곤륜산을 둘러싼 약수(弱水)를 건널 수 있게 해주는 신비한 열매로 흔히 봉황이 부리에 물고 있는 모습으로 표현된다.

봉황의 바로 아래, 뚜껑의 가장 위 부분에는 각각 피리, 비파, 소, 거문고, 북을 연주하고 있는 5인의 악사(樂士), 이들의 음악에 맞추어 움직이는 듯이 보이는 다섯 마리의 원앙, 혹은 기러기가 5개의 큰 산봉우리 위에 앉아 있다. 악사들은 불교의 승려처럼 머리를 민 듯이 보이나 자세히 보면 머리 오른편에 결발이 있다. 이들의 아래로 곳곳이 짐승과 새, 선인 등으로 채워진 산봉우리들이 솟아 위·아래로 각각 9개씩 모두 18개에 이르는 높이 솟은 산봉우리를 중심으로 무리를 이룬다. 뚜껑 위 부분 곳곳에는 둥근 구멍들이 뚫려 있는데, 향로 안의 향이 타면서 발생되는 연기가 바깥으로 빠져 나오도록 하기 위한 장치이다. 뚜껑에 표현된 크고 작은 산봉우리는 모두 74개에 이르며, 이름을 알 수 없는 새들과 용, 호랑이, 사슴, 코끼리, 원숭이를 비롯한 각종 짐승이 39마리, 이들과 함께 모습을 드러낸 선인, 혹은 기마인물 등이 사람이다.[그림39]

[그림 38] 봉황, 백제금동대향로 부분

[그림 39] 기마인물, 백제금동대향로 부분

선인(仙人)들은 명상에 잠겨 있거나 낚시에 몰두하거나 머리를 감고 있는 등 다양한 모습과 자세로 표현되었다.

향로의 몸통은 연꽃잎으로 장식되었으며, 연꽃잎 속은 두 사람의 선인과 26마리에 이르는 짐승, 물고기 등으로 채워졌다. 받침을 이루는 것은 용이다.[그림40] 세 다리로는 바닥을 딛고, 다른 한 다리는 허공을 향해 쳐든 상태로 목을 세워 머리로 향로의 받침과 몸통을 받치는 모습이다. 용이 입으로 문 것은 받침의 연꽃잎들이 펼쳐져 나가게 한 연꽃의 줄기이다. 결국 용이 온 몸으로 받쳐 든 연꽃에서 산봉우리들이 솟고, 그 위로 봉황이 날개를 펼친 채 구 만리 창공을 향해 날아가려는 순간이 이 향로에 표현된 신화적 세계인 셈이다.

역동적인 자세로 향로가 표현해 내려는 세계를 받쳐든 용은 고대 동서의 신화에서 땅과 그 위의 세계 전체를 떠받치는 역할을 맡는 것으로 이야기되는 거대한 자라, 우주역사, 하늘기둥과 같은 존재이다. 고대 동아시아 신화에서 용이 하늘과 땅 사이를 마음대로 오르내릴 수 있고, 생명의 근원인 물을 지배하는 능력을 지닌 신수(神獸)로 인식되었음을 고려하면, 용의 입에 물린 연꽃 줄기는 용으로부터 생명의 기운을 받는다고도 할 수 있다. 용은 연꽃의 뿌리이기도 하고 연꽃이 생명의 터로 삼는 물의 세계

[그림 40] 용. 백제금동대향로 부분

이기도 한 셈이다.

향로 받침에 표현된 연꽃은 불교적 깨달음의 상징이기도 하지만, 인도와 서아시아, 중근동의 고대문명권에서는 모든 생명과 무(無)생명의 세계를 그 안에 담고 있는 창조의 그릇이기도 하다. 연꽃잎 하나하나가 여러 종류의 생명체를 담고 있는 것처럼 표현된 것도 이러한 신화적 관념과 관련이 있을 것이다. 불교에서 깨달은 자의 세계인 정토에서의 초자연적 탄생법으로 설명하는 연화화생(蓮花化生)의 주체 역시 연꽃이다. 향로 받침의 연꽃이 화생의 주체로 표현된 것이라면 꽃잎 속의 신선과 사슴, 날개 달린 물고기 등은 연화화생을 통해 탄생했거나, 태어날 존재로 해석될 수 있다.

뚜껑의 산봉우리들은 땅위의 세계일 수도 있고, 세속과는 구별되는 신선향(神仙鄕)일 수도 있다. 신선신앙에서 산은 흔히 세상과는 구별되는 별세계이다. 땅 위의 사람들은 접근하기 어려운 특별한 공간이다. 세상에서는 볼 수 없는 새와 짐승들이 표현된 것으로 보아 향로 뚜껑의 산봉우리들은 신성한 공간이며, 산봉우리 곳곳에 모습을 드러내는 사람들은 선계(仙界)의 사람들이라고 해야 할 것이다. 다만 이 선계가 신선향의 대표적인 곳으로 일컫는 곤륜선계인지, 혹은 동해 중의 봉래(蓬萊)·방장(方丈)산과 같은 곳인지, 어떤 특정한 세계가 아닌 보편적인 성격의 장소를 나타낸 것인지는 확실하지 않다. 혹, 백제 자체를 이상향으로 표현해 낸 것인지도 모른다.

악사(樂士)들의 음악, 원앙의 노래에 맞추어 날갯짓하는 듯이 보이는 꼭지 위의 봉황은 신선신앙과 가장 관련이 깊은 신성한 새이다. 한 번의 날갯짓으로 구 만리를 난다는 봉황은 활짝 펼친 두 날개 사이가 일만 팔 천 리이며, 두 날개 사이의 공간에 또 하나의 별천지가 있다고 일컬어질 정도로 거대한 새이다. 봉황은 선인들을 등에 태워 깃털도 빠뜨린다는 약수(弱水)를 건너 곤륜선계에 이르게 하는 선계로의 인도자이기도 하다.

이처럼 용으로 시작되어 봉황으로 마무리되는 백제의 금동대향로는 땅 밑의 세계에서 하늘의 세계에 이르기까지 백제인들이 알고 믿던 모든 세계를 한 몸에 구현시킨 특별한 기물이라고 할 수 있다. 전통적인 공간 관념에 불교 및 신선적 신앙세계가 어우러져 만들어낸 독특한 문화 산물이기도 하다. 이 기물이 6세기 중엽 이후 7세기 전반 사이에 만들어진 것으로 추정되는 점을 함께 고려하면 백제금동대향로는 이 시기에 이르러 백제 사람들이 지니고 있던 종교 신앙의 내용, 성격과 관련하여 후인의 눈길이 모아질 수밖에 없는 귀중한 역사자료라고 해야 할 것이다.

3. 백제금동대향로가 말하는 열린 문화의 창안과 전수

백제는 건국한 지 오래지 않아 한(漢)의 동방 군현을 대표하는 낙랑군과 접촉한다. 이어 요동의 공손씨(公孫氏)가 세운 대방군과 정치적으로 밀접한 관계를 맺게 된다. 한강 하류지대에서 건국이 이루어졌던 까닭에 자연스럽게 진행된 중국 군현세력과의 만남을 통해 백제는 중국문화의 산물들에 익숙해진다. 한의 칠기(漆器)를 비롯한 기물과 의복들이 백제에 흘러드는가 하면, 신선신앙 및 노장철학이 백제의 귀족들에게 알려지고 영향을 끼친다.

4세기를 전후하여 낙랑과 대방의 멸망이 기정사실이 되자 두 군(郡)의 거주민들 가운데 상당수가 백제로 흘러든다. 낙랑 왕씨(王氏) 가문의 사람들을 비롯하여 두 군의 지배층에 속했던 인물들이 다수 백제를 망명지로 택함으로써 백제에는 낙랑, 대방에 알려졌던 중국 지배층의 문화와 관념이 고스란히 전해지게 된다. 도교적 관념과 제의들이 별다른 여과과정을 거치지 않고 백제로 직접 전해지는 것도 이 시기이다.[41] 후에 일본에도 전해져 오랜 기간 그 흔적을 남기게 되는 도교적 제의와 관념체계는 백제의 왕실과 귀족사회에 적극적으로 받아들여져 백제 문화의 한 요소로 자리 잡게 된다.

384년(침류왕 원년) 중국 동진(東晋)의 승려 마라난타가 전하는 불교를 받아들이면서 백제는 도교에 이어 불교적 관념과 문화와도 만나게 된다. 불교는 서아시아와 인도, 중앙아시아, 중국의 문화와 관념을 백제에 전하는 통로 역할을 하게 되는데, 이미 중국과의 직접적인 접촉창구를 지니고 있던 백제는 불교 공인을 외부 세계의 다양한 문화를 더욱 적극적으로 수용하고 소화하는 계기로 삼게 된다. 385년(침류왕 2년) 한산(漢山)에 절이 세워지고 백제사람 10인이 출가하여 승려가 됨으로써 백제불교의 실제적인 출발이 이루어지고, 일본으로의 불교 전파 기반이 마련된다.

남조(南朝)의 여러 왕조를 비롯한 중국과의 친밀한 교류를 통해 풍부한 내용을 지니게 된 백제문화는 바닷길을 통해 끊임없이 일본으로 전해진다. 일찍부터 개척한 바닷길이 외래문화의 수용과 소화, 전파에 적극 이용되면서 백제는 동아시아의 해양왕국, 문화중개자로 자신의 독특한 지위를 뚜렷이 하게 된다. 자연 백제문화는 보수성보다는 개방성을, 특수성보다는 보편성을, 개별성보다는 국제성을 강하게 띠게 된다.

고구려의 침공으로 말미암아 한성시대를 마무리 짓게 된 백제는 웅진시대(475년~538년)를 열면서 이전보다 더욱 개방적인 태도로 외래문화를 받아들여 여기에 백제적 개성을 더하게 된다. 1971년 발견된 무령왕릉의 발굴, 조사를 통해 보다 뚜렷이 확인되듯이 웅진시대에 이르면 중국 남조의 문화가 전혀 시차 없이 백제에 전해지고 받아들여지며 백제에 의해 소화된다.[42] 무령왕릉은 고분의 구조, 축조재료, 내부 장식, 껴묻거리의 내용과 종류에서 같은 시기 중국 남조 왕릉의 것과 거의 차이를 보이지 않는다.

108종 2,906점의 무령왕릉 출토 유물은 6세기 전반 중국 남조 및 백제문화의 현주소를 잘 보여주는 것으로 동아시아 문화가 보여주던 보편성, 백제적 시각과 개성적 기

[그림 41] 무령왕(재위 501년~523년)과 왕비의 관식(冠飾), 공주 무령왕릉 출토, 백제, 국보154호, 155호

[그림 42] 무령왕비의 베개, 공주 무령왕릉 출토, 백제, 국보164호

법이 잘 어우러진 결과물이라고 할 수 있다.[그림41][그림42] 무령왕릉 출토 은제잔이나 잔 받침을 통해 확인되는 정교한 시문 기법은 백제의 전통적인 금속공예술이 중국 남조에서 발달한 조형감각에 자극을 받은 결과로 보아도 무방하다.

중국 남조에서 사회·문화적 흐름의 한 갈래로 자리 잡았던 도불(道佛)혼합적 경향은 백제에도 영향을 주어 웅진시대 및 사비시대(538년~660년)의 백제왕들로 하여금 불교사찰 창건에 힘쓰게 하면서도 궁성(宮城)에 신선신앙에 바탕을 둔 신선향을 상징하는 풍경을 조성하는 데에 관심을 기울이게 한다.[43] 이미 낙랑과 대방을 통해, 두 군에서 흘러든 망명자들을 다리로 삼아 신선신앙 및 도교적 관념세계와 만났고, 4세기말부터 불교문화를 적극 받아들였던 백제 사람들에게 남조의 도불혼합은 낯설기보다는 충분히 가능하고 받아들일만한 문화적 현상의 하나였다. 더욱이 동아시아에서는 신선신앙 자체가 발해만과 황해 연안일대의 보편적 신앙체계였을 가능성이 높은 점을 고려하면 불교신앙이 사회 전반에 널리 퍼진 상태에서도 백제의 왕실이 궁궐에 봉래·방장의 신선경을 구현시키려 한 것은 특이한 사건이기가 어렵다. [그림43][그림44]

사비시대의 문화 산물인 금동대향로는 6세기 중엽 이후 제작되어 백제 왕실, 혹은 국가 차원의 제의에 사용된 것으로 추정되고 있다. 이름 그대로 제의의 진행과정에

[그림 43] 산수문전(山水紋塼), 부여 규암면 외리 출토, 백제 6세기

향을 넣어 피우는 데에 쓰였던 도구인 이 대향로가 어떠한 종류의 제의에 사용되었는지는 명확하지 않다. 금동제 대형 향로라는 점에서 이 향로를 사용한 제의의 규모가 일상적인 것과는 차원을 달리하는 것이었을 가능성은 충분히 인정되지만, 향로의 조형과 장식이 보여주는 종교적 혼합성이 제의의 정체를 짐작하는 데에 장애로 작용하는 까닭이다. 대향로의 받침 부분 장식이 보여주는 연화화생적인 세계가 불교의 정토관의 반영일 것이라는 추정의 뒤를 뚜껑 부분에 표현된 선산(仙山) 사이로 펼쳐진 세계가 받침 부분의 세계와는 이질적이라는 인식이 따르고 있기 때문이다.

[그림 44] 얼굴무늬 토기편, 부여 관북리 출토, 백제 6세기

현재로서는 대향로가 어떤 성격과 내용의 제의에 쓰였는지 명확한 판정이 어렵다. 어느 한 쪽으로 판단을 내린다고 하더라도 그 근거를 뚜렷이 제시하기가 쉽지 않기 때문이다. 그러나 6~7세기 동아시아 사회에서 불교신앙을 기초로 한 제의에 도교적이거나 신선신앙적인 관념의 세계가 섞여 들어와 있는 사례는 흔히 발견된다. 불교의 정토화생관에 신선 신앙적 요소가 녹아들어 있는 사례를 불교사원의 장식이나 회화에서 찾아내기도 그리 어렵지 않다. 돈황(敦煌) 막고굴(莫高窟)의 수많은 불교사원 장식 속에서 서왕모(西王母)나 동왕공(東王公)과 같은 중국 전래의 주요한 신앙대상들이 섞여 있는 모습을 보는 것이 해당 벽화가 그려지던 시대에는 그리 낯선 일이 아니었던 것과 같다.

금동대향로는 6~7세기 동아시아 문화의 이와 같은 흐름이 바깥을 향해서 항상 열려 있던 백제 사람들을 만나면서 고안되고, 만들어졌을 가능성이 높다. 어쩌면 종교로서의 배타성이나 독점욕보다는 문화적 포용성이나 공유력에 보다 관심을 기울이고 있던 백제 사람들이 이와 같은 종류의 대향로를 만들어내기에 가장 적합하였는지도 모른다.

✤ 제5장 금관과 갑옷
-신라와 가야의 문화-

1. 낙동강 문화권의 경쟁자 신라와 가야

『삼국사기』에 따르면 신라의 첫 왕 박혁거세가 거서간(居西干)으로 즉위한 해는 기원전 57년이다.[44] 한국사에서 삼국시대를 펼쳤던 세 주역 가운데 가장 먼저 나라를 세운 것으로 이해될 수 있는 부분이다. 그러나 '거서간'은 왕으로 직역될 수도 있지만, 삼국시대의 왕과 같은 의미로 받아들여지기는 어려운 존재이다. 신라의 왕명은 거서간(기원전 57년~4년)으로 시작하여 차차웅(4년~24년), 니사금(24년~356년), 마립간(356년~514년), 왕(514년~935년)으로 바뀌는데, 각각의 용어가 담은 역사적 의미, 역할, 기능에 차이가 있다. 사로 6촌 촌장회의에서 저들의 우두머리로 선출된 박혁거세 거서간의 즉위 당시의 지위는 말 그대로 6촌 촌장인 6간 보다 '크신 분' 이상도 이하도 아니다.

신라는 돌탑 쌓듯 차곡차곡 성장한 나라이다.[그림45] 진한 12국의 하나로 출발할 당시, 경주평야에 세워진 이 작은 나라의 미래가 어떨 지는 아무도 몰랐다. 안강이나 포항, 청도, 혹은 울산 쪽의 소국들을 제압할 정도의 월등한 힘을 지닌 것도 아니었다. 오히려 힘의 대결에서 밀릴 가능성도 안고 있었다. 경주와 그 인근 소국들 사이의 크고 작은 갈등과 타협, 연합이 거듭되는 사이에 신라의 전신인 사로국(斯盧國)의 진한(辰韓) 연맹 맹주로서의 지위가 확보되었고, 신라는 차차웅(次次雄), 니사금(尼師今)의 시대를

[그림 45] 신라왕경(新羅王京, 경주), 복원도

거쳐 마립간(麻立干)의 시대로 들어서게 된다.

사제를 뜻하는 차차웅이나, 연장자를 의미하는 니사금과 달리 마립간은 최고 권력자를 가리키는 정치적 용어이며 개념이다. 산봉우리처럼 우뚝 솟은 위대한 간[干, 칸]이 지배하는 시대가 열린 것이다.[45] 연장자 우선의 원칙을 바탕으로 박, 석, 김 삼성(3性)의 최고 귀족 가운데 한 사람이 니사금의 지위에 오르던 시대의 사로국은 진한연맹 안의 크고 작은 나라들과 힘을 겨루거나, 바다를 건너 침입하는 왜(倭), 북에서 내려오는 말갈(靺鞨)을 막는 데에 급급하는 지역 소국에 불과했다. 진한 연맹 안의 작은 나라들과 분쟁이 잦던 니사금 시대 초기의 사로국은 이 당시 이미 변진(弁辰)의 최강국으로 지위를 굳힌 김해 가락국(駕洛國)에게 조정을 의뢰하고 그 왕의 의견에 따르던 변방의 작은 나라였다.[46]

그러나 신라는 니사금 시대 후기까지 진한 연맹의 통합에 성공함으로써 가야 연맹의 맹주라는 지위에 머무르던 가락국에 비해 국가의 영역이나 주민의 수, 군사력 등에서 앞서기 시작한다.[47] 마립간 시대를 열 당시의 신라는 이미 영역 안에 독립적인 정치세력이 존재하는 것을 허용하지 않을 정도의 지방통제력과 행정력을 갖춘 나라

[그림 46] 철기, 덕흥리벽화분 벽화, 고구려 408년

였다. 마립간 시대 초기인 399년(내물마립간 44년), 가야연맹과 왜의 연합군이 대거 침공하여 수도 금성[金城, 경주]을 포위함으로써 신라를 존망의 위기에 몰아넣는 것도 신라의 성장이 이미 가야연맹의 안전을 위협할 정도에 이르렀기 때문이다. 신라의 영역 확장이 낙동강 중하류를 중심으로 성립한 가야문화권에 영향을 주는 정도에 그치지 않고, 가야 연맹 영역을 조금씩 먹어 들어오는 조짐을 보이자 가락국을 맹주로 한 가야연맹으로서는 이러한 상황 변화에 대한 단호한 대응의 필요성을 느꼈던 것이다.

신라의 힘만으로 난국을 헤쳐 나가기 어렵다는 판단이 들자, 내물마립간(奈勿麻立干)은 북방의 강국 고구려의 도움을 청한다. 400년(내물마립간 45년), 보병과 기병 5만으로 이루어진 고구려의 대군이 신라의 영역에 모습을 드러낸다. 금성의 포위는 풀렸고, 김해 가락국 일대는 쑥밭이 되어 버린다. 이미 말과 사람 모두가 당시로서는 최첨단인 비늘갑옷과 투구로 무장한 고구려 철기(鐵騎)의 위력을 절감하며 가야연맹과 왜의 연합군은 패주하였다.[그림46] 가락국을 포함한 가야연맹 동부 지역의 지배층과 주민들 일부가 난리를 피하여 바다를 건너 왜로 건너갔고, 고구려 광개토왕 원정군의 일부는 금성에 남는다. '신라'를 보호한다는 명목으로 이루어진 고구려군의 주둔이지만,

내용상 신라는 고구려의 복속국이 된 것이다.

반세기에 걸친 고구려의 지배에서 벗어나기 위한 신라의 노력은 눌지마립간(訥祗痲立干) 때에 시도되어 조금씩 결실을 보이게 된다. 박제상(朴堤上) 설화에서 확인되듯이 고구려와 일본에 갔던 신라 인질들의 구출이 이루어지고, 금성 주둔 고구려군이 신라군의 습격을 받아 몰살되는가 하면,[48] 변경을 순시하던 고구려 장수가 공격받기도 한다. 소지마립간(炤知痲立干) 때에 이르러 고구려의 남진을 막기 위해 신라와 백제 사이에 동맹이 맺어짐으로써 신라는 오랜 기간 직·간접적으로 유지되었던 고구려의 정치·사회적 영향력에서 벗어난다.

500년, 지증마립간(智證痲立干)이 즉위하면서 신라는 정치·사회제도의 정비를 구체화하고, 법흥왕대에 이르러서는 국가 최고지배자의 호칭을 '왕'으로 바꿈으로써 중국, 고구려, 백제에서 시행되고 있던 관료체제, 법률제도의 도입을 본격화한다. 당시 동아시아 일원에서 체제 및 이념정비의 근간으로 여겨지던 유교지식과 불교신앙의 수용도 이 시기에 이루어진다. 법흥왕(法興王) 대의 사건으로 전하는 이차돈 순교설화는 불교의 공인을 둘러싼 신라 지배층 안의 갈등이 왕위의 유지 여부에도 영향을 줄 정도로 심각한 수준에까지 이르렀음을 짐작하게 하는 역사자료이다.

법흥왕 대에 이르러 가야연맹에 대한 신라의 우위는 확고해진다. 가락국의 몰락 이후, 대가야가 이어 받았던 가야연맹의 맹주적 지위는 백제 및 신라의 적절한 견제와 양해 아래 유지될 수 있는 제한적 성격의 것이었다. 대가야가 가야연맹을 단일국가로 통합하려는 시도는 신라도, 백제도 허용하려 하지 않았다. 실제 대가야 자신도 주변 강국들의 압력을 물리치면서 이를 추진할 만한 실력을 갖추고 있지 못했다. 532년(법흥왕 19년) 가락국의 구형왕(仇衡王)이 나라를 들어 신라에 바침으로써 낙동강 동안의 가야 영역은 신라에 완전히 통합되고, 가야연맹의 몰락은 기정사실이 되어간다.

진흥왕이 즉위하자 낙동강 서안 가야연맹 내부의 질서에 대한 신라의 간섭은 더욱 심해진다. 백제 역시 일본과의 교섭을 독점하기 위해 가야연맹 지원에 소극적인 자세를 유지하자 맹주로서의 대가야의 위치는 사실상 유명무실해진다. 554년(진흥왕

15년), 신라군과 백제·왜·가야 연합군 사이의 관산성 전투가 연합군의 완패로 마무리되자, 가야의 존립을 도와줄 세력은 더 이상 존재하지 않게 된다. 556년(진흥왕 17년), 대가야가 국가로서의 존속을 포기하고 신라에 항복함으로써 6백년에 가까운 가야연맹의 역사는 마침표를 찍게 된다. 마침내 가야연맹 영역 전체가 신라에 병합되고, 한강유역 전체도 신라의 영토로 편입된 것이다. 이제 한반도를 주 무대로 한 삼국 사이 경쟁의 주도권은 신라로 넘어가게 되었다.

그러나 600년(진평왕 22년), 국력 정비에 힘쓰던 백제에서 무왕이 왕위에 올라 신라에 대한 공세의 고삐를 당기자 신라는 수세에 몰리기 시작한다. 더욱이 선덕여왕(善德女王)의 즉위와 통치를 둘러싸고 진골귀족 사이에 내분이 일어 신라의 군사적 대응능력이 떨어지게 되어 백제의 상대적 우위는 더욱 강화된다. 폐위되었던 진지왕(眞智王)의 손자 김춘추와 가락국의 왕손 김유신 사이에 제휴가 이루어지고 이들의 주도로 선덕여왕의 통치에 반기를 든 진골귀족 세력을 유혈 진압함으로써 신라 중앙정부의 내분은 일단락된다.

백제는 의자왕의 치세에 들어서서도 신라에 대한 압박을 늦추지 않는다. 진덕여왕(眞德女王) 대에 이르러 신라의 영역은 한강 유역 일부를 제외하면, 진흥왕 통치 이전 수준으로 줄어든다. 대 백제 전에서의 수세를 만회하기 위해 모색했던 고구려와의 동맹이 추진단계에서 실패로 돌아가자, 신라는 중국의 통일왕조 당을 동북아시아 국제전에 끌어들이고자 애쓰게 된다. 동아시아 국제질서 전체의 재편을 꾀하던 당이 신라의 요청에 적극 호응함으로써 한반도에서의 삼국 항쟁은 동아시아의 주요세력 전체가 참가하는 대규모 국제전으로 비화하게 된다.

660년(무열왕 7년), 신라와 당 연합군의 백제 침공이 시작되었다. 동서 수륙 양면에서의 협공에 대한 대비태세를 갖추지 못했던 백제는 기존의 방어망도 충분히 가동시키지 못한 채 도성의 함락과 함께 멸망하고 만다. 666년(문무왕 8년), 20여 년 동안 실권자로 철권통치를 했던 대막리지 연개소문(淵蓋蘇文)이 죽자, 고구려는 중앙과 지방 전체가 관여된 커다란 내분에 빠져들게 된다. 연개소문의 권력을 이어 받으려는 자들 사이의 권력투쟁에서 시작된 고구려의 내분은 지배귀족 전체가 참여하는 항쟁으로 발전하였다. 이 때를 틈탄 신라와 당 연합군의 침공이 개시되자 668년, 고구려 역시 허무한 종말을 맞게 된다. 이제 한반도에서 신라와 경쟁하던 두 나라, 백제와 고구려가 역사의 무대에서 모습을 감추고 만 것이다.

신라는 동북아시아 질서 재편의 주역이었음에도 불구하고, 백제와 고구려의 멸망 뒤, 또 다른 주역으로 참여했던 당에 의해 조역으로 물러서도록 요구받았다. 당은 백제와 고구려의 옛 터뿐 아니라 신라도 당의 외방(外方)체제 안에 편입시키려는 의도를 드러냈다. 당의 중앙정부가 만주와 한반도 전역을 '도호부 체제'로 재편하겠다는 의사를 신라에 내비친 뒤, 곧바로 실행단계에 들어가자 신라는 당과의 전면전을 불사하게 된다. 백제 및 고구려의 유민까지 합류한 신라와 동아시아의 완전한 제패를 꿈꾸던 당 사이에 8년에 걸친 전쟁이 펼쳐졌다. 말갈 군대까지 대거 동원했던 당군은 결국 육전과 해전 모두에서 신라군에 패했고, 676년(문무왕 16년) 신라와 당 사이의 전쟁은 공식적으로 종결되었다. 대동강에서 원산만을 잇는 선 이남의 영역이 신라의 영토로 확정되었고, 그 이북의 영역은 20여 년 뒤, 고구려 계승을 선언하면서 건국한 발해의 땅이 되었다.

2. 철기문화의 전파자 가야가 남긴 갑옷과 토기

가야는 철의 왕국으로 불릴 정도로 국가 성립 초기부터 철의 제련과 생산에서 뛰어난 능력을 발휘하였다.[49] 변한(弁韓)으로 불리던 시절부터 가야 문화권에서 생산된 철은 한반도와 일본열도의 수요자들에게 주목받던 가야의 명품 가운데 하나였다. 고대사회에서 가장 중요한 전략물자의 하나로 취급되었던 철을 생산, 공급함으로써 가야 연맹을 이끌던 가락국이나 대가야 같은 나라들은 국가의 부를 크게 증대시켰을 뿐 아

니라, 왜와 낙랑을 비롯한 멀고 가까운 크고 작은 세력들과의 관계를 통제할 수 있었다.[그림47]

철의 소재를 비롯한 여러 종류의 철제품을 국제 교역의 기본 물품으로 삼았던 가야 연맹은 고대 무역이 동반하는 위험에 대비하고, 무역 기지의 안전을 확보하기 위해 철제 갑옷과 투구로 무장한 전사들을 '현장'에 동반시키고 배치하였다.[그림48], [그림49] 가야의 전사들이 걸쳤던 갑옷과 투구는 네모지게 도려낸 철판을 이어 만든 것이었다. 판갑갑주(板甲甲冑)로 불리는 이 투박한 형태의 무거운 갑옷과 투구로 무장한 기마 전사들의 존재는 아직 이러한 종류의 무구로 무장할 수 없었던 지역의 지배자들에게는 위압적인 모습으로 다가오기에 충분하였다. 특히 가야의 주된 교역 상대 가운데 하나였던 일본열도의 정치세력들에게 철 소재의 무역과정에서 존재를 드러내던 가야 전사들이 이들이 지향해야 할 미래의 수하 군대의 모습이었다.

부산 동래 복천동 고분군을 비롯한 합천 옥전 고분군, 고령 지산동 고분군 등 가야연맹 영역 안의 고대 고분군에서 수습되는 수많은 철제 갑옷과 투구는 한반도 남부와 일본열도에 걸쳐 위세를 과시하던 가야연맹 철 산업, 그를 바탕으로 꽃을 피웠던 철기문화의 실체를 생생히 드러낸다.50) 이들 고분군의 크고 작은 옛 무덤 안에

[그림 47] 금동관, 고령 지산동 32호분 출토, 대가야 5세기

[그림 48] 기마인물형 토기, 전(傳) 김해 덕산 출토, 가야 5~6세기, 국보275호

[그림 49] 여러 가지 화살촉, 부산·경남 각지 유적 출토, 가야 5~6세기

[그림 50] 철정, 부산·경남 각지 유적 출토, 가야 5~6세기

[그림 52] 그릇받침, 합천 옥전26호분, 고령 지산동 30호분, 고령 쾌빈동1호분 출토, 가야 6세기

서는 철제 갑주 외에도 철제품의 소재이면서 동시에 실물화폐의 기능을 담당했던 철정(鐵鋌)으로 불리는 일정한 크기의 덩이쇠들이 수십, 수백 매씩 발견되기도 한다.[그림50] 이외에 특이한 형태의 철기들도 다수 무덤 껴묻거리의 일부로 발견되는데, 이 가운데에는 종교의식의 집전과 관련 있을 것으로 보이는 유물도 있다.

길고 짧은 다양한 길이의 철검들도 가야 철기문화의 산물로 눈길을 끄는 무덤 부장유물이라고 할 수 있다. 철검 손잡이의 고리 부분에는 묻힌 이의 신분과 지위를 나타내는 용이나 봉황, 세잎무늬, 혹은 그 밖의 장식이 더해지는 것이 일반적이다. 손잡이 막대부분은 그 둘레가 금실, 은실로 감싸지거나 금이나 은으로 얇게 입혀진 뒤, 다양한 장식무늬로 마무리된 경우가 많다.[그림51]

가야는 철기문화 뿐 아니라 토기문화의 전파자이기도 했다. 가야는 연맹에 소속된 소국의 수만큼 다양한 형태와 종류의 토기를 생산하여 한반도 남부와 일본열도 곳곳에 공급하였다.[51] 가야는 주변 지역에 비해 상대적으로 빠른 시기에 두

드리면 쇳소리가 날 정도로 단단한 토기를 가마에서 구워낼 수 있었으므로 진한연맹의 소국들 뿐 아니라 일본열도의 정치세력들 사이에서도 가야 토기에 대한 인기가 높았다.[52] 신라가 진한 연맹 안 소국들을 완전히 통합하고, 경질의 토기를 생산, 공급할 능력을 갖추게 될 때까지 가야 토기는 낙동강 유역의 크고 작은 나라들 사이에 통용되었으며, 일본열도 구주(九州) 및 기내(畿內)지역 작은 나라들 사이에 사용되었다.

[그림 51] 둥근고리큰칼들의 손잡이 끝 장식. 출토지 미상. 삼국시대

가야에서는 제사 및 의식용 토기를 적극적으로 개발하여 주변 지역에 공급하였는데, 굽다리 접시와 그릇받침, 긴목 항아리가 주류를 이룬다.[53] 높이만 50~60㎝, 심지어 1m에 이르는 원통꼴 그릇받침은 전형적인 제사용 그릇으로 몸통에 일정한 간격으로 세모꼴, 혹은 네모꼴 창(窓)을 뚫고, 사이사이에 장식무늬를 넣거나 뱀이나 거북, 개구리처럼 재생(再生), 불사(不死)를 상징하는 짐승의 형태를 새겨 넣거나 빚어 덧붙인다.[그림52]

굽다리가 있는 접시들도 전형적인 제사용 그릇으로 굽다리에 창을 뚫고, 뚜껑과 몸통에 여러 가지 기하학적 무늬를 넣어 종교의식과 관련된 기물임을 나타낸다. 굽다리에 낸 창의 형태와 배치방식으로 생산지를 구분하는데, 가야 연맹 안의 작은 나라마다 굽창을 내는 방식이 다르고, 시기에 따라 변화가 있다. 이러한 차이는 가야와 신라, 백제 사이의 정치·경제 관계의 흐름이나, 가야 연맹 안 소국들 사이의 상호 영향력 변화과정을 추적하는 데에 도움이 된다.

긴목 항아리 역시 가야와 신라에서 적극적으로 제작, 사용되었던 토기 가운데 하나이다. 높은 그릇받침이나 별도의 굽받침 위에 올려지도록 만들어진 가야의 긴목 항아리도 대개의 경우, 제사 및 의식용 그릇으로 사용되었다. 몸통과 목 부분을 빗금무늬를 비롯한 여러 가지 도형무늬로 장식하기도 하지만 전혀 장식을 가하지 않는 경우도 많다.

이와 같은 종류의 토기들을 가야의 왕족이나 관료, 전사들의 무덤에 껴묻을 때에는 당시의 제사의식 때에 행하던 것과 같이 그릇 안에 여러 가지 음식물을 넣은 상태로 시신이 놓여지는 공간의 아래쪽이나 별도로 만들어진 껴묻거리용 구덩이에 넣는다. 가야시대 고분에서 자주 확인되듯이 이러한 제사용 토기들은 한 무덤에 150개에서 200개씩 묻히기도 한다.[54)]

3. 금관과 토우가 전하는 신라문화의 성격

[그림 53] 금제굽다리접시, 경주 황남대총(황남동98호분) 남분 출토, 신라 5세기경

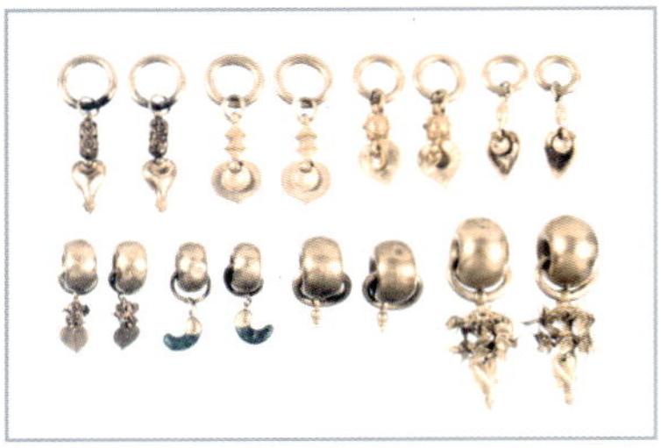

[그림 54] 금귀걸이, 경주 황남대총, 황오리 52호분 외 출토, 신라 5~6세기

금관(金冠)을 비롯하여 금귀걸이, 금가락지, 금제 허리띠 장식 등등 금으로 만든 각종 장식품은 삼국시대의 신라가 남긴 대표적인 유물들 가운데 하나이다.[55)] 삼국시대부터 통일신라시대에 이르기까지 가깝고 먼 나라들 사이에서 '황금의 나라'로 알려질 정도로 신라는 금의 생산과 금제품의 제작능력에서 뛰어난 면모를 보였다.[56)][그림 53]~[그림55]

현재까지 발견, 수습된 신라의 금관 및 금동관은 4세기 중반부터 6세기초에 걸친

마립간 시대에 만들어진 것이 많다. 마립간 시대가 열리면서 신라에서는 김알지(金閼智)를 조상으로 하는 신라 김씨가 왕위를 독점하게 되는데, '김'이라는 성이 '금'이라는 불변의 금속과 같은 의미와 표현의 결과임은 쉽게 확인된다. 금관을 비롯한 다양한 금제품이 마립간 시대에 제작되고 사용되기 시작하는 이유를 짐작할 수 있는 한편, 김씨의 원 출자지, 김씨가 지닌 문화의 계통과 관련하여 역사의 수수께끼가 제시되는 부분이기도 하다.

일제 강점기에 경주 서봉총, 금령총에서 발견된 화려한 장식의 금관을 비롯하여 경주 교동에서 출토된 간결한 장식의 금관에 이르기까지 대부분의 금관은 관의 둥근 테 위에 장식을 덧붙였는데, 그 형태가 가지가 좌우로 뻗은 나무나 사슴뿔을 연상시키는 것이 많다.[그림56] 내륙아시아의 샤만들이 머리에 쓰는 관 장식에도 이와 유사한 것이 많다. 사슴뿔도 가지를 내며 잘 자란 나무를 연상시키는 점을 생각하면 관의 장식들은 나무의 생명력에 대한 신앙의 표현일 가능성이 높다. 전통적 샤마니즘에서 중요시하는 하늘과 땅을 잇는 기둥으로서의 우주 나무, 온갖 생명의 산실이자 통로로서의 어머니 나무 같은, 나무에 대한 종교적 관념이 현실사회의 지배자에게 투사된 결과, 나무 장식의 금관이 마

[그림 55] 금동제 신발, 경주 식리총(飾履塚) 출토, 신라 5세기말~6세기초, 보물 635호

[그림 56] 금관, 경주 황남대총(황남동98호분) 북분 출토, 신라 5세기경

[그림 57] 금제 허리띠. 경주 금령총 출토, 신라 6세기

[그림 58] 토우로 장식된 그릇뚜껑. 경주 출토, 신라 6세기

[그림 59] 토우로 장식된 그릇. 경주 출토, 신라 6세기

립간의 머리에 씌워진 것인지도 모른다. 백화나무잎을 연상하게 하는 둥근 나뭇잎 장식, 생명의 열매로 이해되는 굽은옥 장식, 생명의 상징인 심장을 떠올리게 하는 끝이 뾰족한 나뭇잎 장식들이 매달린 채 가볍게 나풀거리며 반짝이는 신라 금관의 모습에서 현실세계의 모든 생명을 주관하고 책임지는 신라왕의 위상이 확인되는 것은 어쩌면 당연한 지도 모른다.

굽은옥, 금판, 작은 칼, 물고기, 바늘통, 숫돌 장식이 주렁주렁 매달려 있는 경주 천마총, 금관총, 황남대총 출토 금제 허리띠의 존재는 마립간 시대 신라왕을 비롯한 김씨 귀족들의 출자를 짐작하게 하는 또 다른 증거자료의 하나이다.[그림57] 내륙 아시아 유목, 기마, 수렵민족들의 삶을 연상하게 하는 칼이나 숫돌, 물고기들이 경주평야를 근거지로 삼아 국가의 성립과 확장, 지역 패권 확립에 성공한 농경국가 신라왕의 허리띠에서 모습을 드러내고 있는 것이다. 신라 역시 성립과 성장과정에 외부로부터 쉼 없이 인적, 물적 자극과 수혈을 받았음을 알게 하는 부분이다. 사회·문화적 배경을 달리 하는 세력과 집단들이 동해안을 거쳐, 혹은 태

백산맥 줄기를 따라, 한강과 낙동강 물줄기를 더듬으며 경주평야와 그 인근으로 흘러든 것이다.[57)]

[그림 60] 인물토우, 경주 출토, 신라 6세기

긴목 항아리를 비롯한 삼국시대 신라의 토기에 덧붙이는 장식으로 주로 쓰인 토우(土偶)는 금제품과 함께 신라문화의 성격을 짐작하게 하는 역사이해의 또 하나의 통로이다. 토우는 경주 월성로를 비롯하여 신라 왕경의 잊혀진 유적들의 근처에서 때로는 '한 무더기씩' 수습되고는 했다. 이들 토우는 삼국시대 신라 사람들의 일상을 지배하던 생각과 삶의 방식, 주변 환경, 생태계의 모습을 잘 드러내는 유물이다.[58)] 언 듯 보면 흙으로 쉽게 빚어낸 결과물처럼 보이지만, 토우 하나하나에는 신라 사람들의 신앙과 관념이 바탕이 된 진지한 태도와 신중한 손길이 배어 있다.[그림58]~[그림60]

제사와 의식용 그릇으로 주로 쓰인 긴목 항아리의 어깨에 조심스럽게 덧붙여진 뒤 가마에 구워 낸 결과물임을 고려할 때, 비록 항아리에서 떨어진 파편 형태로 수습되는 경우가 많지만, 토우는 나름대로의 특정한 종교적 관념과 소망이 투사된 존재이다. 자주 발견되는 성교(性交) 토우는 명백히 다산과 풍요에 대한 기원을 담은 것이며, 감응주술 효과에 대한 신라 사람들의 깊은 신뢰를 알게 하는 것이다. 개구리를 삼키는 뱀, 혹은 제 꼬리를 물고 있는 뱀은 재생(再生)과 불사(不死)의 소망이 형상화된 결과다. 산과 계곡, 육지와 바다의 온갖 생명들은 제사의 제물이자, 생명의 풍성함을 구하는 뜻을 담은 존재이다. 거문고를 연주하는가 하면, 밭갈이에 여념이 없는 신라 사람들의 모습 또한 삶의 과정 하나하나에 종교적 의미를 부여하며, 신앙적 해석을 덧붙이던 삼국시대 신라의 세태를 읽게 한다. 아이들의 흙놀이 순간을 떠올리게 하는 소박한 형태의 토우들이지만 문헌기록만으로는 파악할 수 없는 신라 사람들의 일상과 관념이 그 속에 기호처럼 새겨져 있는 것이다.

✤ 제6장 과학기술의 정화, 그릇1

-토기-

1. 흙으로 만들어진 공간

신석기시대에 등장하는 토기는 그 때까지 인간이 만들어 사용하던 석기, 골각기, 목기 등과는 여러 가지 면에서 구별되는 새로운 개념의 도구였다. 특정한 형태를 지니지 않는 흙이라는 별난 재료가 사용된 점, 처음 사용된 재료가 이 때까지 시도되지 않았던 일정한 화학적 변화를 거쳐 새로운 재질의 재료로 바뀌는 점, 재료의 질적 변화와 함께 일정한 형태의 새로운 공간이 확보되어 고정적으로 이용될 수 있다는 점 등등에서 토기는 다른 도구들과 다른 개념과 방법으로 만들어지고 사용되었으며, 인간의 문화에 큰 변화를 가져왔다.[59)]

최초의 토기는 점성이 높은 흙을 그대로 쓰거나, 그 흙에 수분을 약간 더한 상태에서 손으로 이겨 특정한 형태를 만든 뒤, 그늘에 말려 완성한 것으로 작은 채집물을 담는 도구로 쓰였을 것이다. 그러나 이런 방식으로 만들어진 토기는 칡 줄기나 갈대, 부들 따위로 만드는 망태류의 용기, 심지어 박이나 야자와 같은 열매껍질을 이용한 용기와 비교할 때, 공간 확보나 이동성, 내구성 등에서 유리한 면을 지니고 있지 않았다. 굳이 흙으로 애써 토기를 만들어 써야 할 특별한 이유가 없는 셈이었다. 이러한 단점, 한계성으로 말미암아 좀 더 개량된 토기들이 출현하기 시작하였다.

[그림 61] 빗살무늬토기, 서울 암사동 신석기 주거지 출토, 신석기시대

[그림 62] 덧무늬토기, 통영 연대도 조개더미 7호 돌무지무덤 출토, 신석기시대

점토로 만들어진 그릇이 불 곁에서 말려지는 단계를 거쳐, 불에 구워 흙 속의 특정 성분들이 녹으면서 다른 성분들과 단단히 묶이게 하는 방법이 발견, 사용되기 시작하였다. 이제 수분이 쉽게 통과하지 못하는 토기가 출현하게 되었고, 수분이 많은 채집물을 토기에 담는 것도 가능하게 되었다. 한반도에서는 600~700℃의 열을 가하여 구워낸 토기들이 기원전 6000년경에 형성된 동해안의 신석기 생활유적 속에서 발견된다.[60] 이른바 우리 역사 속의 가장 오랜 토기들이다.

원시민무늬토기, 빗살무늬토기는 한국 선사시대 토기를 대표하는 것들로 신석기시대에 한반도와 그 주변지역을 삶의 무대로 삼던 사람들의 생활범위, 방식, 내용을 파악하는 데에 주요한 정보를 제공한다.[그림61][그림62] 아래 부분이 계란 끝처럼 둥글게 처리된 빗살무늬토기는 한반도의 대부분의 신석기 생활유적에서 발견되는 것으로 채집물을 담는 용기로도 쓰였지만, 불씨를 보존하기 위한 도구로도 사용되었다. 한반도의 동북지방과 태백산맥 동쪽의 해안지역에서 비교적 자주 발견, 수습되는 원시민무늬토기는 밑 부분이 편평하고 그릇의 벽이 두터운 것이 특징인데, 음식물을 담기에 적당한 크기로 제작되고, 사용되었다.

흙을 빚고, 구워 토기를 만든 경험은 청동기라는 새로운 금속의 출현과정에도 큰 영향을 준 것으로 보인다. 흙이라는 재료를 불에 구워 '성분'을 바꾸는 경험과 지식이 축적됨으로써 금속이 함유된 광석을 녹여 구리, 아연, 주석을 추출해낼 수 있게 되었으며, 용해된 금속들을 합금하는 것도 가능해졌다.

[그림 63] 무늬없는 토기, 각지 유적 출토, 청동기~초기철기시대

[그림 64] 각종 토기, 창원 다호리고분군 출토, 초기철기시대

청동기시대의 본격적 전개와 함께 토기의 제작 기술과 방법도 한 단계 큰 진전을 이루게 되었다. 땅 위에 구덩이를 파고 그 곳에 형태를 갖춘 토기를 쌓은 뒤, 그 아래에 나무를 쌓고 불을 피워 토기를 구워내는, 이른바 노천요(露天窯)를 사용한 토기 제작의 단계를 벗어나 지붕을 갖춘 실요(室窯)를 이용하여 900~1000℃ 정도에서 토기를 굽는 것이 가능해진 것이다. 도기(陶器)에 가까운 이 새로운 토기는 신석기시대의 토기에 비해 그릇의 벽이 얇고 가벼워 음식물을 담는 그릇으로 사용하기에 적당하였다.[61] 음식물을 담는 용기로 적극 사용하는 것이 가능해짐으로써 음식물의 종류와 내용에 따른 구분, 보관, 저장 등의 필요에 맞추어, 삶의 방식이 복잡해지고, 일상생활 외의 종교의식상의 필요도 가세하자 그릇의 형태도 다양해졌다.[그림63][그림64]

철기의 수용과 제작, 보급이 일반화되고 삼국시대의 주역들이 주변의 작은 나라들을 본격적으로 병합하는 시기에 이르자, 토기 제작기술도 다시 한 단계 발전을 이루게 된다. 1000~1200℃의 높은 온도로 매우 단단한 토기를 구워낼 수 있게 된 것이다.

[그림 65] 굽다리접시, 부산 복천동25호분 출토, 가야 5세기

[그림 66] 합(盒)과 그릇받침, 신라 6세기

1000℃가 넘는 고온을 가하면 바탕 흙 속에 포함된 장석계통의 성분이 녹아 흙의 입자 사이를 단단하게 연결하는 한편, 그릇 표면에 유리질 막을 형성하여 유약을 발라 구운 듯한 효과를 내게 된다. 소성단계에서 산소 공급을 차단함으로써 회청색을 띠게 되는 경질토기는 두드리면 쇠 소리가 날 정도로 벽이 단단할 뿐 아니라 표면이 유리질로 덮여 수분을 통과시키지 않으므로 물을 비롯한 액체 음식물의 장기 보관도 가능해진다.

석기(碩器)로도 불리는 이 경질의 토기는 경사진 언덕을 아래에서 위로 땅굴처럼 파서 터널을 만든 다음, 아래에서 불을 노아 뜨거운 불기운이 아래에서 위로 올라가면서 터널 안에 층지게 놓여진 토기를 굽고 연기는 위쪽 끝의 굴뚝을 통해 빠져나가게 하는 방식으로 제작되었다. 이러한 형태의 굴가마, 곧 등요(登窯)를 이용한 제작방식은 단단하고 매우 실용적인 온갖 종류의 토기를 대량으로 생산, 공급하는 것을 가능하게 하였으므로 토기생산이 산업의 한 분야로 자리 잡게 만들었다. 이로 말미암아 음식, 조리문화 또한 새롭고 풍부해지는 것이 가능해졌으며, 일상용품을 담기 위한 용기들도 보급됨에 따라 생활문화 전반에 세분되어 분야별로 발전되는 현상이 나타나게 되었다.[그림65][그림66]

2. 토기가 전하는 문화감각

시대의 기록이 남아 전하지 않거나, 시대상을 알게 하는 정보가 충분치 않은 시공간(時空間)에서 토기는 인간 삶의 흔적과 그들이 펼쳐 보이던 문화적 특징을 가장 잘 드러내는 지표와 같은 존재이다. 신석기시대 후기에 이르러 인간의 정착생활이 본격화하고, 식량생산이 구체화할 즈음에 등장한 토기는 거의 예외 없이 한 사회의 생활수준, 기술력, 공간감, 미적 감각, 신앙 양상을 뭉뚱그려 담아낸다. 토기제작에 사용하는 재료, 토기의 형태와 빛깔, 토기의 종류와 용도, 토기의 단단하고 무른 정도, 토기에 가해진 장식내용, 토기의 분포, 토기의 생산량 등을 통해 특정 토기를 만든 사회나 집단, 토기 생산 집단의 경제력과 문화적 특징, 신앙적 지향성에 대한 정보를 추출해 낼 수 있다.

한국의 신석기 문화를 대표하는 빗살무늬토기는 바탕흙에 운모, 석면, 활석이 섞여 있는 것이 일반적인데, 한반도 서북부를 중심으로 발달하여 서해안을 따라 중부와 남부로 확산, 전파되는 경향을 보인다.[62] 아가리와 몸통, 바닥 부분에 서로 다른 크기, 형태, 구성을 보이는 빗살무늬가 주로 장식되는 점이 특징이다. 생선뼈를 연상하게 하는 빗살무늬의 배치와 구성이 매우 절묘하여, 반 계란형의 외관과 함께 독특한 미적 감흥을 자아내게 한다. 빗살무늬토기의 분포 양상은 이러한 형태의 토기를 만들어 낸 집단의 규모, 이동 및 시기에 따른 확산 방향을 짐작하게 한다. 한국 신석기시대를 이해하고자 할 때, 빗살무늬토기는 문헌기록을 대신한 유물기록으로서의 역할을 담당하는 대표 주자라고 할 수 있다.

함북 웅기 서포항유적을 비롯한 한반도의 동북해안지역 유적에서 모습을 드러낸 뒤, 동해안을 따라 분포지역을 띠 모양으로 넓혀 나가는 원시민무늬토기는 바탕 흙 속에 굵은 모래가 섞여 있는 경우가 많으며, 조개 가루가 버무려진 것도 있다. 바닥이 편평한 납작밑토기계열에 속하는 이러한 종류의 토기들은 바깥 부분에 무늬가 없는 것

[그림 67] 팽이형 토기, 송림 석탄리유적 출토, 청동기시대~초기철기시대

[그림 68] 구멍무늬토기, 웅기 송평동 조개더미 출토, 청동기 시대

이 일반적이지만, 그릇의 아가리 부분이나 몸통 부분에 작고 둥근 점무늬가 반복적으로 새겨진 것도 있다. 빗살무늬토기처럼 신석기시대 말기까지 만들어지고 사용된다.

부산 동삼동유적을 중심으로 남해안 일원의 신석기시대 유적에서 주로 발견되는 이른바 '동삼동식 토기' 또한 유형상으로는 빗살무늬토기의 한 갈래라고 할 수 있다.[63] 서북한 및 중부지방 출토 빗살무늬토기와 달리 동삼동식 토기는 바닥의 둥근 정도가 가파르지 않고 크기도 작아 편평한 면에 두어도 쓰러지지 않을 정도이다. 그릇의 외관을 빗살로 장식하였지만, 이 역시 아가리부분에만 무늬를 넣을 정도로 무늬장식이 자제되고 있다. 어떤 면에서 이러한 형태의 토기는 전형적 빗살무늬토기와 원시민무늬토기의 혼합형이라고도 할 수 있다. 신석기시대에 한반도의 서북과 동북에서 시작된 문화적 흐름, 주민의 이동이 한반도의 남쪽 끝에서 만난 결과라고도 볼 수 있다. 토기의 형태와 분포양상이 전해주는 무언(無言)의 역사기록이 항도(港都) 부산 근처에서 한 장을 마무리한다고 해석할 수도 있을 것이다.

늦어도 기원전 10세기까지 거슬러 올라가는 한국의 청동기시대에도 토기는 주요한 유물기록으로서의 가치를 그대로 유지한다. 청동기시대에 한반도 서북 지방에서 크게 유행하는 토기는 외형이 팽이를 연상시키는 팽이형 토기[일명 角形土器, 신흥동식 토기]이다.[그림67] 빗살무늬토기의 뾰족하면서 둥근 밑이 일부분 편평해지고, 몸통부분이 조금 더 불룩해진 대신 아가리 부분은 약간 안으로 들이밀어지면서 그 바깥부분이 밖으로 말린 형태를 떠올릴 수 있다면, 그것이 곧 한강 이북, 청천강 이남의 청동기시대 유적에서 집중적으로 발견되는 팽이형 토기이다.[64] 팽이형 토기에도 아가리 부분에 짧은 빗살무늬가 있어 빗살무늬토기로부터의 영향을 상정하게 하는데, 일반적으로 몸통 이하 부분에는 장식무늬가 더해져 있지 않다. 바탕 흙에 모래, 활석, 석면성분이 섞여 있는 경우가 많다.

청동기시대의 한반도 중부지방을 대표하는 토기는 구멍무늬토기[일명 孔列土器, 돋을문띠 토기]로 원시민무늬토기의 발전형이라 할 수 있다.[65] 밖으로 약간 기울어져 나온 토기의 아가리 부분에 구멍이 돌려져 있다.[그림68] 신석기시대 원시민무늬토기의 뒤를 이은 구멍무늬토기는 한반도 동북지역 토기와 서북지역 토기의 특징을 모두 갖춘 모습으로 한강 중하류지역에서 출현하여 한강유역 전체로 확산되다가 중남부 일대로 분포지역을 넓혀간다. 일부 청동기 유적에서는 붉은 간토기도 함께 출토된다. 그릇 벽의 두께가 매우 얇고 그릇 표면을 매끄럽게 갈아낸 뒤, 그 위에 붉은 칠을 한 것이 대부분인 이러한 종류의 토기는 선사시대 중국 동부에서 발전하고 주변으로 확산되었던 홍도(紅陶)와 제작방식이 크게 다르지 않다. 신석기 및 청동기시대 두 지역 사이의 문화교류 및 주민 이동의 양상과 관련하여 눈길을 끄는 유물이라고 하겠다.

한반도 중남부 지역에서 발견되는 청동기시대의 다양한 형태의 민무늬토기들은 위에서 지적하였듯이 한반도의 서북 및 동북지방으로부터의 영향을 반영하는 요소를 담고 있는 경우가 많다. 화분을 연상시키는 편평한 바닥과 위로 올라가며 부드러운 곡선을 이루는 몸통을 특징으로 하는 민무늬토기들 가운데에는 아가리 부분이 이중으로 접혀지면서 짧은 빗금이 장식된 것들이 있는가 하면, 아가리 부분이 구멍무늬로 장식된 것들도 있다. 매끄럽게 다듬은 표면에 붉은 칠을 한 안정되게 둥근 바닥을 지닌 단지 형태의 토기들도 청동기시대 고인돌 유적에서 자주 출토되는데, 동북지역의 붉은 간토기가 한반도 중남부에 전해져 이 지역의 토기제작에 영향을 미친 결과라고 하겠다.

청동기시대가 막을 내리고, 철기시대가 그 자리를 대신하면서 삼국시대가 본격적으로 열리기 시작할 무렵, 한반도 중남부에서는 경질토기로 불리는 새로운 유형의 토기가 등장한다. 터널 형태로 만들어진 등요[굴가마]에서 구워낸 이 새로운 토기들은 보통 경질무문토기와 경질찰문토기로 분류된다.[66] 다양한 생활용 토기들 외에 특수한 제의용 토기들도 경질토기의 주요 생산 유형의 하나로 등장하는데, 대표적인 것이 굽다리 접시, 그릇받침, 긴목 항아리류이다. 경질토기 제작의 전통 속에서 영남지역에서는 김해식 토기의 한 유형으로 받아들여지는 와질(瓦質)토기[회색연질무문토기, 회백색연질토기]가 출현한다.[67] 청동기시대 민무늬토기의 발전형이라고도 볼 수 있는 와질토기는 물레를 이용하여 토기의 형태를 이루어낸 다음, 토기를 굽기 위해 만들어진 가마 안에 넣어 구워낸 것으로 그릇 벽이 두터우면서도 단단한 편이다. 항아리나 대접 외에도 단지, 시루, 쇠뿔모양 손잡이 토기 등 다양한 형태와 종류의 토기가 제작, 생산됨으로써 와질토기는 한반도에서 시대의 변화를 알리는 표지적 유물 가운데 한 종류로 인식되게 되었다.

경질토기의 출현을 전후하여 만주와 한반도 일원의 철기시대 유적에서 출토되는 토기들은 앞 시기의 것들에 비해 좁은 의미의 지역성을 뚜렷이 드러내기 시작한다. 이는 기원 전후를 경계로 만주와 한반도 일원에 철기문화에 바탕을 둔 크고 작은 나라들이 등장하고, 이러한 나라들이 나름의 독자적인 정치·사회체제를 갖추는 과정에서 지역별로 정치적, 문화적 경계가 뚜렷해짐으로 말미암은 듯하다.

실용성과 기능성을 특징으로 하는 고구려 토기는 혼강과 압록강 유역에서 제작되던 청동기시대 토기의 전통에 중국 한대(漢代) 회도(灰陶)의 일부 특징을 더하면서 그 전형이 성립된다.[68] 바탕흙으로 고운 니질(泥質) 점토를 쓰고, 물레나 돌림판을 사용하여 토기의 형태를 이루어내며, 바닥을 편평하게 하여 안정감이 느껴지도록 만드는 것이 특징이다. 바탕흙에 모래가 많이 섞인 조질토기의 단계를 거쳐 300년경부터는 저화도의 녹갈색 도기 생산단계로 들어서며 400년경에는 유리질의 회색경질토기를 선보인다. 현재까지 발견된 고구려 토기는 24종에 이르는데, 저장, 조리, 배식, 운반에 쓰이던 실용기류가 무덤 껴묻거리용 비(非) 실용기에 비해 상대적으로 많은 수를 차지한다. 고구려가 한강 유역을 장악하고 다시 잃는 과정을 거치면서 고구려 토기의 형태와 제작기법이 백제와 신라로 전파되는데, 6세기 중엽 이후 백제의 토기, 통일기 신라의 토기에서 고구려로부터의 영향을 확인할 수 있다.

백제는 3세기 중반부터 입곧은항아리, 반형세발토기와 같이 나름의 맛을 담은 토기를 출현시키는데, 이들 토기는 2~3세기에 만주지역에서 유행하던 같은 기종 토기의 변형으로 이해될 수 있다.[69] 한성시대 백제의 기원이 만주지역의 나라들, 곧 부여, 고구려와 연결된다는 문헌기록상의 이해와 맥락이 닿는 부분이다. 한강유역을 잃고 웅진으로 천도한 5세기말에 이르면 백제에서도 경질토기가 등장한다.[그림69] 사비로 수도를 옮기는 6세기 중엽 이후에는 중국 남조에서 제작되던 자기를 모방한 그릇 표면에 유약이 덮인 도기류도 나타난다.[70]

일상생활과 관련된 토기 외에 제사용, 껴묻거리용 및 각종 이형 토기도 다수 남기고 있는 점

[그림 69] 긴목 항아리와 그릇받침, 부안 죽막동 제사유적 출토, 백제 5세기~6세기

[그림 70] 집모양토기, 경주 사라리5호분 출토, 신라 4세기

[그림 71] 오리모양토기, 출토지 미상, 삼국시대 4세기

으로 말미암아 특히 관심을 모으는 신라·가야 토기는 4세기부터 함안, 김해, 부산 일원을 중심으로 회색의 경질토기 제작단계로 진입한다.[71) [그림70], [그림71] 낙동강을 경계로 동안의 신라양식 토기는 경주, 창녕, 대구·경산, 의성·안동, 김해·부산 사이에 지역적 차이를, 서안의 가야양식 토기는 대가야(大伽倻), 소가야(小伽倻), 아라가야의 영역을 중심으로 지역 차이를 드러낸다. 5세기에 특히 두드러지게 나타나는 현상이다. 그러나 5세기 중엽을 경계로 이들 지역 사이의 토기 양식상의 차이는 해소되기 시작하여 먼저 낙동강 동안에서 경주양식으로의 일원화가 이루어지고, 이어 경주양식 토기의 확산이 서안에서도 일어난다. 6세기에 들어서면 옛 가야 영역의 몇몇 지역에서만 가야 양식의 특징이 일부 확인될 수 있을 정도로 신라 양식의 토기가 영남 전역에서 널리 사용된다.

✤ 제7장 과학기술의 정화, 그릇2
-청자와 백자-

1. 빛을 반사하는 그릇의 출현

회색 경질토기의 제작과정에서 그릇 몸의 유리질화가 가능함을 경험한 사람들은 유리질의 원료만으로 별도의 용액을 만들어 그릇 몸에 입혀 굽는 방법을 고안해 내게 되었다. 유약(釉藥)의 출현이다. 규산염을 기본 원료로 하는 유약은 사용 원료에 따라 장석유, 알칼리유, 석회유, 식염유, 연유, 아연유 등으로 나누어지고, 사용 후의 외관 형태에 따라 백유, 색유, 청자유, 유리유, 흑유, 투명유, 유탁유, 무광택유, 결정유, 균열유 등으로 나뉘기도 한다. 연과 규산의 화합물인 연유는 700~800℃에서 용해되어 흡착되므로 도기 수준의 토기 제작에 사용되었다. 연유에 산화동이 더해지면 녹색유가 되고 산화철이 더해지면 갈색유가 되는데, 고구려 중기의 토기 제작에 사용된 것도 이 연유를 원료로 한 녹색유이다.

회유는 규산, 산화알루미늄을 주성분으로 하는 초목의 재를 원료로 하여 만들어진 유약이다. 유약 원료를 얻기 쉽고 사용 후 보기에 연유에 비해 깊고 두터운 느낌을 주어 중국의 동진(東晋)시대부터 적극 사용되기 시작하였다. 초목의 재에는 소량의 철분이 있어 회유를 바른 그릇을 구워낼 때에 산소 공급을 유지하면 산화가 진행되어 유리질이 엷은 황갈색을 내고, 산소 공급을 차단하여 환원이 이루어지게 하면 엷은 녹청색을 띠게 된다. 4세기 동진시대에 처음으로 모습을 드러내는 녹청색 청자는 이 회유를 입혀 만들어낸 것이다.

유약을 사용하여 표면이 균일한 유리질로 덮인 그릇을 만들어내려면 그릇 굽기를 두 번 하여야 한다. 고운 점토를 반죽한 다음, 물레를 써 그릇의 형태를 이루어내고, 그대로, 혹은 그릇 표면에 장식무늬를 새겨 넣은 뒤 가마에 넣어 한 번 구워낸다. 초벌구이로 불리는 1차 번조 때에 그릇이 구워지는 온도는 900~1000℃ 정도이다. 초벌구이가 끝난 그릇 표면의 무늬에 색을 넣거나 장식을 더한 뒤, 혹은 원 상태 그대로의 그릇에 유약을 입힌 다음 다시 가마에 넣어 1300℃ 이상의 열을 가하여 구워낸다. 유약에 어떤 성분을 더하였는지, 굽는 과정에서 산소 공급을 어느 정도 유지, 혹은 차단했는지 여부에 따라 그릇의 표면이 녹청색이나 황갈색, 갈색, 흑색, 청색을 띠게 된다.

유약을 더해 두 번 구워지면서 몸통 전체가 유리질화 된 그릇을 자기(磁器)라고 부른다. 재벌구이 과정에서 1300℃ 이상의 열이 가해지므로 자기 제작에 사용되는 바탕흙은 고온을 견딜 수 있는 것이어야 했다. 동진시대에 처음으로 청자가 제작되면서 중국의 도공들은 그릇 균열의 원인이 되는 잡성분이 거의 포함되지 않은 순도 높은 백토를 찾아 바탕 흙으로 삼고자 애썼다. 이 때에 유명해진 백토의 산지가 중국 강서성 무량현의 고령촌이었다. 고령토가 자기제작용 백토의 대명사가 된 것도 이 때문이다. 고령토의 주성분은 규석과 알루미나, 포타시움으로 각각의 함유비율이 50%, 30%, 2.5% 정도이다.

2. 푸른 하늘 빛 자기의 시대

통일기에 이르러 신라는 회색 경질토기를 구워낸 경험을 바탕으로 회유를 입힌 청록색 토기를 제작해내기 시작한다. 경주 금장리의 녹유토기 가마자리는 한국에서 청자가 발생하는 과정을 알려주는 주요한 유적으로 평가받고 있다.[72] 자기화한 토기의 출현, 혹은 초보적 자기의 등장과정으로 평가되는 연유 및 회유의 사용으로 통일신라 말기에 제작된 골호나 태호 등은 대개의 경우, 표면이 유리질이며, 연유를 쓴 것은 황갈색이나 황녹색, 회유를 쓴 것은 녹색이나 청록색이다.

전통적 의미의 청자는 고려의 후삼국 통일이 마무리된 이후인 10세기 후반에 이르러서야 모습을 드러낸다.[73] 청자는 철분이 약간 섞인 백토를 바탕 흙으로 쓰며, 약 1~3%의 철분이 함유된 장석유를 유약으로 사용하여 1200~1300℃의 고온으로 구워낸 자기를 말한다. 보통 재벌구이 과정에서 철분의 산화를 막아 유약 속의 철분이 제일 산화철로 환원되면서 자기의 유리질이 청색조를 띠게 만든 것을 청자라고 하지만, 철분의 산화를 진행시켜 자기의 색채가 황색을 띠도록 한 것도 청자의 한 종류로 본다. 10세기 후반부터 약 100여 년 동안 생산된 청자는 녹갈색을 띠는 것이 많아 흔히 녹청자로 불리는데, 그릇에 유약을 고르게 입히는 기술, 재벌구이 때에 일정 온도를 유지시켜주는 능력이 충분히 뒷받침되지 못하여 유약이 제대로 빛깔을 내지 못한 경우에 해당한다.

인천 경서동 가마 출토 녹청자로 대표되는 초기 청자가 표면이 고르지 못하고 멍울지듯이 유약이 고르지 못하게 덮이는 현상도 11세기에 들어서면서 개선되기 시작하였다. 11세기 중반에 이르면 강진 용운리, 계율리, 사당리와 부안 유천리 일대에서 비색(秘色, 혹은 翡色)을 자랑하는 순청자가 제작되어 천하제일의 것 가운데 하나로 꼽혀지게 된다.[74] 무늬가 없거나, 그릇 바깥 면에 양각이나 음각으로 당초나, 연잎, 꽃, 앵무새 등을 나타내는 데에 그치는 순청자는 두텁게 발라진 유약이 빚어내는 깊은 비취빛으로 말미암아 양각, 음각된 무늬들을 은은히 돋보이게 함으로서 보는 이로 하여금 청자의 신비한 세계로 빠져들게 한다.[75] 고려에 왔던 북송(北宋)의 사신 서긍(徐兢)이 그의 고려 견문록에 해당하는 『선화봉사고려도경(宣和奉使高麗圖經)』(1123)에서 고려 자기의 제작기술이 대단히 교묘해져 '비색'을 내기에 이르렀다고 한 것도 이 때문이다.

투각기법으로 특정한 형태를 나타내거나, 상형기법으로 물건이나 생물을 표현해내

[그림 72] 청자병(靑磁甁). 고려 12세기

[그림 73] 청자철화백퇴화승형좌상(靑磁鐵畵白堆花僧形坐像). 고려 12세기 전반

는 것도 순청자시대의 고려자기 제작태도의 특징적인 면 가운데 하나이다. 몸통이 참외꼴인 병, 사자모양의 향로, 사람, 거북이, 용의 모습을 한 주전자, 오리 형태의 연적은 이 시대의 상형청자 가운데에서도 걸작에 속하며, 청자투각칠보향로는 순청자 제작과정에서 음양각 기법, 상형 기법, 투각 기법을 모두 적용시킨 사례에 속한다.[그림72]~[그림74]

강진 사당리에서 채집된 청자기와편들은 고려 의종 때에 민가를 헐고 정자를 지으면서 '양이정(養怡亭)'이라는 이름이 붙여진 정자의 지붕을 청자기와로 덮었다는 『고려사』의 기록을 확인시켜 주는 것으로 여겨지는 유물이다.[76] 이 시기 고려 왕실과 상류사회에서 청자 기물의 사용이 어느 정도 성행하였는지를 짐작하게 해주는 실물자료라고 하겠다.[그림75]

12세기 중엽부터 고려는 상감(象嵌)청자의 시대로 접어든다. 상감청자란 형태를 갖춘 그릇의 표면을 파내어 무늬를 나타낸 뒤, 음각된 부분을 철분이 거의 함유되지 않은 백토로 메운 다음 초벌구이를 하고, 그릇 전면에 유약을 바른 다음 재벌구이를 하여 완성시킨 자기를 말한다. 무늬를 새긴 부분에 산화동을 주성분으로 하는 진사(辰砂)를 넣으면 그릇을 구워낸 뒤, 해당 부분은 홍색을 띠게 되므로 상감무늬의 특정 부분

을 두드러지게 하고자 할 때, 백토와 진사를 혼용하는 기법이 적용될 수 있다. 또한 새겨진 무늬 부분을 그대로 두고, 배경 면을 깎아낸 다음 그 부분을 백토로 메워 무늬가 두드러지게 보이도록 하는 역상감법이 적용된 자기도 상감청자의 한 종류로 받아들여진다. 상감 기법의 적용 과정에서 그릇에 발라지는 유약의 두께가 얇아지고, 그에 따라 완성된 청자의 표면에 미세한 균열이 많아지며, 유약으로 말미암은 깊이감을 느끼기보다는 얕은 유리질에 싸인 상감무늬에 눈길이 모아지게 된다.

상감 기법이 적용되면 그릇의 표면은 도공(陶工)에게는 산수화나 초충도, 길상화를 위한 하나의 화면처럼 여겨지게 된다.[그림76][그림77] 꽃이나 대나무, 버드나무가 개울이나 새, 바위 등과 어우러지고, 그 풍경 속에 때로 사람까지 더하여지는 한 폭의 그림이 자기의 바깥 면을 장식하게 되는 것이다. 구름과 학의 어울림을 반복적으로 나타내는 운학문, 국화문, 당초문, 석류문, 포도문, 보상화문의 경우에도 펼쳐 놓으면 한 폭의 화면으로 인식될 수 있을 정도로 구성되고 표현되었다. 운학문매병이나 매죽문주자는 상감청자의 특징과 장점이 가장 잘 살아있는 작품으로 손꼽힌다.[그림78]

상감청자의 장식무늬는 13세기 중엽을 고비

[그림 74] 청자오리형연적(青磁鴨形硯滴), 고려 12세기

[그림 75] 청자양각모란당초문와(青磁陽刻牡丹唐草文瓦), 고려 12세기 중엽

[그림 76] 청자상감운학모란절지문침(青磁象嵌雲鶴牧丹折枝文枕), 고려 12세기

로 구도가 산만해지고, 도공이 무늬 표현에 기울이던 정성도 이전에 비해 떨어진다. 배경으로서의 여유 공간이 충분히 남겨지지 않은 채, 단순한 무늬가 번거로울 정도로 거듭 표현되어 답답함마저 느끼게 하는 사례도 나타난다. 장식성만이 강조됨으로써 청자 특유의 비색에 주의가 기울여지지 않아 황록색에 가까운 색조를 띤 청도 출현하게 된다. 고려청자도 긴 쇠퇴기에 접어든 것이다.

[그림 77] 청자상감국화문탁잔(青磁象嵌菊花文托盞), 고려 12세기

[그림 78] 청자상감운학국문표형주자(青磁象嵌雲鶴菊文瓢形注子)와 승반(承盤), 고려 13세기

고려청자 쇠퇴기에 유행하는 화문(畵文)청자는 그릇에 상감 기법을 적용하되, 철사(鐵砂)를 사용하여 그릇 표면을 장식함으로써 재벌구이를 통해 완성된 청자의 빛깔이 적갈색을 강하게 띠는 것을 가리킨다. 장식무늬로 초화문이 즐겨 선택되는데, 쇠퇴기 화문청자의 초화문은 도안화된 것이 많아 보는 이로 하여금 세련된 아름다움보다는 조야한 느낌을 지니게 하는 경우가 일반적이다.

3. 백자에서 맡는 선비의 향기

조선시대 선비의 맑은 정신과 삶을 떠올리게 하는 백자가 처음 만들어진 시기는 고려 초인 10세기 중반 이후이다.[77] 철분이 거의 포함되지 않은 태토로 기형을 만들고,

역시 철분 함유량이 극히 적은 무색투명의 장석질 유약을 입혀 1300℃ 이상의 고온에서 환원번조 방식으로 구워낸 자기인 백자는 엄밀한 의미에서는 청자의 한 종류로 만들어지기 시작했다고 할 수 있다. 고려의 왕실과 귀족들 사이에 청자가 선호되면서 백자는 고려시대에는 명맥을 이어갈 정도로 제한적으로만 생산된다.

[그림 79] 분청사기상감항아리(粉青沙器象嵌壺), 조선 15세기

상감청자가 13세기 중엽 이후, 1세기 이상의 긴 쇠퇴기를 거치는 동안 고려에서는 분장회청사기(粉粧灰青沙器), 혹은 분청사기로 불리는 새로운 유형의 자기가 생산되기 시작한다.[78] 상품(上品) 청자 제작의 기본조건이라고 할 수 있는 고급 백토와 상질의 유약, 대량의 참숯 공급이 점차 어려워지고, 고가의 청자를 공급받아 사용할 수 있는 귀족층의 몰락이 진행되는 와중에 청자상감운학문매병과 같은 고급 청자는 더 이상 만들어질 수 없게 되었다. 청자와 같은 기형은 유지하되 고급은 아니나 청자 제작에도 쓰이던 회청색이나 회흑색 태토로 형태를 만든 다음 그 위에 백토를 덮고 유약을 입혀 환원번조 방식으로 구워낸 자기들이 고려 말기부터 생산된다.

구워낸 뒤에는 엷게 덮인 유약의 영향으로 표면이 밝은 회청색을 띠게 되며, 성형 뒤 분장된 백토가 표면의 무늬로 남게 되는 이러한 종류의 자기들은 일괄적으로 분청사기로 불리게 되지만 조선 건국 뒤 그 종류가 대단히 다양해진다. 조선 전기의 도자공예를 대표하는 자리에 오르게 되는 분청사기는 그릇 표면에 백토를 분장하는 방식에 따라 분청상감, 분청인화, 분청박지, 분청음각, 분청귀얄, 분청철화, 분청담금 등으로 구분된다.[79]

[그림 80] 분청사기조화모란문편병(粉青沙器彫花牡丹文扁甁), 조선 15세기

[그림 81] 도요지의 백자 파편들, 경기 광주, 조선

[그림 82] 백자상감연당초문대접(白磁象嵌蓮唐草文鉢), 조선 15세기, 국보175호

분청상감이란 백토로 분장한 그릇의 표면에 무늬를 새긴 뒤, 무늬의 선이나 면에 안료를 넣고 그 위에 유약을 입혀 구워낸 분청사기를 말한다.[그림79] 분청인화(粉青印花)란 상감 기법을 원용하여 만들어진 분청사기의 일종이다. 일정한 형태의 무늬를 도장과 같이 새겨 성형한 그릇의 표면에 골고루 찍은 다음 그 위에 백토를 바른 뒤 다시 닦아내면 도장이 찍힌 부분에만 백토가 남아 무늬를 만들어내게 된다. 그 위에 유약을 바른 다음 구워내면 국화문, 나비문, 연판문, 여의두문, 연권문이 있는 분청인화사기가 된다. 분청상감과 분청인화 기법이 적용된 자기는 분청사기의 발생 초기에 집중적으로 생산된다.

분청박지(粉青剝地)란 백토로 분장한 그릇에 무늬를 넣고, 무늬 이외의 백토를 제거하여 무늬를 이룬 백토 부분만 하얗게 남긴 다음 유약을 입혀 구워낸 경우를 말한다. 분청조화(粉青彫花)란 백토를 그릇에 바른 다음 선으로 음각의 무늬를 넣은 뒤 유약을 입혀 구워낸 것을 가리킨다.[그림80] 분청철화(粉青鐵畵)란 백토를 그릇에 바른 다음, 철사 안료로 그림을 그린 뒤 유약을 입혀 구워낸 것을 말하며, 분청귀얄이란 백토를 바르는 도구인 귀얄의 자국을 내어 그릇에 귀얄로 말미암은 운동감이 남게 한 것이다. 분청담금이란 그릇을 백토물에 넣었다가 꺼냄으로써 백토를 분장시킨 경우를 말한다.

분청사기는 조선이 개국한 뒤 15세기에 이르러서는 위와 같은 다양한 기법으로 제작되다가 16세기에 이르러서는 분청담금과 같이 무늬 넣기를 생략하고 그릇 표면에 백토를 입히는 것으로 성형을 끝내, 유약을 발라 구워낸 결과물이 백자와 같은 느낌을 주게 하는 자기도 등장한다. 텀벙자기, 텀벙분청으로도 불리는 분청담금자기의 출현을 끝으로 분청사기는 서서히 소멸의 길을 걷는다.

[그림 83] 백자병(白磁瓶), 조선 15~16세기

[그림 84] 백자방형향합(白磁方形香盒), 조선 19세기

고려 초부터 제작되기 시작했지만 지배층의 주의를 크게 끌지 못했던 백자는 조선시대에 들어서면서 왕실과 고급관료들이 선호하는 자기로 자리 잡게 된다. 아무런 무늬도 넣지 않은 순백의 자기가 사대부들이 지향하는 삶과 닮았다는 인식이 확산되면서 순백자는 조선시대를 대표하는 도자가 된다. 왕실에 공급할 백자는 별도로 광주분원의 도요에서 생산되는 등 백자의 제조와 생산은 국가의 엄격한 관리와 통제 아래 들어간다.[80)][그림81][그림82]

조선 백자는 전기에는 순백자가 주류를 이루지만 청화, 상감, 진사, 철화와 같은 다양한 기법과 방식으로 표면에 무늬를 넣은 백자들도 여러 종류 생산되다가 후기에는 청화백자로 주류가 바뀐다.[81)] 청화백자는 중국에서 수입된 중앙아시아산 코발트, 흔히 회회청(回回青)이라고 불리는 청색 안료로 그릇에 무늬를 넣고 유약을 바른 뒤 구워낸 것을 말한다. 15세기 중엽 세종(世宗)시기부터 생산되기 시작하여 17세기에 이르

면 조선 백자의 주류를 이루게 된다.[82)][그림83][그림84]

상감백자는 성형된 그릇의 표면에 음각으로 무늬를 넣고, 무늬의 선에 자토(赭土)를 넣은 뒤 유약을 발라 구운 것을 말한다. 진사백자는 그릇의 음각한 무늬의 선이나 면에 진사[산화동]를 넣고 유약 처리를 하여 구운 것을 말하는데, 환원번조로 구워낸 뒤 무늬는 산화동의 영향으로 붉은 빛을 띠게 된다. 철화백자는 무늬에 철사[산화철]를 넣고 유약을 입힌 뒤 구워낸 백자를 가리킨다. 진사나 철화, 청화는 백자의 제작과정에서 혼용되는 경우가 많으며, 순수한 진사백자나 철화백자의 사례는 많이 발견되지 않는다.

[그림 85] 청화백자투각용문지통(青畵白磁透刻龍文紙筒), 조선 19세기

[그림 86] 청화백자복숭아형연적(青畵白磁桃形硯滴), 조선 19세기

조선 후기 백자의 주류를 이루는 청화백자는 출현 초기인 15세기 중엽 경에는 중국 명(明)의 청화백자와 유사한 매조문이나 산수문을 주된 장식무늬로 쓰지만, 15세기말부터는 같은 매조문이나 산수문이라도 여백을 많이 남기고, 기면의 위와 아래에 여의두, 연판, 당초절지문, 칠보문 등을 더하는 등의 방식으로 조선적인 특징을 나타내기 시작한다. 중기 이후 백자의 표면을 가득 채우는 용문이나 어문 등도 조선적인 표현방식이라고 할 수 있다. 후기의 청화백자에는 산수문, 용문, 어문에 파도문, 장생문 등이 더해지는데, 그릇의 표면을 가득 채우면서

도 여백의 미를 살리는 등 조선 특유의 분위기를 담아내는 특징을 보인다.

조선 백자의 특징적인 면 가운데 하나는 병이나 대접, 호와 같이 청자 등 다른 자기류들에서도 확인되는 일상적인 용품들도 다수 생산되지만 필통, 연적, 서진(書鎭) 등 문방구류도 많이 제작된다는 점이다.[83)][그림85], [그림86] 사대부들의 사랑방에 구비되어야 할 필수품에 속하는 이러한 문방구류가 백자로 생산된 것은 백자를 선비정신의 상징으로까지 여기던 조선시대 사대부들의 성향, 기호에 맞춘 것이라고 할 수 있다.

✤ 제8장 풍부한 불교유산1

-사원, 탑, 부도-

1. 인연으로부터의 자유를 구하는 신앙의 전래

불교는 모든 생명의 삶이 인연(因緣)을 따라 거듭된다고 말한다. 각 생명이 지은 과거로부터 업(業)의 내용이 새로운 생의 형태를 결정하는 고리의 역할을 한다. 과거-현재-미래의 생이 자신이 쌓은 선업(善業), 혹은 악업(惡業)을 고리로 얽혀 있으며, 어떤 면에서는 역설적이지만 선업의 끝없는 쌓임을 통해서만 거듭되는 생의 수레바퀴로부터 자유로워질 수 있다고 말한다. 이 세상에 나서 이 자유를 얻은 자들 가운데 가장 최근에 '완전한 자유'를 경험한 자가 인도와 네팔 접경지대의 작은 나라 카필라국의 왕자였던 고타마 싯달타, 곧 석가(사카 Sakya)족의 성자요 깨달은 자[석가모니붓다]인 석가여래이다.

브라만교를 모태로 삼아 성립한 불교는 인도사회의 불평등을 천지창조 이래의 자연스럽고 당연한 질서로 설명하는 브라만교와 달리 인연으로 말미암은 일시적인 현상으로 보았다. 과거의 업으로부터 비롯된 현세의 모습일 뿐, 내세에도 여전할 지 여부는 본인조차 예측하기 어렵다는 것이다. 본인이 지은 현세의 업이 내세의 모습을 결정하므로 한 사람의 내세 삶이 평민일지, 왕족일지, 인간이 아닌 축생(畜生)이나 아귀(餓鬼), 아수라(阿修羅) 세계의 존재일지, 현세의 모든 시간이 마무리될 때까지, 내세의 삶이 시작되는 그 순간까지 알 수 없다는 입장이다. 불교가 현세의 질서를 유지하는 논리로 쓰일 수도 있고, 현재를 부정하는 이념으로 이해될 수도 있는 부분이다.

불교가 사막을 건너, 바닷길을 따라 동방으로 전해지자, 동방사람들은 사람이 죽으면 자신이 났던 조상신(祖上神)의 세계로 돌아가는 것이 아니라 윤회(輪廻)의 수레바퀴를 도는 생을 거듭한다는 이 새로운 믿음의 세계를 받아들여야 할지 말아야 할지 판단하기 어려웠다. 하늘로부터 내려온 자, 땅의 기운을 받은 자, 이도 저도 아닌 평범한 삶을 꾸려온 자들 사이의 위계질서가 현세에 한정된 위계질서로 바뀔 뿐 아니라, 하늘과 땅, 그 사이에 사는 온갖 존재 사이의 차별논리가 더 이상 근거를 지니지 못하게 될 것이다. 사람과 온갖 존재는 각각의 고유 가치를 지닌 평등한 존재라는 인식을 존재 사이의 '차별'을 전제로 성립한 불평등사회가 받아들인다면 기존 질서에 어떤 변화가 초래될 것이며, 이를 감수할 필요가 있는 지가 지배자들에게는 고민이 되었다.

기원 1세기 전반, 중국에 불교가 전해졌을 때, 이 새로운 종교는 장생불사(長生不死)를 추구하는 신선신앙, 무위자연(無爲自然)을 말하는 도가사상적 관념이나 인식과 사촌지간인 듯이 여겨졌다.[84] 깨달은 자의 세계는 불사(不死)의 신선세계와 그리 다르지 않은 듯이 생각되었고, 불사의 도를 깨치기 위한 수련과정과 인연의 끈을 떨쳐내려는 지난한 노력 사이에는 본질적 차이가 없는 듯이 생각되었다. 도가 및 신선신앙과의 구별이 애매한 상태에서나마 불교는 중국 사회에서 기반을 넓혀나갔고, 북중국이 5호16국(五胡十六國)시대라는 혼란기에 들어설 즈음, 불교는 여래가 중생을 깨우치기 위해 그 자신을 포함한 깨달음의 경지에 이른 수많은 자들을 이 세상에 보낸 '자비의 종교, 구제의 신앙'으로 인식되기 시작하였다. 여래를 믿어 복을 구하는 신도들이 늘어났고, 권력자들은 스스로를 불교의 가르침을 전하기 위해, 혼란스러운 세상을 구하고자 현실 깊숙이 발을 내딛은 자로 자처하였다.[85]

4세기에 이르러 고구려, 백제로 불교가 전해지고, 두 나라로부터 신라와 왜(倭)로 이 새로운 종교가 소개되었다.[86] 여래를 중심으로 한 신앙의 세계와 더불어 인도, 이란, 중앙아시아의 문화와 예술이 중국을 매개로, 혹은 내륙아시아 초원의 길을 거쳐 동북아시아의 여러 왕국에 알려지고 받아들여졌다. 불교신앙 출현의 토양이자, 불교신앙을 나타내는 수단 겸 결과였던 서아시아와 인도, 중앙아시아 문화가 불교의 전래와 함께 자연스럽게 동북아시아에 흘러든 것이다. 동북아시아의 여러 사회는 새로우면서도 의미 있는 문화, 관념, 인식, 표현을 받아들이게 되었고, 기존의 사회, 질서, 관습의 수정, 변화, 변혁을 겪게 되었다. 과연 어떠한 변화가 일어났고, 그 결과는 어떤 형태와 방식으로 흔적을 남겼는가.

2. 정토라는 공간의 구성과 배치: 사원

535년(법흥왕 22년), 불교가 신라에서 공인 받은 지 얼마 되지 않아 창건된 것으로 전하는 불국사(佛國寺)가 세인의 눈길을 끈 것은 751년(경덕왕 10년) 김대성(金大城)에 의해 중창(重創)이 시작되면서부터이다.[87] 현세의 부모를 위해 김대성이 건축을 결심하였다는 이 절이 제 모습을 완전히 갖춘 것은 김대성이 죽은 뒤, 국가가 공사의 마무리를 떠맡은 다음의 일이다.

불국사는 이름이 알려주듯이 불교신앙을 지닌 사람이 이르고자 하는 정토, 곧 불국(佛國)을 현세의 공간에 구현시킨 경우이다.[88] 절을 찾는 이가 불국정토에 이르렀다는 느낌을 지니도록 공간을 구성하고 건축물을 배치시켰다. 불국사의 건축물들은 높은 석단 위에 지어졌으며, 두 개의 구역에 나누어 배치되었다.[그림87] 보다 높은 동쪽 구역에는 대웅전을 중심으로, 상대적으로 낮은 서쪽 구역에는 극락전을 가운데 두고 앞과 뒤, 좌우에 부속건물과 건축물들을 세웠다. 아래에는 연못이 있고, 그 위에 아래가 아치꼴이고 위는 비스듬하게 뻗어 올라가며 계단이 설치된 청운교와 백운교를 건너면, 그 끝에 자하문이 있다. 무지개다리 위의 하늘세계를 통과하여 석가여래의 세계로 들어가는 과정이다. 중문인 자하문 좌우에는 종루가 있고, 뒤로는 석가탑과 다보

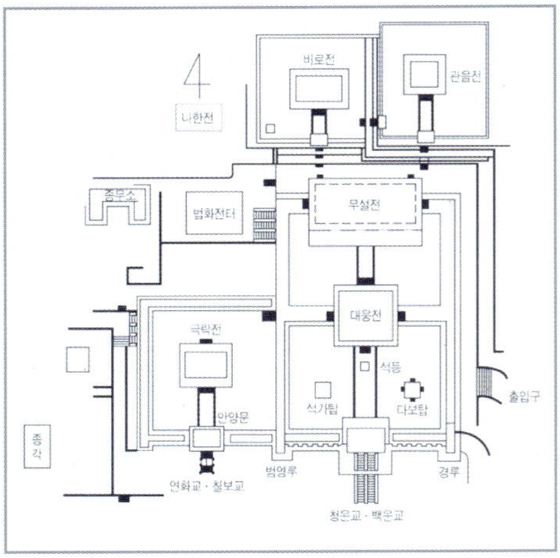

[그림 87] 불국사 건물배치도, 경주, 통일신라

탑, 두 탑 뒤에 대웅전이 있고, 그 뒤편에 강당이 있으며, 자하문과 대웅전, 강당은 회랑으로 이어진다.[89] 대웅전은 석가여래가 깨달음의 말씀을 전하는 정토세계의 중심이다. 연화교와 칠보교를 건너 안양문으로 들어서면 아미타여래가 주관하는 극락정토가 펼쳐진다.

불국사는 신라를 불국정토로 여겼던 신라인의 의식이 사원이라는 건축물을 통해 거듭 확인된 경우이다. 새길 수 있고, 표현해낼 수 있는 모든 바위에 여래와 보살을 새긴 경주 남산(南山) 역시 신라인의 불국토 의식을 형상으로 담아낸 대표적 사례 가운데 하나이다.[90]

불교가 공인되면서 이루어진 적극적인 신앙 활동의 결과물 가운데 하나가 사원조성이다. 372년(소수림왕 2년) 북중국의 전진(前秦)으로부터 공식적으로 불교가 전래되자, 고구려 정부가 취한 일련의 조치 가운데 하나가 초문사, 이불란사로 불리는 사원의 조성이었다.[91] 평양 동쪽 청암리 사지 및 평양시 역포구 전(傳)동명왕릉 앞 정릉사지(定陵寺址)의 발굴 결과 고구려의 절은 8각탑을 중심으로 탑의 동, 서, 북면에 금당(金堂)을 배치하는 1탑3금당을 기본 구성으로 건축물을 배치하였음을 알게 되었다.[92] 석가 사리의 봉안처로 출발한 탑을 가람 배치의 중심으로 삼던 초기 사원 건축의 전통이 고구려에도 전해지고, 받아들여진 결과라고 하겠다.

백제 역시 불교를 받아들인 뒤, 부여시대 초기에 이르기까지 군수리사지에서 확인할 수 있듯이 사원 건축에서 1탑3금당식 건물 배치를 적용하나 점차 1탑1금당으로 기본 구성을 바꾸어간다. 부여 동남리사지, 정림사지 등은 중문, 석탑, 금당, 강당이 일직선상으로 배치된 1탑1금당식 가람배치의 전형적인 사례에 해당한다. 7세기 전반에 창건된 익산 미륵사지는 미륵신앙을 바탕으로 현세의 용화정토를 실현하려는 꿈을 지녔던 무왕의 의지가 반영된 백제 말기의 대표적인 사찰 터이다. 미륵삼존 신앙에 의거하여 1탑1금당식 사원 3곳이 한 구역 안에 나란히 평면 배치된 경우이다.[93)]

황룡사(黃龍寺)는 백제 말기의 거찰 미륵사와 필적하는 삼국시대 신라를 대표하는 사찰이다.[그림88], [그림89] 불교 공인 뒤, 신라의 법흥왕은 전통적인 무속신앙의 성지들을 차례차례 사원이 조성되는 공간으로 바꾸어나갔다. 553년(법흥왕 21년) 착공된 흥륜사와 영흥사가 그러한 곳이다.

[그림 88] 황룡사지 일대, 경주

[그림 89] 황룡사지, 경주, 신라 535년 창건, 사적6호

경주 구황동 분황사 남쪽에 세워졌던 황룡사터 역시 무속신앙(巫俗信仰)에서 중시되던 자리였을 가능성이 높은데,[94)] 553년(진흥왕 14년)에 착공되어 584년(진평왕 6년)에 완공되었다. 고구려, 백제의 사원들과 같이 황룡사 역시 1탑3금당을 기본구성으로 건

축물이 조성되었다. 절의 중심에 솟아 있던 9층 목탑의 높이는 『삼국유사』의 기록 및 발굴조사 결과를 바탕으로 할 때, 78.75m에 이르는 고층 건축물이었다.[95)]

초기에는 나라의 도성을 비롯하여 성읍의 중심에 세워져 고구려의 평양이나 신라 경주의 경우와 같이 시가지의 모서리를 돌거나, 넓은 가로의 좌우로 뻗은 건물들 사이에서 쉽게 안으로 들어가는 입구를 발견할 수 있던 사원들도 수행을 강조하는 선종(禪宗)이 득세하면서 산 속 깊은 곳에 지어지기 시작한다. 신라 하대(下代)에 본격화되어 고려, 조선에 이르기까지 사원 조성의 가장 적절한 장소로 산중이 꼽히게 되는 것도 이 때문이다. 이 과정에서 사원의 건축물들, 특히 진입공간의 산문(山門)이 절을 찾는 이가 사원으로 들어가는 과정이 수련을 위한 단계를 거치는 것임을 의식하도록 구성, 배치된다.

일주문(一柱門)은 세속의 번뇌를 씻고 한결 같은 마음을 지니고 지나는 산문이고, 천왕문(天王門)은 불법을 수호하는 사천왕에게서 수행자가 속세의 잡귀에게 마음이 붙잡히지 않아야 지날 수 있는 곳이다. 금강문(金剛門)은 금강역사가 지키는 곳으로 수행자의 마음을 흔드는 작은 번뇌조차도 떨어내는 곳이다. 해탈문(解脫門)은 번뇌에서 완전히 자유로운 자, 해탈의 경지에 이른 자가 지날 수 있는 장소이며, 불이문(不二門)은 깨

[그림 90] 무량사 극락전, 부여, 조선 중기, 보물356호

달음의 세계로 들어서기 위한 마지막 관문이다. 여래와 중생이 둘이 아니고, 세속과 출가의 세계가 다르지 않으며, 구별되는 모든 것이 실제는 하나라는 사실을 깨달았을 때에 지날 수 있는 곳이다. 이러한 산문들을 지나면서 만나는 곳이 사물이 걸려 있는 누각이며, 종각이다. 해탈문을 지난 구도자를 환영하는 소리, 불국토의 음악을 연주하는 곳이다. 누각을 지나 앞을 바라보면, 석탑, 석등이 있고 금당이 버티고 서 있다.

본전(本殿)으로도 불리는 금당은 그 안에 모셔진 주된 예배대상이 누구인가에 따라 명칭이 달라진다. 석가여래를 봉안하였으면 대웅전, 대웅보전(大雄寶殿)이라 부르는데, 흔히 주존(主尊)의 협시로 문수보살과 보현보살, 아미타여래와 약사여래를 함께 배치하고, 극락정토를 주관하는 아미타여래를 모셨으면 극락전, 무량수전(無量壽殿)이라고 이름 붙이며 협시로 관음보살과 대세지보살을 함께 봉안한다. 비로자나불을 주존으로 모신 본전은 화엄전, 비로전, 대적광전, 미륵보살을 봉안하였으면 미륵전, 용화전(龍華殿), 자씨전(慈氏殿)이라 부른다.[96)] [그림90], [그림91]

사원의 주존 여부에 관계없이 여래나 보살, 더 나아가 석가의 주요한 제자들, 천왕(天王)을 봉안한 전각들은 일반적으로 법당(法堂)으로 불리는데, 관세음보살을 모신 전을 관음전, 원통전, 대비전, 약사여래를 봉안한 전각을 약사전, 석가여래와 함께 석가

[그림 91] 금산사 미륵전, 김제, 조선 1635년(인조13년), 국보62호

의 일대기를 담은 팔상탱화를 봉안한 법당을 영산전, 팔상전, 지장보살과 명부시왕(冥府十王)을 모신 전각을 지장전, 명부전, 시왕전, 16나한이나 500나한상을 봉안한 곳을 나한전으로 부르는 식이다. 지장보살은 지옥에서 고통받는 중생을 하나도 남김없이 구제할 때까지 보살로 남아 있겠다고 서원한 존재이며, 명부시왕은 중국 도교에서 유래한 지옥의 판관들이다.[97] 16나한은 석가여래의 제자 가운데 정법을 지키기로 맹세한 제자들로 번뇌의 사슬을 끊어 성자의 지위에 이른 아라한들이며, 석가모니 열반 뒤, 석가의 생전 가르침을 정리하기 위하여 마하가섭이 소집한 회의, 곧 1차 결집에 참여하여 아라한의 경지에 이른 500명의 비구를 가리킨다.

이외에 불교가 흡수한 민간신앙의 대상들이 사원 안의 작은 전각들에 모셔져 나름의 기능을 담당한다. 호랑이와 산신을 함께 그린 탱화가 모셔진 산신각(山神閣), 수명을 주관하는 북두칠성신을 모신 칠성각(七星閣), 이적의 주인공 나반존자를 모신 독성각(獨聖閣), 산신과 칠성, 독성을 함께 봉안한 삼성각(三聖閣) 등이 그것이다. 조사당(祖師堂)은 해당 사원의 역사와 관련된 주요한 인물, 이른바 큰 스님으로 불리는 승려들의 영정을 봉안한 건물이며, 삼묵당(三默堂)이란 말을 하지 않아야 할 세 곳, 곧 식당과 욕실, 화장실을 가리키는 용어이다. 무설전(無說殿)으로도 불리는 강당은 수행과 관련한 강의가 이루어지는 곳이며, 요사채란 사원에 기거하는 승려들의 숙소이다.

3. 예토(穢土)에 남은 자들을 위한 깨친 자들의 흔적 : 탑과 부도

1) 탑

출가 후, 6년 고행 끝에 깨달음의 세계에 이른 석가모니는 제자들에게 중생으로 하여금 자신을 숭배의 대상으로 삼지 않게 하라고 가르쳤다. 그러나 석가 입멸 뒤, 여래의 가르침을 정리하여 불전을 펴냈음에도 불구하고 '살아서 깨우친 자'에 대한 구체적 기억을 간직하려는 사람들에게도, 깨달음의 세계에 대해 전해 듣고 이를 위해 수행하는 자들에게 나아오려는 사람들에게도 석가모니가 존재했다는 흔적은 필요했다. 석가를 다비한 뒤, 불탄 육신의 자리, 잿더미 속에서 나왔다는 84,000개의 사리를 모신 불탑(佛塔)의 출현은 이러한 필요로 말미암은 것이었다.[98] 탑의 산스크리트 원어 스투파는 성자의 유골을 봉안한 다음, 그 위를 돌이나 흙으로 덮은 무덤이나 사리탑을 가리킨다.

석가의 진신사리를 모신 탑은 초기의 사원에서 가장 주요한 예배의 대상이었다. 인도의 대부분을 석권한 마우리야왕조의 아쇼카왕(기원전 273~232 재위)이 불법의 수호자, 전륜성왕(轉輪聖王)을 자처하면서 불교 전파에 힘쓰는 과정에서 사리탑은 불교사원을 상징하는 건축물처럼 여겨지게 되었다. 인도 곳곳에 거대한 사리탑들이 세워졌고, 중인도 산치의 대탑과 같이 탑이 곧 유일한 신앙의 대상으로 여겨지는 현상도 나타났다. 중앙아시아를 거쳐 중국에 전해질 때까지 대부분의 사리탑은 흙이나 벽돌로 만들어졌다. 그러나 중국에 들어오면서 전탑(塼塔, 벽돌탑)과 함께 목탑도 만들어지게 되었으며, 삼국시대의 한국에서는 7세기 전반까지 고층 목탑이 유행하였다.[그림92]

[그림 92] 요동성탑과 요동성, 요동성총 벽화, 고구려 5세기

건축물의 밑받침 역할을 담당하는 기단부, 탑의 몸체로 사리가 봉안되는 탑신부, 탑을 장식하는 상륜부로 구성되는 목탑의 기단부는 석재, 탑신부는 목재, 상륜부는 청동이나 철을 재료로 삼아 건축된다. 평면이 정방형인 목탑에서 사리는 건물 중앙 초석에 마련된 사리장치 안에 모셔지며, 3층에서 9층에 이르는 각 층의 구성과 처리는 일반 목조건축물에서와 다름이 없다. 법주사 팔상전의 사례에서도 확인할 수 있듯이 목탑은 조선시대에 이르기까지 지속적으로 만들어지지만 재질의 내구성도 떨어지고, 화재에 약했던 까닭인지 7세기부터는 삼국 모두에서 석탑이 만들어지기 시작하여 이후 한국 불탑의 주된 양식으로 자리 잡게 된다.[그림93]

목탑이나 전탑과 달리 석탑은 재질상 대형화가 어렵고, 실용적인 건축물로도 사용하기가 어렵다. 목탑이 여래를 모시는 불전의 기능을 담당할 수 있는 것과 달리 석탑은 사리를 봉안하는 용도로 쓰일 수밖에 없다. 석탑이 본격적으로 만들어지면서 한국의 사찰에서 탑이 지니 는 위치가 낮아지고, 전각이 지니는 중요성이 상대적으로 커진 것도 이러한 이유로 말미암는다.

목탑에서 석탑으로 이행하는 과정에서 전탑을 모방한 석탑이 출현하는데, 이것이 곧 모전석탑이다. 벽돌 형태로 다듬어 깍은 석재를 재료로 삼아 건축한 모전석탑 가

[그림 93] 정림사지 오층석탑, 부여, 백제 7세기 전반, 국보9호

[그림 94] 미륵사지 석탑[서탑], 익산, 백제 7세기 초, 국보11호

운데 현존하는 가장 오랜 것은 경주 분황사탑으로 분황사가 낙성된 634년(신라 선덕여왕 3년) 세워졌다.[99] 중국 당(唐)의 전탑을 연상시키는 분황사 모전석탑은 1층 탑신의 사면에 감실을 설치하고 그 좌우에 인왕상을 배치하는 등, 목탑 및 전탑을 연상시키는 요소를 여전히 지닌 상태이다. 의성 탑리 오층석탑도 삼국시대 신라에서 조성된 모전석탑의 하나이다.

[그림 95] 불국사 다보탑, 경주, 통일신라 8세기 중엽, 국보20호

때로 수십 미터의 높이를 자랑하는 목탑과 달리 석탑은 미륵사지 석탑의 경우와 같이 목탑의 양식으로 세워진 대형 탑조차 높이가 20m를 넘기 쉽지 않다.[100][그림94] 일반적으로 홀수층으로 지어지는 석탑은 삼국시대 및 통일신라시대 전기에는 탑층 간의 거리와 너비가 적절히 조절되어 균형감과 안정감을 주는 3층 및 오층탑이 주류를 이룬다.[그림95] 그러나 통일신라 말기부터는 탑이 주는 높이감이 강조되면서 같은 3층탑, 5층탑이라도 각층의 몸체를 나타내는 탑신석을 높게 만들거나, 7층, 9층으로 층수를 늘려 가능한 한 석탑이 높아 보이도록 만든다.[그림96] 이 과정에서 석탑 특유의 균형미와 정제미가 깨어지고, 한국의 석탑은 높이만 강조되는 사원의 장식적 건축물로 전락하게 된다.

[그림 96] 선암사 동삼층석탑, 승주, 통일신라 9세기 후반, 보물395호

신라 석탑이라는 이름으로도 일컫는 한국의 석탑은 감은사지 동·서 삼층석탑, 고선사지 삼층석탑을 시작으로 통일신라시대에 이르러 크게 유행한다. 절정기 신라 석탑

[그림 97] 보림사지 보조선사 창성탑, 장흥, 통일신라 9세기 말, 보물157호

[그림 98] 태화사지 십이지상부도, 울산, 통일신라 9세기, 보물441호

의 사례는 8세기 중엽 조성된 신라 불국사의 석가탑과 다보탑에서 찾을 수 있다. 석가탑은 석가여래, 다보탑은 다보여래의 현존을 나타내는 것으로 신라가 불국정토임을 거듭 확인시키는 불국사의 핵심 건축물이다. 3층 석탑인 두 탑은 각각 정제미와 장식미가 가장 잘 구현된, 시대를 넘어서는 걸작으로 여겨지는데, 현존 고·중세 석조물 가운데 석굴암의 여래 및 보살, 천왕상들과 함께 통일신라 불교미술의 절정기 작품으로 꼽는데 이의를 제기할 사람이 없다고 해도 과언이 아니다.

2)부도

고승의 사리를 봉안하기 위해 만든 건조물이 부도이다. 통일신라 하대에 선종이 유행하면서 선문(禪門)을 세운 선사, 대덕을 기리기 위해 이들이 입적한 뒤, 그 사리를 석조물 안에 봉안하면서 출현한 새로운 형태의 석조건축물이다. 석가의 진신사리를 모신 건축물을 탑이라 불렀으므로, 이와 구별하기 위해 고승의 사리를 봉안한 것은 부도라 부르게 된 것이다.[101] 탑은 사찰 안의 주요 건축물 가운데 하나로 신앙대상으로서의 의미를 강하게 지닌 반면, 사원의 바깥에 주로 설치되는 부도는 고승, 선사의 유골을 모신 장소, 곧 무덤으로 여겨지는 면이 보다 강하다.

부도 역시 탑처럼 기단부, 탑신부, 상륜부로 구분되나 그 규모는 탑에 비할 바가 아니다. 사리가 안치되는 탑신부의 평면 형태에 따라 팔각원당형과 석종형으로 나뉜다. 844년(신라 문성왕6년) 만들어진 흥법사 염거화상탑(廉居和尙塔)을 비롯하여 고려, 조선 중기에 이르기까지 조성된 대부분의 부도가 팔각원당형에 속한다. [그림97] 외형이 범종과 닮았다고 하여 붙여진 석종형 부도는 가장 이른 사례가 통일신라 말기의 작품으로 인정되는 울산 태화사지12지부도이지만,[102] 그 외의 것은 대부분 조선 후기에 제작된 것이다.[그림98] 석종형 부도는 형태도 단순하고, 조선 후기에 집중적으로 만들어진 까닭에 팔각원당형 부도와 달리 더 이상의 양식적 분류나, 선종 산문의 신앙, 사상적 동향과 관련하여 검토되지는 않는다.[그림99]

[그림 99] 청송사지 부도, 울산, 조선

✤ 제9장 풍부한 불교유산2

-불상-

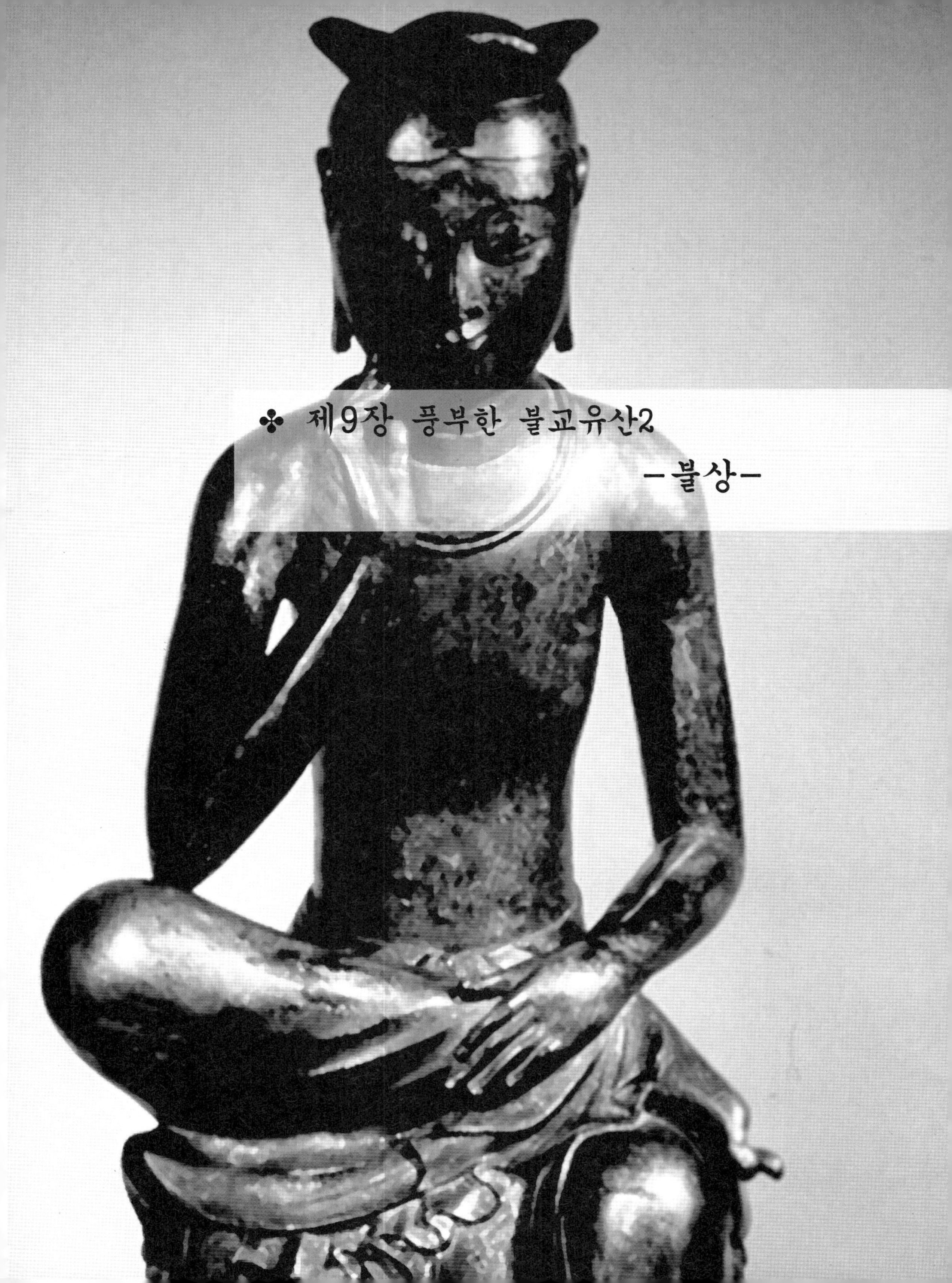

1. 간다라에서 시작된 깨달은 자의 형상화

카필라국의 왕자 고타마 싯달타는 출가 뒤, 6년 동안 단식 고행을 했으며 그 뒤 조용한 명상에 들어간 끝에 마침내 깨달음에 이르렀다고 한다. 고행을 풀 때에 싯달타의 모습은 숨쉬는 미이라와 같았다. 가죽은 뼈에 달라붙었고, 눈은 있던 자리 안쪽에 깊숙이 박혀 있었으며, 머리카락은 새의 둥지가 된 상태였다. 소녀 수자타가 이 고행자에게 우유죽을 건넬 당시 사람들은 깨달음이란 인간으로서의 삶을 버린 그 자리에서조차 이르기 어렵지만, 고행을 풀던 시기의 싯달타의 모습을 보면서 붓다의 경지란 인간의 한계를 넘어 화석이 되어버린 인간을 통해 비로소 그 가능성을 열어 보이는 세계라는 인식을 지니게 되었는지도 모른다.[103)]

석가족의 성자, 석가모니는 자신의 깨달음을 세상에 알리기 원했고, 그의 주변에는 인간 삶의 실체, 향방에 대해 진지하게 고민하던 사람들이 모여들기 시작했다. 붓다의 깨달음에 이르고자 하는 사람들이 무리를 이루게 되었다. 결국 이들 무리를 중심으로 기존의 브라만교와는 다른 새로운 종교가 인도에 출현하게 되었으며, 깨달은 자 붓다를 따르는 자들로부터 비롯되었으므로 새 종교는 자연스럽게 \붓다교, 불교로 불리게 되었다.

불교는 크게 브라만, 크샤트리아, 바이샤, 수드라의 네 계급으로 나뉘는 인도의 카스트 제도에 대해 현실적 기능과 역할, 규정력 등은 부정하지 않으면서도 본질적으로는 회의적인 입장을 지니고 있었다.[104] 이러한 신축적이면서 개방적인 태도에 많은 사람들이 호응하면서 불교의 교세는 크게 확장되었다. 석가모니, 곧 석가여래가 입멸할 즈음 불교는 이미 충분한 자생력을 지닌 종교로 인도사회 안에 자리 잡고 있었다.

붓다는 입멸(入滅)하기 이전부터 자신의 제자들과 후원자들에게 자신을 숭배 대상으로 삼지 말 것을 부탁하였다. 실제 신상을 만들어 숭배하는 관습이 없었던 베다시대의 전통이 여전히 작용하는 상황에서 스승 붓다의 모습을 비롯하여 붓다교와 관련한 특별한 형상을 제작함으로써 이러한 상들로 말미암아 성도들이 깨달음을 향한 정진에 소홀해지는 일이 일어날 가능성이 당시에는 그리 높지 않았다. 제자들은 스승의 말이 의미하는 것이 무엇인지를 알았고, 이를 약속하였으며 그 약속을 지키기로 서로 간에도 다짐했는지도 모른다.

그러나 막상 붓다가 입멸하자, 그의 제자들과 후원자들, 교도들 사이에서는 어떤 형태로든 깨달은 자의 흔적을 후세에 남기고 기념하여야 하지 않겠는가 하는 의논이 있게 되었다. 형상을 만들자는 제안은 없었으나, 기념할 수 있는 수단은 마련될 필요가 있다는 의견들이 제시된 듯하다. 결국 오래지 않아 일각에서는 붓다의 가르침을 기억하기 위한 어록을 편찬하는 작업이 시작되었고,[105] 다른 한편으로는 붓다의 시신을 불태우는 다비식을 거행한 뒤 남은 흔적들, 이른바 '사리'로 불리는 유골의 남은 부분들을 봉안하기 위한 기념물을 만드는 일들이 진행되었다. 결국 붓다의 흔적은 예토(穢土)로 불리는 이 세상에 남게 되었다. 불교라는 새로운 종교가 유지되기 위해서도 이러한 일들은 불가피한 것이었다.

붓다의 형상이 만들어져 불교도들의 예배 대상이 된 것은 붓다가 입멸하고 나서도 수 백년이 흐른 뒤의 일이다.[106] 붓다의 진신사리를 봉안한 스투파의 조성, 스투파의 장식물에 깨달음을 의미하는 수레바퀴를 새기거나 붓다와 관련된 설화를 미술작품으로 만들어내면서 붓다가 깨달음을 얻었다는 보리수, 비어 있는 대좌, 혹은 붓다의 발자국을 표현하는 등등의 방식으로 시도되던 불교적 상징물의 조형작업이 붓다상의 제작으로 나아가기까지는 복잡한 교리적 논쟁, 역사적 조건의 변화가 전제되었다. 인도가 수 차례의 분열, 통합, 왕조 교체를 겪는 동안 불교는 지속적으로 교세를 확장시켜갔다. 인도 서북의 간다라 지방에 마케도니아의 알렉산더 대왕이 세우고 남긴 식민도시 알렉산드리아에 불교가 전해진 뒤, 신상 숭배에 익숙한 그리스계 불교도들 사이에서 그리스 신상을 본뜬 붓다상이 만들어지기 시작하였다.

알렉산더 제국 식민도시의 그리스계 주민들로서는 불교라는 새로운 종교의 세계에 신상이 존재하지 않는다는 사실을 이해하기 어려웠고, 형상화된 예배대상에 대한 제의를 치르지 않으면서 신앙생활을 할 수 있는지가 의문스러웠을 것이다. 불교의 세계로 들어오려는 사람들에게 신(神)의 실존을 확인시키는 신상은 반드시 있어야 했으므로 그리스계 불교도들은 결국 저들의 신앙을 확인시키는 존재를 형상화하기로 결정했다. 석가모니를 떠오르게 하기보다는 올림푸스 신궁(神宮)의 지배자인 대신(大神) 제우스, 그의 아들인 태양신 아폴론을 연상시킬 수도 있는 붓다상이 간다라에서 출현한 이유이다.

2. 완전한 자유를 꿈꾸는 자의 모습: 반가사유상

관음보살이나 미륵보살을 형상화하는 방식의 하나로 애용되는 반가사유상(半跏思惟像)은 인도 산치대탑의 문을 장식하는 조각 가운데 여래상이 아닌 자유로운 자세의 인물상에서 비롯된 것으로 이야기된다. 현재 남아 전하는 가장 이른 시기의 반가사유상은 라호르박물관에 소장되어 있는 모하메드 나리 출토 불전부조의 한 장면에 보이는 사유인물상이다. 이 인물은 잠부나무 밑에서 처음으로 선정에 든 싯달타태자를 나

[그림 100] 금동반가사유상, 삼국시대

[그림 101] 금동미륵보살반가사유상, 삼국시대 7세기, 국보 83호

타낸 것으로 해석되고 있다.[107]

흔히 반가사유상은 출가 이전의 붓다, 고타마 싯달타가 카필라국의 왕자로 있을 때에 인간의 생로병사(生老病死)를 목격한 뒤, 인간의 삶에 대해 깊이 고민하던 모습을 형상화한 것이라고도 하여 중국에서는 태자사유상(太子思惟像)으로 일컬어지기도 하였다.[108] 중국 북위(北魏)시대의 석굴사원 내부를 장식하던 협시보살상들 가운데에서도 발견되는 반가상들은 처음에는 태자상으로서의 이미지를 강하게 지니고 있었다. 그러나 삼국시대의 한국에 그 양식이 전해지면서 여래상을 연상시키는 보살상으로서의 의미와 형태를 지닌 존재로 정리되어 삼국시대 특유의 반가사유상으로서의 모습을 갖추게 된다.

보통 반가사유상은 연화좌, 혹은 둥근 의자에 걸터앉아 한쪽 다리는 내리고, 다른 쪽 다리는 내린 쪽 다리의 무릎 위에 걸친 다음 내린 다리 쪽의 팔을 걸친 다리의 발목 위에 자연스럽게 걸치고, 다른 팔은 팔꿈치를 걸친 다리의 무릎 위에 걸치고, 팔을 굽혀 올려 손가락을 뺨 아래에 살짝 갖다 댄 상태로 깊은 명상에 잠긴 모습으로 표현된다. 의자에 걸터앉은 자세가 반가(半跏)이고, 손끝을 뺨과 턱 사이에 대고 고개를 살짝 숙인 모습이 사유(思惟)이다.[그림100]

이 반가사유상은 본래는 깨닫기 이전, 아직 생로병사의 세계에 남아 있는 자, 윤회의 수레바퀴를 벗어나지 못한 자의 모습을 형상화 한 것이다. 산치 문의 인물상들도, 태자의 지위를 버리지 않은 왕족도 깨달음의 세계와는 거리가 있는 존재들이다. 이제 이들은 예토에 살면서 삶의 본질과 의미에 대해 사색하기 시작한다. 예토를 벗어날 것을 꿈꾸고, 인연에 매이지 않은 자유로운 삶, 삶에 대해 묻지도 답하지도 않는 세계가 있는지에 대해 자기 자신과 우주를 향해 물음을 던지기 시작한다. 무엇을 묻고 무엇을 답할 것인가. 묻지도 답할 필요도 없는 세계, 크고 작은 소망에조차 매이지 않는 삶을 향해 나아간다. 반가상이 사유하는 것들이다.

삼국시대의 한국에서 반가사유상은 '미륵보살'이라는 정체를 담고 만들어진다.[그림101] 이미 중국에서부터 태자상이 아닌 석가여래의 큰 제자 용수보살로 만들어지면서 반가사유상은 정체성의 변화를 겪게 되는데, 삼국시대의 한국에서는 미륵보살반가사유상으로 특유의 자리 매김을 하게되는 것이다. 미륵은 석가여래의 뒤를 이어 5억7천만 년 뒤에 이 세상에 와 그 때까지 구제되지 못한 모든 중생을 깨달음의 세계로 이끌어갈 성불이 예정된 미래의 부처이다. 때문에 미륵은 깨달음의 마지막 단계를 욕계(欲界)의 6천 가운데 제4천에 해당하는 도솔천에서 보내고 있는 보살이자 성불과 중생구제가 예정된 여래이다. 삼국시대에 중국을 포함한 서방으로부터 불교가 전래되면서 미륵에 대한 신앙 역시 고구려, 백제, 신라에 수용되는데, '미래를 향한 소망'의 근원으로서 삼국사회에 크게 유행한다.

미륵불, 미륵보살에 대한 삼국시대 사람들의 신앙은 자연스럽게 다수의 미륵상을 만들어 후세에 남기게 한다. 미륵보살은 주로 반가사유상의 형태로 제작된다. 여래상과 달리 보살상은 보관을 비롯한 다양하고 화려한 장식물들을 몸에 지닌 모습으로 표현된다.[그림102] 이들 장식물들은 보살이 어느 정도의 깨달음에 이르렀는지를 중생에게 알게 하기 위한 수단이다. 화려한 보관과 장식물들 하나하나는 보살의 경지에 이르기까지 닦은 수행, 쌓은 선업을 중생으로 하여금 보고 느낄 수 있도록 한다. 삼국시대의 반가사유상들 가운데 화려한 보관(寶冠)을 쓴 사례들이 발견되는 것도 이 때문이다.[109]

[그림 102] 금동보살입상, 부여 규암면 신리 출토, 백제 6세기

삼국 가운데 신라의 불교미술품에 특히 반가사유상이 다수 남아 전하는 것은 고구려, 백제에 비해 신라에서 미륵신앙이 크게 유행한 것과 관련이 깊다. 삼국항쟁의 와중에서 신라가 살아남는 데에 큰 역할을 하였을 뿐 아니라, 백제, 고구려를 멸망시키고 삼국통일의 과업을 성취하는 데에 주요한 기여를 하였던 화랑(花郞)이 미륵신앙과 밀접한 관련을 지녔음은 이미 잘 알려진 일이다.[110] 화랑 김유신이 이끌었던 집단의 낭도들을 미륵이 주재하는 용화정토(龍華淨土)의 이름을 딴 용화향도로 불렀던 점, 화랑 가운데에도 미륵의 이름을 본뜬 미시랑(未尸郞)이 있었던 점, 화랑 김유신의 석굴 기도에 응해 모습을 드러낸 난승(難勝)이라는 노인이 실제는 도솔천의 난승보살을 가리킨다는 사실 등에서 신라사회에서는 화랑을 미륵보살의 현신(現身)으로 보는 시각이 강하게 뿌리내리고 있었음이 잘 드러난다. 어떻게 보면 신라는 미륵보살이 하생하여 중생구제의 꿈을 이루어 가는 미래의 정토에 가까웠다. 신라의 반가사유상은 돌과 금속으로 만든 것이 주로 남아 전하는데, 경주 단석산 신선사 마애반가사유상, 경주 남산 출토 금동반가사유상, 전(傳) 안동 출토 금동반가사유상 등을 들 수 있다. 일본의 국보인 경도(京都) 광륭사 목조 반가사유상도 신라의 것으로 이야기되나, 백제설, 일본설 등도 제기되는 등 논란이 수그러들지 않는 작품이다.[111]

통일신라시대에 이르러서도 반가사유상은 제작된다. 봉화 북지리 석조반가사유상, 문경 관음리 석조반가사유상, 양산 물금 출토 청동반가사유상 등이 그 대표적인 사례에 해당한다. 연기 비암사 비상(碑像)에 새겨진 반가상은 백제 멸망 뒤, 백제지역에서 제작된 미륵반가상이라는 점에서 내외의 눈길을 끌었던 작품이다.

3. 여래상이 말하는 시대와 문화

올림푸스의 제우스와 아폴론의 모습으로 세상에 나타난 불교의 여래상은 불교와 함께 인도 바깥의 세계로 나가면서 지역화, 토착화의 길을 걷게 된다. 여래상에 담겼던 그리스 신상적 요소는 조금씩 제거되고, 그 자리는 불교가 전해진 그 지역, 그 사회 사람들의 신앙과 관습, 형상, 풍토, 역사로 채워진다. 중앙아시아에서 여래상의 얼굴은 이란계 주민들의 얼굴에 가까워지고, 돈황에 이르면 중국 서북지역 주민의 모습을 닮아간다. 북중국의 서부에서부터 여래상의 머리에는 북상투가 얹혀지며, 황하 중류유역에 이르러서는 곱슬머리의 자연스러운 굽이침이 완전히 사라지고 달팽이 무늬꼴로 말린 머리의 윗부분을 상투로 묶은 듯한 모습의 여래상이 백성들에게 친근히 다가간다.

[그림 103] 신묘명 금동무량수삼존불, 고구려 571년, 국보85호

삼국시대의 한국에 전해진 각종 불상들은 대부분 중국을 출발지로 삼은 것이지만 중앙아시아를 거쳐 고비사막 남북을 동서로 관통하던 초원의 길을 통로로 삼은 것도, 인도로부터 시작하여 중국의 강남지역을 중계지로 삼아 동방세계까지 이어진 바다의 길을 따라 들어온 것도 있다. 장천1호분과 같은 5세기 고구려 고분벽화에 모습을 드러내는 동방 전래 초기의 여래상과 보살상은 간다라 불상의 영향을 여전히 간직하고 있는 반면, 서울 뚝섬 출토 여래상은 장천1호분 벽화의 여래상과 닮은 점도 지니고 있지만, 5세

기 북중국 불상의 영향도 뚜렷이 드러낸다.[112] 6세기에 제작된 것으로 추정되는 연가7년명 금동여래입상을 거쳐 신묘명 금동삼존불에 이르면 여래상의 둥근 얼굴 등에서 고분벽화 속의 고구려인의 모습이 나타나기 시작한다.[그림103] 이후 평양 평천리 출토 금동미륵반가사유상에 이르러서는 미륵상의 얼굴에서 사실상 고구려인 소년의 둥글고 천진한 미소와 마주치게 된다.[113]

[그림 104] 납석제불좌상, 부여 군수리 사지 출토, 백제 6세기 후반, 보물329호

고구려와 거의 같은 시기에 중국 남조의 동진(東晋)으로부터 불교가 공식 전래되는 백제 한성시대 불교조각품은 백제의 것으로도 볼 수 있는 뚝섬 출토 금동불 외에는 아직 다른 사례를 찾아볼 수 없다. 6세기 작품으로 추정되는 부여 규암면 신리 출토 금동여래좌상은 이미 백제 불교의 역사가 백 수십 년의 연륜을 쌓았음에도 불구하고 중국 남조 불상의 특유의 맛을 여전히 담고 있다. 그러나 제작시기에서 신리 출토 금동여래좌상과 크게 차이를 보이지 않을 것으로 여겨지는 부여 군수리 출토 납석제여래좌상은 양식상 중국 불상의 그것과 공유하는 부분들이 눈에 띄지만 차분하면서도 부드럽고 여유 있는 미소를 특징으로 삼는 백제인의 얼굴을 하고 있다.[그림104] 7세기 백제작으로 인정되는 삼산관(三山冠) 금동반가사유상은 인체적인 아름다움과 정신적인 고결함이 완벽한 조화를 이룬 당대 최고의 불교조각품으로 평가받는 작품이다.[114]

고구려, 백제에 비해 불교 공인이 늦은 신라 제작 불상은 6세기 중반 이후의 것부터 남아 전한다. 전(傳) 황룡사지 출토 금동여래입상, 영주 숙수사지 출토 금동보살입상

[그림 105] 계유명전씨아미타불비상 부분, 연기 비암사, 통일신라 673년경, 국보106호

은 각각 6세기 후반 작으로 추정되는데, 6세기 중국 불상을 본떠 신라에서 만들어진 초기 불상들의 하나로 여겨지는 것들이다. 7세기 작인 양평 출토 금동여래입상, 거창 출토 금동보주보살입상, 서울 삼양동 출토 금동관음보살입상 등에 이르면 약간은 거칠고 딱딱한 느낌을 주는 신라 불상 특유의 맛을 내기 시작한다. 횡성 출토 금동여래입상에 이르면 불상의 얼굴에서 조용하면서도 어딘가 고집스러운 느낌을 주는 신라인의 표정을 읽어낼 수 있다. 경주 황룡사지 출토 금동보살의 머리는 또렷한 이목구비에 단아한 미소를 특징으로 하는 신라 소녀의 얼굴을 그대로 담아낸다.

고구려와 백제를 멸망시키고 그 영역 일부를 아우르며 출현하는 통일신라시대에 이르러 동방세계의 불교조각은 새로운 차원에 들어서게 된다. 통일신라 초기의 불상들은 신라의 불교 예술가들이 신라적인 단단함에 백제적 부드러움, 중국 초당(初唐) 불교조각의 당당함을 어우러지게 하려 애쓰는 과정을 읽게 한다.[그림105]

경주 사천왕사지에서 수습된 사천왕상 벽전(壁塼)은 힘차면서도 사실적인 맛을 풍기면서 통일신라 불상의 특유의 세계로 들어가는 초입의 작품에 해당한다.[115] 경주 감은사지 동·서삼층석탑 출토 금동사리함 외벽의 사천왕상은 사실적이면서도 섬세한 표현이 두드러진 작품으로 조화와 균형이라는 측면에서 전혀 어색함을 보이지 않는

당대의 걸작 가운데 하나이다.[116][그림106]

[그림 106] 금동사리외함의 천왕상, 경주 감은사지 서삼층석탑 출토, 통일신라 682년경

경주 황복사지 삼층석탑 출토 사리함의 금제 아미타불좌상, 감산사 석조 아미타입상과 미륵입상, 굴불사지 사면석불, 석굴암 본존불과 보살상, 천왕상들, 불국사의 금동비로자나불과 금동아미타불은 통일신라 초기에 이루어낸 불교예술상의 성과를 바탕으로 출현하는 전성기 통일신라 불교조각의 걸작들이라고 하겠다. 신라 중대왕권의 전성기와 거의 겹치는 8세기 통일신라 불교조각품들은 신라만의 부드러움과 섬세함, 조화와 균형, 사실성과 정신미를 특징으로 삼는다.[117][그림107][그림108]

[그림 107] 석조약사여래좌상, 경주 남산, 통일신라

완벽한 육체미와 정신미를 자랑하던 통일신라의 불교조각품들도 9세기에 들어서면서 퇴화의 길을 걷기 시작한다. 불상의 얼굴은 굳어지고, 차가워지며 신체 각 부분 사이의 균형과 조화도 깨어지게 된다. 국립중앙박물관 소장 금동약사여래 입상은 체구에 비해 큰 머리를 지녔으며, 사실감을 잃고 형식화되어 두텁게까지 느껴지는 옷자락으로 몸을 가리고 있다. 국립중앙박물관 소장 석조여래좌상은 짧은 목에 오므라든 어깨로 큰 머리를 힘들게 지탱하는 모습으로 보는 이에게 다가온다.

통일신라의 서울 서라벌에서 멀리 떨어진 지역에서는 평면적인 외형에 무표정한 얼굴의 거

[그림 108] 석조보살상, 경주 남산, 통일신라

대한 마애불들이 모습을 나타내고, 차갑고 위압적인 표정의 대형 철불(鐵佛)들이 사원의 본당에 자리 잡게 된다.[118] 통일신라 하대의 혼란과 분열, 지방 세력의 대두, 중앙정부의 권위 상실, 향방을 잃은 민심, 사회 전반을 지배하기 시작하는 힘과 권위의 숭배 등을 읽게 하는 부분이다. 논산 관촉사 석조미륵보살입상, 안동 이천동 마애불입상은 이와 같은 흐름의 연장선상에 있는 고려초의 작품이다.[그림109][그림110]

발해는 역사의 상당 부분이 여전히 베일에 가려있듯이 문화 역시 알려지지 않은 부분이 많다. 불교신앙의 산물이라고 할 수 있는 불교예술품도 남아 전하는 것이 손에 꼽을 정도이다. 동경용원부의 옛터인 팔련성지 출토 이불병좌상이나 834년 비명이 새겨진 일본 대원미술관 소장 함화4년명비상은 몇 되지 않는 발해 불상 실물이라고 할 수 있었다.[그림111][그림112]

[그림 109] 석조미륵보살입상, 논산 관촉사, 고려 968(광종19년), 보물218호

[그림 110] 마애불입상, 안동 이촌동, 고려 11세기, 보물115호

[그림 111] 이불병좌상(二佛竝坐像), 중국 길림성 훈춘현 팔련성지 제2절터 출토, 발해

[그림 112] 함화사년명비상(咸和四年銘碑像), 출토지 미상, 발해 834년

✤ 제10장 풍부한 불교유산3

-불화-

1. 무덤 속의 정토: 장천1호분 벽화의 불화

고구려 장천1호분 앞방 천장고임의 벽화는 현재까지 한국에 남아 전하는 가장 이른 시기의 불교회화라고 할 수 있다. 장천1호분의 불화는 다음과 같이 구성되어 있다.[119)]

앞방 천장고임 제1층 측면에는 무덤 안쪽에서 바깥쪽을 보는 것을 기준방향으로 할 때에 왼편에 청룡, 오른편에 백호, 안쪽에 각 한 쌍의 주작과 기린을 그렸다. 불꽃으로 둘러싸인 연꽃을 가운데 두고 벼슬은 붉고 날개는 녹색이며 부리에는 구슬을 물고 있는 한 쌍의 주작이 좌우로 배치되었고, 그 뒤로 한 쌍의 기린이 배치되었다. 기린의 몸은 홍색이고, 괴상한 뿔이 달렸으며 갈기와 꼬리털이 모두 불꽃모양이다. 왼편을 향해 질주하는 자세의 오른편 백호는 입을 크게 벌리고 혀를 내밀었으며 배는 홍색이다. 왼편의 청룡은 가슴을 내민 채, 눈을 부릅뜨고 먼 곳을 응시하며 나아가는 모습인데, 몸에는 비늘이 있고 꼬리부분은 가늘고 길며 가는 털들이 있다.

천장고임 제2층 측면에는 예불장면을 중심으로 좌우에 보살들을 배치하였다. 안쪽면에 그려진 예불도의 한 가운데에는 선정인을 한 채 수미좌 위에 가부좌하고 있는 여래를 묘사하였다.[그림113] 수미좌의 허리 부분에는 박산로를, 그 좌우에는 웅크리

[그림 113] 예불도, 장천1호분 벽화, 고구려 5세기 전반, 중국 길림성 집안

고 앉은 호법 사자를 그렸다. 머리에 육계가 있고, 얼굴에 수염을 기른 여래는 흰색의 통견 대의를 입었다. 여래의 몸 뒤에는 내부가 불꽃무늬로 장식된 위 끝이 뾰족한 배광이 표현되었고, 배광 위 편 둘레는 한 겹의 녹색 막으로 둘러싸였다.

여래의 오른편에는 시립한 두 명의 공양인과 두 명의 여자시종이 있는데, 남녀 두 공양인은 모두 술이 바람에 나부끼는 화개(華蓋)를 들었으며 남자 한 사람과 여자 한 사람이다. 앞에 선 남자는 흰색 연관(蓮冠)을 쓰고 검은 저고리를 걸치고 흰 바탕에 검은십자무늬가 장식된 통 넓은 바지를 입었으며, 뒤의 여자는 머리를 이마 위로 올리고 볼에 연지를 하였으며 흰 바탕 검은점무늬 맞 여밈 꽃깃 긴치마를 입었다. 두 시종의 뒤로는 남녀쌍인 연화화생이 표현되었다. 여래상의 왼편에는 머리와 두 손을 바닥에 대고 두 무릎을 꿇어 절하는 남녀 공양인을 그렸는데, 대체적인 형상이 오른편의 두 공양인과 같다. 두 공양인 뒤에 역시 두 명의 여자시종이 배치되었다. 두 공양인과 여시종들은 여래상의 오른편의 인물들과 동일인일 가능성이 높으며, 이 장면은 이 무덤의 남녀주인이 여래상이 봉안된 사원에 와서 배례공양을 하는 모습을 묘사한 것일 수 있다. 배례하는 두 공양자의 위쪽에는 창공에서 날아 내려오는 두 비천(飛天)을 그렸다. 모두 머리에 정광(頂光)이 있고 윗몸은 벗었고 아래에는 긴 바지를 걸쳤다. 여래상과 공양인, 시종, 비천들 사이의 공간은 연봉오리들로 채워졌다.

천장고임 제2층의 왼쪽 면과 오른쪽 면에는 맨발로 연대(蓮臺) 위에 선 보살을 한 면에 4존(尊)씩 그렸다.[그림114] 모두 몸을 약간씩 돌려 안쪽 면의 여래상을 향하였으며 머리에는 일종의 연봉오리 같은 장식을 꽂은 반원형에 가까운 형태의 화관(花冠)을 쓴 모습이다. 화관 뒷부분에는 한 무리의 방사형으로 뻗은 장식이 있고 두광이 표현되었다. 여래상에 가까운 왼쪽 면 첫 번째 보살은 하반신의 옷자락만 보이는데, 발을 검은색의 뾰족한 꽃잎의 복연대(覆蓮臺) 위에 올려놓았다. 두 번째 보살은 머리 상반부만 보인다. 화관을 썼고 두광은 황색이며, 발은 홍색의 둥근 연꽃잎의 복연대를 밟고 있다. 세 번째 보살은 얼굴이 청려하며 수염을 길렀다. 두광은 백색이며 정면에서 좌우로 나뉘는 홍색의 긴치마를 입었고 검은색의 뾰족한 꽃잎의 복연대 위에 섰다. 네 번째 보살은 수염을 길렀고 두광은 황색이며 홍색 띠를 둘렀고 흰색의 긴치마를 입었다. 발은 둥근 꽃잎 복연대를 밟고 있다. 네 보살의 머리 사이의 빈곳은 흐르는 구름 한 조각씩으로 채워졌다. 네 보살이 선 자리 좌우 양끝의 작은 공간에는 남녀쌍인 연화화생을 왼편 끝에 둘, 오른편 끝에 하나를 그렸다.

[그림 114] 보살도, 장천1호분 벽화, 고구려 5세기 전반, 중국 길림성 집안

오른쪽 면의 여래상에 가까운 첫 번째 보살은 왼손으로는 공양과일인 듯한 것을 받치고 오른손으로 그것을 집으려 하고 있다. 두광은 홍색이며 목으로부터 긴 영락이 늘어뜨려져 배 앞에서 교차하였다. 겨드랑이 사이로 녹색의 천의가 늘어뜨려졌으며, 허리에는 흰 띠를 둘렀다. 홍색 긴 치마를 입었으며, 오므린 꽃잎의 홍색 연대를 밟고 있다. 두 번째 보살은 녹색두광이며 수염을 길렀다. 두 손으로 어떤 물건을 받쳐들고 오른편 어깨 쪽을 향한 듯하다. 영락을 찼고 짧은 옷을 입었으며 겨드랑이 사이로 흰 천의를 늘어뜨렸다. 허리에 흰 띠를 매고 녹색의 긴 치마를 입었으며 검은색의 끝이 뾰족한 꽃잎의 복연대를 밟고 있다. 세 번째 보살은 장식과 색채 등이 첫 번째 보살과 같다. 수염을 길렀고 왼손바닥을 펴 어루만지려는 듯 왼뺨을 향하였다. 발로 홍색의 둥근 꽃잎 복연대를 밟고 있다. 네 번째 보살은 장식과 채색이 두 번째 보살과 같으며, 발로 검은색의 끝이 뾰족한 꽃잎 복연대를 밟았다. 이 보살들의 머리와 상체 사이의 빈곳은 모두 두 조각씩의 흐르는 구름들로 채워졌고, 네 보살의 좌우 양끝의 좁은 공간에는 남녀쌍인 연화화생이 왼편 끝에 둘, 오른편 끝에 하나 그려졌다.

천장고임 제2층 앞면에는 한 갑주기사가 장구를 갖춘 준마를 타고 오른쪽 위로 질주하는 모습의 일부가 남아있고, 벽면 오른쪽 끝에 남녀쌍인 연화화생 하나, 연꽃 두 송이 정도가 남아있을 뿐이다. 천장고임 제3층 이상에는 비천과 기악천들이 그려졌는데, 모두 불교적 정토의 아름다움, 여래의 자비와 덕을 기리는 존재들이다. 각 천장고임석의 밑면은 연꽃으로 장식되었다.

이렇듯 장천1호분 앞방 천장고임 벽화는 무덤 안에 들어선 사람으로 하여금 불교사원의 본당에 들어와 있는 듯한 느낌이 들도록 각 장면이 구성되고 배치되었다. 사람 키보다 낮은 무덤길을 지나 무덤방의 앞방에 들어서 허리를 펴고 머리를 드는 순간 눈앞에 펼쳐지는 예불공양장면은 보는 이로 하여금 모르는 사이에 자신을 여래상 곁의 공양자들과 동일시하도록 유도하고 있다. 무덤의 앞방에 들어선 자들은 자연스럽게 여래에게 정토왕생, 연화화생을 희구하는 예토의 중생이자 구도자가 되는 것이다. 연꽃으로만 장식된 장천1호분의 널방은 여래에게 온 몸으로 배례 공양하며 정토에서의 연화화생을 기구했던 공양자의 소망이 성취되었음을 알게 하는 공간이라고 할 수 있다. 하늘세계의 연꽃으로 가득한, 연꽃을 통해 생명과 무(無)생명이 태어나고 채워지는 불교의 이상세계, 정토인 것이다.[120]

장천1호분 벽화는 고구려에 전해진 불교가 어떠한 성격을 지닌 것인지, 불교의 동방전래가 어떠한 문화와 함께 이루어졌는지, 동북아시아로의 불교 전래는 어떠한 길들을 거쳐 이루어졌는지를 짐작하게 한다. 벽화 속의 예불공양도, 보살도, 비천도는 중앙아시아와 고구려 사이를 곧바로 잇는 교통로가 있었음을 시사한다.[121] 간다라적 전통에서 크게 벗어나지 않은 불교회화적 요소가 벽화 속에서 확인되며, 정토에서의 연화화생이라는 초기 불교회화의 주요한 제재 가운데 하나가 고구려 불교 안에서도 뚜렷이 자리잡게 되는 과정을 읽게 한다. 불교의 전래와 함께 서아시아와 인도에서 발전하고 널리 유행했던 종교관, 내세관이 동방 사람들에게도 알려지고 받아들여지게 되었음을 5세기 전반에 제작된 고구려 고분벽화가 말해주고 있는 것이다.[122]

2. 깨달은 자가 풍기는 아름다움: 수월관음도

불교 성립 초기에 구도자들의 관심은 '깨달음'에 이르기 위한 수행의 방법과 과정에 쏠려 있었다. 한 사람, 한 사람이 지극한 수행을 통해 깨달음에 이르는 것이 중요했으며, 초기의 불교도들이란 어떤 면에서는 무리를 이루어 정각수행(正覺修行)을 시도하는 수행자 집단에 가까웠다. 그러나 대승불교가 성립하면서 불교도들 사이에서는 타인의 깨달음을 돕는 것, 수행의 한 과정으로 중생 제도에 힘쓰는 것의 가치와 의미를 새롭게 인식하는 흐름이 뚜렷한 줄기를 이루게 되었다. 이른바 보살행에 대한 관심과 참여이다.

보살이란 본래 성불을 눈앞에 둔 수행자, 깨달음을 구하는 사람, 곧 석가를 가리키

[그림 115] 수월관음도(水月觀音圖), 고려 14세기

[그림 116] 수월관음도 세부

는 말이었다. 그러나 중생제도를 중시하는 대승불교의 성립을 전후하여 보살은 성불하고자 하는 마음을 가지고 구도의 길을 걷는 자를 가리키는 일반명사가 되었다. 대승불교에서 보살은 중생을 구제하겠다는 서원을 하고, 자기가 여러 생에 걸쳐 쌓은 공덕을 다른 사람의 구제와 깨달음을 위해 타자에게 돌리겠다는 회향(回向)을 결심한 존재이다. 보살은 스스로 깨달음에 이를 수 있음에도 불구하고 예토인 이 세상에 남아 중생을 윤회의 굴레에서 벗어나도록 이끄는 존재이다. 대승불교에서 특히 중시한 중생 제도를 서원하고 이를 몸소 실현하고자 가장 적극적으로 애쓰는 존재로 중생들에게 믿어지고, 받아들여진 존재가 관음보살이다.

『법화경』이나 『화엄경』 등의 경전에 의하면 관음보살은 인도 남쪽의 보타락가산에 살면서 중생을 제도하기 위해 중생들의 근기에 맞추어 33가지의 서로 다른 모습으로 나타난다고 한다.[123] 서방 아미타정토의 주재자인 아미타불의 협시보살로도 기능하기도 하지만 보타락가 정토의 주재자로 중생의 필요에 수시로 응하는 '현실 삶'의 길잡이이기도 하다. 남해에 면한 보타락가산에는 수많은 성현이 살고 있으며, 산은 온갖 보배로 꾸며졌다. 극히 청정한 세계인 보타락가산의 꽃과 과일이 풍부한 숲 한 편에는 맑은 물이 솟는 연못이 있으며, 연못 곁 금강보석 위에는 이 곳의 주재자인 관음보살이 가부좌로 앉은 채, 중생을 이롭게 하며 구제하기에 힘쓰고 있다. 멀고 먼 남해 끝으로 찾아온 선재동자에게 깨달음의 법에 대해 설하는 이도 관음보살이다.

보살의 두광(頭光)과 신광(身光)이 달처럼 어두운 세상을 환히 비추는 가운데 남해 바닷가에까지 이르러 보리의 말씀을 구하는 선재동자에게 설법하는 관음보살의 모습을 묘사한 불화를 보통 수월관음도라고 부른다.[124)][그림115]~[그림117] 수월관음도는 중세 종교화에서도 표현수준과 완성도에서 최고에 이른 것으로 평가받는 고려 불화에서 특히 자주 발견되는 것 가운데 하나이다. 일본 대덕사에 소장된 고려의 수월관음도에는 중국의 것과는 구별되는 고려적 특징이 잘 나타나는데, 관음보살의 오른편에 버드나무 가지가 꽂힌 정병이 놓여 있고, 배경의 일부로 한 쌍의 청죽(靑竹)이 표현되며, 선재동자가 항상 등장한다. 일본 양송사 소장 고려 수월관음도, 김우문 필 고려 수월관음도(1310년작, 일본 경신사 구장), 서구방 필 고려 수월관음도(1323년작, 일본 고야산 금강삼매원 구장)에도 대덕사 소장 고려불화에서 보이는 특징이 동일하게 나타난다.

[그림 117] 수월관음도 세부

고려 수월관음도의 특징 가운데 하나인 청죽(靑竹)은 『삼국유사』에 전하는 내용과 관련이 깊다.[125)]

신라의 의상법사가 당(唐)에서 돌아와 동해의 암굴에서 관음보살의 진신을 친견한 뒤, 암굴이 있는 바위산을 보타락가산(補陀洛迦山)의 준말인 낙산으로 이름하고 관음보살이 일러준 대로 한 쌍의 대나무가 솟아난 산꼭대기에 관음보살을 모시는 불전(佛殿)을 세웠는데, 이것이 곧 오늘날의 낙산사의 창건설화이다. 고려의 문사 이규보가 남긴 『낙산관음복장수보문』에 의하면 낙산사에 모신 관음상은 수월수상(水月晬相), 곧 수월관음상이다. 수월관음은 관음보살의 33가지 모습 가운데 벽지불신에 해당한다.

고려 수월관음도에서 모습을 나타내는 관음보살은 사실상 깨달음에 이른 자가 보여줄 수 있는 아름다움을 한껏 드러내는 존재이다. 부드럽고 따뜻한 느낌을 주는 살갗, 머리의 보관으로부터 자연스럽게 흘러내린 사라(紗羅)의 얇고 투명한 느낌, 화려하고 정교한 무늬로 가득한 군의, 선재동자를 내려다보는 그윽한 눈길, 미소를 담은 채 다문 입, 벗다시피 한 상반신과 가늘고 긴 팔과 손목, 손가락 끝에서 드리워져 내린 화려한 영락(瓔珞)들. 고려 불화 속의 관음보살은 이상적 존재의 아름다움과 현실세계의 고귀한 인물이 지닌 아름다움을 동시에 보여주는 존재이다.

기기묘묘한 모습을 한껏 자랑하는 바위들, 기암절벽 사이로 쏟아져 내리다가 바다로 흘러드는 맑은 물, 절벽 아래 바위들과 바다 물결이 만나는 곳 여기저기에서 솟아오른 산호초, 바위 틈 곳곳에서 영롱한 빛을 자랑하는 보석, 정병을 담고 있는 투명한 유리사발. 『화엄경』이 말하는 보타락가 정토의 아름다움을 비록 회화 속에서나마 현실의 한 장면으로 바꾸는 장치들이다. 수월관음도 속의 각종 제재들, 이들이 어우러져 이루어내는 독특한 이미지는 정토 삶에 대한 소망이 고려시대에 이르러 화려하고 정교함을 자랑하는 불화 제작이 유행하는 가장 주요한 동인으로 작용하였음을 짐작하게 한다.

3. 정토의 풍경: 아미타여래의 세계

수월관음도와 함께 고려 불화에서 자주 발견되는 것은 아미타불을 주인공으로 한 그림들이다. 아미타불은 서방 극락정토를 주재하면서 모든 중생을 제도하려 하는 존재로 법장 비구, 곧 법장 보살의 성불로 10겁 전에 출현한 여래이다. 무량수불, 무량광불, 감로왕여래 등으로도 불리며 중생이 자신에게 귀의하겠다는 마음을 일으키기만 해도, 곧 나무아미타불을 염하기만 해도 그로 하여금 죽은 뒤 극락정토에 태어날 수 있게 한다는 중생을 위한 여래이다. 불교도들이 가장 선호하는 이상향이기도 한 극락정토는 법장(法藏) 비구의 48원(願)에 의해 세워진 곳으로 인도의 서쪽으로 10억 불국토를 지나면 이를 수 있다. 비길 데 없이 아름다우며 일체의 고통이 없고 즐거움만 있는 이 극락정토는 무한한 수명이 보장되며 무한한 광명으로 가득한 세계이다. 정토삼부경(淨土三部經)으로 일컫는『무량수경』,『아미타경』,『관무량수경』에서 언급하는 불교적 이상향의 모습이다.

산스크리트어 아미타유스(무한한 수명), 아미타브하(무한한 광명)의 화신인 아미타

[그림 118] 대방광불화엄경변상도(大方廣佛華嚴經變相圖), 고려 1350년, 감지금자(紺紙金字)

[그림 119] 변상도 세부

[그림 120] 변상도 세부

여래에 대한 신앙은 대승불교의 발달과 함께 불교 문화권에서 크게 유행하였다. 삼국시대의 고구려에서도 아미타상이 만들어지고 있으며, 통일신라시대에 이르러서는 주요한 사찰들이 다투어 아미타상을 제작하여 무량수전, 아미타전, 극락전 등으로 이름 붙여진 불전(佛殿)에 봉안하는 현상이 나타나기도 하였다.[126] 8세기의 완성도 높은 통일신라 불교조각품 가운데 다수가 아미타여래상인 것도 이러한 시대적 흐름의 단면을 잘 보여준다고 하겠다. 고려시대에 이르러서는 아미타여래가 불상으로 제작될 뿐 아니라 불화로도 적극 그려져 아미타여래도가 고려 불화를 대표하는 그림의 자리에 오르게 된다.

『관무량수경』의 내용을 바탕으로 그려지는 관경변상도(觀經變相圖)는 아미타여래를 주존으로 하는 대표적인 불화 가운데 하나이다.[그림118]~[그림120] 인도 마가다국 왕가에서 일어난 비참한 골육상쟁이 여래의 설법과 감화로 아름답게 마무리되는 과정을 묘사한 이 그림은 설화가 지닌 보편적 사실성으로 말미암아 왕가와 민중의 주의를 끌면서 고려 당대, 특히 말기에 빈번히 제작되었다.[127] 아미타여래만을 그린 아미타독존도, 아미타여래가 좌우에 관음보살과 대세지보살, 혹은 지장보살을 동반한 아미타삼존도, 아미타여래의 좌우를 8대보살이 둘러싼 아미타구존도, 아미타여래가 구도자를 극락으로 이끌어 가는 장면을 담은 아미타내영도 등도 고려 후기에 집중적으로 제작되고, 봉안되었던 그림들이다. [그림121]~[그림123]

[그림 121] 아미타구존도(阿彌陀九尊圖), 고려 1320년

중생의 구제를 서원의 초점에 두었던 한 구도자의 성불로 출현했던 아미타여래가 지금도 염불왕생(念佛往生)을 가능하게 하고, 직접 예토로 현신하여 염불자를 극락정토로 인도한다는 사실로 말미암아 아미타상이나 불화는 사원은 물론이고 개인도 집안에 모셔두기를 원했다. 더욱이 높은 회화적 완성도를 자랑하는 고려 후기의 아미타불화들은 보는 사람들로 하여금 작품 한 점, 한 점이 경이롭고 신성한 아미타여래의 세계로 인도할 힘을 지닌 것, 그 자체가 구도자를 아미타여래의 서방 극락정토로 갈 수 있게 하는 통로처럼 느껴졌다. 고려말의 혼란 속에 사원에 봉안되었던 다수의 아미타불화들이 왜구들의 약탈이나 비정상적인 반출과정을 거쳐 일본의 크고 작은 사원으로 흘러든 것도 이 때문이다. 중생구제의 서원과 관련 깊은 수월관음도들이 오늘날 일본의 사원이나 개인에게 소장된 채 존재가 확인되는 것도 아미타불화들의 사례와 마찬가지의 이유로 말미암는다고 하겠다.

조선시대에 이르러 아미타불화는 서방 극락정토에서 아미타여래가 수많은 청중들에게 설법하는 모습을 담은 아미타극락회상도의 형태로 다수 제작된다.[128] [그림124]

[그림 122] 아미타구존도 세부

[그림 123] 아미타구존도 세부

불도(佛徒)들에게 아미타정토의 모습을 보여줌으로써 중생들로 하여금 극락정토로의 왕생을 보다 강하게 소망하게 하고자 함이다. 일반적으로 아미타극락회상도는 극락전에 봉안된 아미타불상의 후불탱(後佛幀)으로 사용되었는데, 조선 후기의 불교 부흥기라고 할 수 있는 18세기에 빈번히 만들어졌다. 대표적인 것으로 장곡사 아미타극락회상도(1708년작), 천은사 아미타극락회상도(1776년작)가 있으며, 19세기의 작품으로는 동화사 염불암 아미타극락회상도(1841년작)가 있다.

[그림 124] 아미타극락회상도(阿彌陀極樂會上圖), 대구 동화사, 조선 1703년, 견본채색(絹本彩色)

❖ 제11장 자연 속의 집과 성1
-집, 온돌, 한지-

1. 움에서 시작된 집

한 곳에 머무르지 않는 삶을 꾸려 가는 동안 사람들은 자연이 제공하는 공간을 쉼터로 삼았다. 눈보라나 심한 비를 피하고 맹수의 위협에서 벗어나기 위해 사람들은 큰 나무의 밑동, 그늘진 곳을 찾기도 하고 나무 위로 올라가기도 했으며 동굴 속으로 들어가기도 했다. 처음으로 특정 식물의 씨를 뿌려 그 열매를 거둘 수 있음을 알게 되고 야생 짐승을 길들여 번식시키는 것이 가능함을 터득하면서 사람들은 일정한 기간 동안이라도 한 곳에 머무르며 지낼 필요를 느꼈다. 그 과정에서 등장한 것이 '집'이라 불리는 인공 구조물이다.

집은 사람이 만들어낸 사람이 머물기 위한 특정한 공간, 이 공간을 유지하는 데에 필요한 물질의 집합체이다. 열린 공간의 일부를 흙, 나무, 풀, 가죽 등을 이용하여 사람만을 위한 닫힌 공간으로 구획해 내는 과정이 집짓기이며, 그 결과물이 집이다. 최초의 집은 '움'집이다. 한 무리, 한 가족의 구성원이 머물만한 너비로 땅을 파고 그 위를 갈대와 같이 대가 길고 질기며 잘 마르고 얽기에 적절한 풀, 혹은 길고 가늘며 잎이 많이 달린 나뭇가지들로 덮은 집에서 사람들은 낮과 밤을 지냈을 것이다.

신석기시대에 모습을 보이는 이러한 형태의 집들은 큰 강이나 바닷가의 얕은 언덕

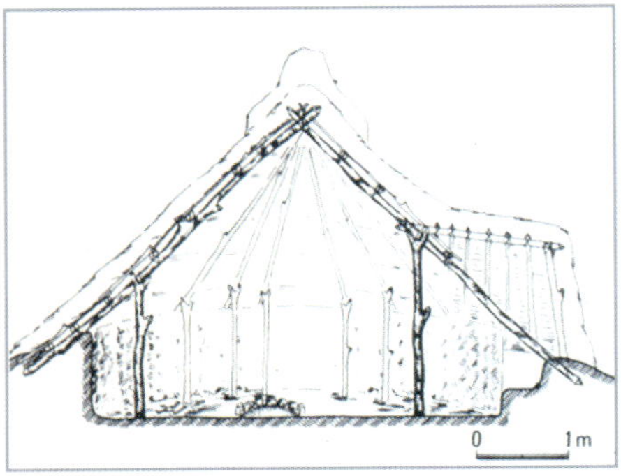

[그림 125] 신석기시대 움집 복원도

[그림 126] 청동기시대 움집 복원 모형

[그림 127] 환호로 둘러싸인 마을터, 울주 검단리, 청동기시대

귀퉁이에 옹기종기 몇 동씩 지어졌다.[그림125] 한강 하류의 서울 암사동 유적과 미사리 유적은 신석기시대 움집 마을의 흔적들인데, 강변 모래밭에서 발견된 경우에 해당한다.[129] 청동기시대에 가까워지면서 움집의 구조와 형태에는 변화가 일기 시작한다.[그림126] 움집 안에서 공간이 구획되는가 하면, 움 바닥과 지붕 사이에 나무로 만든 벽이 들어서 사람이 집안에서 활동할 수 있는 공간을 넓히는 동시에 집안에서 공간별 기능이 구분되는 현상이 나타났다. 벽이 높아지고, 기둥의 수가 늘어나며, 내부 공간이 용도에 따라 세분됨으로써 집은 그 자체로 인간이 만들어낸 별도의 세계로 기능하고, 인식되게 되었다.

이미 신석기시대 말기부터 집들은 용도와 기능에 따라 크기가 다르게 지어졌으며, 청동기시대에 이르면 집이 계급과 신분을 반영하는 구조물로 지어지고 인식되었다. 움집의 형태로나마 한 마을 안에 규모 및 공간구획을 달리하는 2가지, 혹은 3~4가지 종류의 집들이 지어져 계급의 발생, 신분의 출현을 시사하기에 이른다.[130][그림127]

청동기시대 중기부터는 집들이 구조적으로도 구분될 정도로 다양한 형태로 지어지게 된다.[그림128] 움집의 수준에서 사실상 벗어난 지상가옥의 출현도 이 시기에 일어나는 의미 있는 현상들 가운데 하나이다.

[그림 128] 집터, 울산 북구 연암동 주거지1호, 청동기시대

나무로 골격을 세우고, 흙으로 나무 골격 사이를 잇는 방식으로 만들어지는 벽이 공간을 만들어내고 나누는 중심적 기능을 담당하게 되자, 움의 바닥과 벽이 담당하던 자연난방 능력은 한계를 드러내게 되었다. 공간의 창출방식, 규모, 지상구조가 변화함에 따라 공간관리 방식도 새로워질 필요가 있었다. 지상가옥의 관리 및 운영방식은 기후와 지리상의 특성, 가족관계의 특징, 사회구성상·생태환경상의 조건 등을 감안하면서 지역 및 사회별로 선택되고, 수정, 보완되었다. 만주 남부 및 한반도 주민들은 '온돌'이라 불리는 다른 지역이나 사회에서는 발견할 수 없는 특수한 바닥 난방방식을 개발하여 지상가옥의 관리에 적용하였다.[131]

2. 온돌, 마루, 황토, 한지의 과학

온돌은 고조선시대의 것으로 추정되는 유적에서부터 모습을 드러내기 시작하며,[132] 고구려시대에 이르면 특정한 용도의 집짓기에는 반드시 고려되어야 하는 요소의 하나가 된다. 비교적 길고 추운 겨울을 견뎌내야 했던 고구려 사람들은 흙으로 마감된 방바닥의 일부를 데워 방안의 공기가 일정한 온도를 유지하게 하는 이 새로운

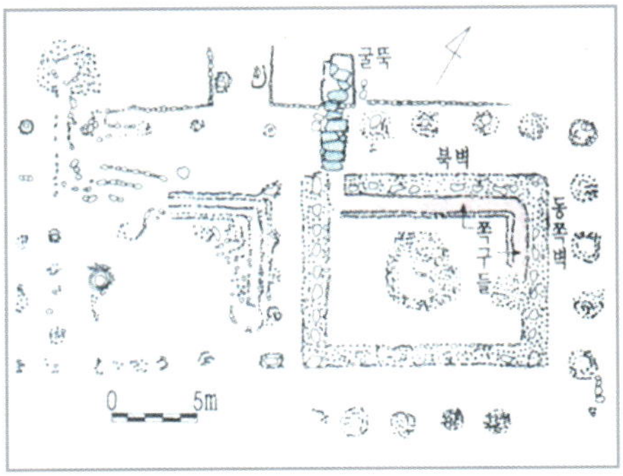

[그림 129] 온돌 유지, 중국 길림성 집안 동대자유적, 고구려

난방방식을 보다 적극적으로 개발시켜 나간다.

유적을 통해 확인되는 초기 단계의 온돌은 방바닥의 한쪽 벽에 붙여 '一'자 혹은 'ㄱ'자 꼴로 고래를 만들어 한쪽 끝에서 불을 때면 열기와 연기가 고래를 타고 지나다가 다른 쪽 끝에 설치된 굴뚝을 통해 빠져나가게 하는 방식으로 만들어졌다.[그림129] 아궁이에서 마른나무와 같은 연료를 태워 발생되는 연소열이 굴[터널]을 이루며 바닥 밑을 지나는 고래 위쪽의 편평한 돌을 데워, 그 열이 방의 흙바닥으로 전달됨으로써 방바닥의 공기가 데워진다. 데워진 따뜻한 공기는 위로 올라가고, 위의 찬 공기는 아래로 내려와 구들돌 및 흙바닥의 열로 다시 데워져 위로 올라가는 대류현상이 발생함으로써 방안에 있는 사람이 온기를 느끼며 지낼 수 있게 되는 것이다. 온돌을 집 구조의 주요한 부분으로 여기도록 만든 고구려의 바닥난방법은 서쪽으로는 북중국 일대, 남쪽으로는 신라와 백제로 전해지면서 지역별 기후조건, 생활조건에 맞도록 개발되고, 변형된다.[133)]

일정한 기술과 적절한 비용이 요구되었으므로 고구려 뿐 아니라 다른 나라에서도 초기에는 온돌이 제한적으로 보급되고 설치되었다. 궁성이나 사원, 관청, 귀족의 저택에서는 온돌이 널리 사용되었고 방바닥의 온돌 설치 면이 넓었지만, 일반 백성의 가옥에서는 온돌의 사용이 드물었으며 온돌 설치 면도 좁았다. 일반 백성들도 전면 온돌의 혜택을 입기 시작한 것은 조선시대에 이르러서라고 한다.[134)]

난방시설이 설치, 사용될 경우, 문제가 되는 것은 실내 온·습도의 조절이다. 봄과 가을에는 낮과 밤의 일교차가 심하고, 여름은 덥고 습하, 겨울은 차고 건조한 날씨를 특징으로 하는 한반도 일원의 계절 살이, 특히 겨울나기에서 온돌난방은 방안을 따뜻하면서도 대단히 건조하게 만들 수 있으므로 이에 대한 대비책이 필요했다. 습도의 효율적인 조절장치가 마련되어야 했다. 나무기둥과 흙벽, 한지는 온돌난방의 문제점을 보완하기 위한 가장 적절한 도구이자 재료였다.

우리네 집짓기의 기본재료인 나무와 황토가 습기를 담고 뿜을 수 있는 존재임은 누구나 쉽게 짐작하지만, 한지의 기능에 대한 이해는 다를 수 있다. 한지가 통풍성이 높아 겨울철 실내 온도 유지에 부적합하다는 인식 때문일 것이다. 그러나 통풍성은 한지의 가장 큰 장점 가운데 하나이며, 여름과 겨울 우리네 목조가옥의 실내 환경을 최상으로 유지하게 하는 결정적인 요인의 하나이기도 하다.[그림130]

[그림 130] 한지를 바른 방문

닥나무를 원료로 한 전통 한지는 질기면서도 부드럽고, 투명하지 않으면서도 투광성이 있다. 성긴 듯 하면서도 두터워 습기를 머금거나 내뿜을 때, 적절하게 빛을 통과시킬 때에, 안과 바깥의 공기를 받고 내보내려 할 때에 어려움이 없었다.[135] 한지는 습도유지, 채광, 공기순환의 기능을 모두 갖춘 전통가옥 건축에 필요한 일급 재료의 하나였다.[136]

[그림 131] 마루

온돌이 우리 땅에서의 겨울나기에 가장 적합한 난방방식이라면, 마루는 여름살이에 더없이 필요한 냉방장치였다. 전통가옥 구조의 한 부분으로서 나무마루는 현대 가옥의 거실에 비견될 수 있는 집 속의 마당이며, 마당 안의 집이었다.[그림131]

마루는 자연 상태의 공간과 인위적 공간이 만나는 곳으로 집과 바깥 공간 사이의 완충지대이자, 바깥과 안이 공유하는 공간이며 시설이었다. 여름철 방안에 고일 수 있는 눅눅한 공기를 덜어내는 중간지대였고, 겨울바람이 찾아들어 한바퀴 돌면서 냉기를 삭이는 곳이었다. 온돌과 마루는 한지와 함께 서로 상대의 단점을 채워주고, 장점을 살려내는 상호보완적으로 기능 하는 전통가옥의 주요한 시설이자 장치, 재료이자 구조의 일부였다고 해도 과언이 아니다.

짚과 황토는 전통가옥의 벽과 바닥 면을 막고 채우는 데에 쓰인 가장 보편적인 재료이다. 오늘날의 과학적 분석을 통해 확인되듯이 이들 자연재료는 살아 있어 그 속에 몸을 뉘고 쉼을 청하는 사람들과 함께 숨쉴 수 있는 물질들이다. 온갖 광물질과 미생물, 심지어 작은 생물들조차 함께 버무려진 짚과 황토의 반죽으로 벽과 바닥이 처리된 까닭에 전통가옥의 내부와 외부 사이에 구분은 있으나, 단절은 없었다. 두 공간을 나누는 벽과 바닥이 실제 통과가 가능한 열린 경계였기 때문이다. 광물질과 미생물, 작은 생물들 사이에 먹이 사슬이 맺과 인공 공간 사이에 공기가 통과하고, 온도가 전달되며, 습기가 옮겨졌다. 그러면서도 경계는 경계로 기능하고, 두 공간은 별도의 공간으로 존재하게 한 것이 짚과 황토를 버무려 만든 흙벽, 흙바닥이다.

3. 신분의 나뉨, 재료의 구별: 띠풀집과 기와집

움집으로 출발한 사람만을 위한 특정한 공간과 시설도 고대사회가 신분제에 바탕을 두고 성립하면서 분화되기 시작하였다. 집도 신분과 지위, 이에 수반되기 마련인 권력과 부를 나타내는 수단의 하나로 기능 하게 된 것이다. 한국 고대사회에서 부와 신분의 지표로서의 집은 크게 두 종류로 나뉘게 되었다. 지붕 덮기에 띠풀이나 너와, 굴피 같은 식물 자원을 주재료로 삼는 넓은 의미의 초가와 흙을 재료로 하여 인위적으로 만들어낸 와당류가 사용된 기와집이 그것이다.[그림132][그림133] 발생과정으로 보면 초가에서 기와집이 분화되어 나갔다고 해야 할 것이다.

보통 볏짚이나 갈대로 초가의 지붕을 덮을 때에는 도리에서 처마 끝까지 서까래를 건너지르고 그 위에 잡목 등을 새끼줄로 엮어 흙을 개어 얹고 고른 다음 볏짚을 엮어서 만든 이엉을 밑에서 위로 이어 돌린다. 이런 과정을 거쳐 지붕이 볏짚으로 덮이면 용마루에 볏짚을 틀어 지네처럼 만든 용마름을 얹고, 이것이 바람에 날리지 않도록 새끼줄로 단단히 얽어매면 지붕 덮기가 마무리된다. 지붕을 덮는 재료로 두꺼운 나무껍질을 쓸 경우, 이를 굴피지붕이라 하고, 얄팍한 나무 판자나 얇은 판석을 썼을 경우 너와지붕이라고 하며, 갈대를 엮어 지붕을 덮었을 경우, 새나리지붕이라고 한다.

초가의 지붕을 덮는 데에 쓰인 이엉이나 볏짚, 나무껍질류는 단열과 보온이라는 건축부재로서의 기본 목적에 적합할 뿐 아니라, 비용에 대한 별다른 부담 없이 상시적으로 재료를 구할 수 있다는 장점을 지닌다. 반면, 식물성 부재라는

[그림 132] 초가마을, 순천 낙안읍성, 조선시대

[그림 133] 기와집모양 토기, 출토지 미상, 신라 6세기

[그림 134] 기와, 중국 길림성 집안 출토, 고구려 4~5세기

재료적 특징 때문에 내구성이 약하여 자주 교체해야 해며, 화재 및 병충해에 매우 약하다는 결정적인 단점을 지니고 있었다. 결국 지붕 부재의 내구성을 보완하기 위한 방안의 하나로 토기와 같이 흙을 빚어 구워 만든 새로운 건축 부재의 발명이 시도되었고, 와당이라는 견고한 건축부재가 출현하게 되었다.[그림134]

와당은 양질의 점토를 반죽하여 모골, 와범과 같은 제작틀에 넣어 형태를 만들어낸 다음, 가마에 넣어 높은 온도로 구워냄으로써 완성된다. 일정한 면적의 지붕을 덮고자 할 때에 소요되는 와당을 생산해 내는 데에는 상당한 비용과 시간이 요구되지만, 지붕 부재로서의 와당이 눈과 빗물의 침수를 차단하고 지붕재목의 부식을 방지하는 기능이 뛰어났으므로 왕실과 귀족들은 기와집의 제작과 사용에 적극적일 수밖에 없었다. 귀족의 가옥뿐 아니라 관청, 사원, 궁실을 건축하고자 할 때에는 와당이 주요한 건축부재의 하나로 여겨지게 되었다.[그림135]

한국에서 기와집의 흔적은 삼국시대 유적에서부터 확인되기 시작한다. 고구려는 궁실과 사원 터에서 뿐 아니라 집안의 장군총과 같은 대형 돌무지무덤의 꼭대기에서도 기와편이 발견되는데, 왕릉과 같은 주요한 대형 무덤의 상단에 기와로 지붕을 덮은 사당을 세운 흔적으로 이해되기도 한다.[137] 백제의 경우에는 정부 관료기구 안에 국가에서 소요되는 와당의 제작과 보급을 전담하는 와박사(瓦博士) 직을 둘 정도로 와당의 제작을 중시하였다.[138] 백제의 와당 제작기술은 6세기에 이르러 와박사의 파견이라는 방식으로 일본에 전해진다.[139] 신라의 경우에도 와기전(瓦器典)이라는 와당 전담부서의 존재를 확인할 수 있어[140] 삼국이 하나 같이 국가 차원에서 와당의 제작에 관심을 기울였음을 알 수 있다.

기와는 지붕의 골격을 이루는 용마루, 내림마루, 추녀마루, 처마에 각각 적합한 형태로 만들어져 사용되었다. 지붕은 먼저 단면이 반원형이며 끝에 언강이 달린 위로 덮는 수키와와 오목한 곡면으로 된 장방형 바닥기와인 암키와로 넓은 면이 덮이고 처마 끝에 이르러 막새로 마무리된다. 수키와 끝에 원형의 드림새를 부착한 것을 수막새, 암키와 끝에 장방형의 드림새를 부착한 것을 암막새라고 하는데, 보통 드림새는 연꽃,

당초, 보상화, 용면(龍面), 금수 등의 형상으로 장식된다.[그림136] 이 드림새 무늬의 종류와 내용이 막새가 만들어진 시대와 지역, 문화적 특징을 알아내는 데에 실마리를 제공하기도 한다.

지붕의 넓은 면을 덮는 보통의 기와 이외에 용마루의 양쪽 끝에 붙여져 건축물의 크기와 위세를 드러내는 데에 사용되는 것을 치미(鴟尾)라고 부른다. 용마루 끝에 붙여지는 벽사용 기와가 용면와이며, 마루를 쌓아올리는 데에 쓰이는 것을 제와, 마루 밑의 기와 골을 막는 데에 쓰이는 것을 착고와라고 한다. 서까래의 부식을 방지하면서 이를 치장하기 위해 쓰이는 것이 서까래기와이며, 마루 추녀 밑의 네모난 서까래에 사용되는 기와를 사래기와라고 부른다. 암막새 2매를 붙여 만든 모서리기와, 지붕 처마가 'ㄱ'자 모양으로 꺾인 회첨에 사용되는 것이 타원수막새이다.

지붕 덮기에 기와 쓰는 것이 점차 일반화되고, 쓰임새에 따른 기와의 종류와 형태도 다양해지면서 기와를 주된 건축

[그림 135] 기와지붕

[그림 136] 녹유용면와(綠釉龍面瓦), 경주 안압지 출토, 통일신라

[그림 137] 맞배지붕의 측면, 강진 무위사 극락전, 조선 1476년(성종7년) 이전, 국보13호

[그림 138] 기와집의 용마루. 순천 송광사 대웅보전. 1990년 복원

부재로 삼은 전통 목조가옥의 지붕도 다양한 발달을 보이게 된다.[그림137] 측면을 단절하여 박공으로 마무리한 맞배지붕을 시작으로 지붕 면의 측면에도 기와를 덮고 이 면이 처마까지 이어지는 우진각지붕, 지붕 면의 측면 상부는 박공 모양으로 마무리하고 그 아래 부분에서 지붕 면이 이어져 처마까지 내려가게 함으로 써 측면이 팔(八)자를 이루게 한 팔작지붕, 지붕 면의 수를 4모 이상으로 만든 다각형지붕, 지붕 면을 부분적으로 한층 높여 꾸민 솟을지붕 등이 나타나게 되었다. 이러한 지붕의 기본형이 다시 다양한 방식의 응용형을 낳으면서 한국 전통가옥의 지붕유형은 수 십 가지를 헤아리게 된다.141)

가옥의 지붕 면이 서로 만나는 지점을 용마루, 줄인 말로 마루라고 하는데, 한국 전통가옥, 특히 기와집의 아름다움은 마루의 선을 통하여 보다 두드러지게 나타난다. 종마루, 대마루, 수평마루로도 불리는 용마루는 지붕의 가장 위쪽에서 지붕 면이 만나면서 이루어내는 가로로 긴 선을 말한다.[그림138] 보통 아래로 약간 휘어진 부드러운 곡선을 이루는데, 용마루의 양끝은 치미, 용두, 취두 등으로 장식되는 것이 일반적이다. 용두, 취두 등은 잡귀와 화재로부터 건물을 보호하는 힘을 지닌 것으로 믿어지

는 상서로운 짐승과 새의 머리 형상을 한 망새의 일종이다.

내림마루란 용마루 아래로 합각을 타고 내려오는 부분을 말하며, 귀마루로도 일컫는 추녀마루는 내림마루 끝에서 처마 끝까지 이어지는 마루를 말한다. 보통 내림마루의 끝자락, 마루수막새로 마무리한 부분에 귀면와가 놓인다. 위에서 내려다 볼 때에 처마 끝 선이 좌우 끝에서 가운데 쪽으로 부드럽게 휘어 들어가거나 나오게 하는 것을 후림이라 하며, 정면에서 보았을 때에 처마가 가운데에서 좌우로 부드럽게 휘어 오르게 한 것을 조로라고 한다. 모두 전통 기와집의 아름다움을 결정하는 요소들이다.

❖ 제12장 자연 속의 집과 성2
-궁과 성-

1. 지키는 자와 뺏는 자가 만나는 곳: 토성과 산성

식량이 생산되고, 주거 정착이 이루어져 무리의 규모가 커지면서 인간사회에서 상시적으로 일어나게 되는 일 가운데 하나가 한 집단의 다른 집단에 대한 약탈적 공격과 이에 대한 방어이다. 식량의 탈취가 목표가 되기도 하고, 노예의 획득이 동기가 되기도 하는 집단들 사이의 무력충돌이 잦아지면서 집단의 안전을 확보하기 위한 다양한 방안이 강구되고 실행에 옮겨진다. 집단적 차원의 가장 효과적인 방어수단의 하나로 등장한 것이 '도랑 놓기와 울타리 치기'이다.[142)]

마을의 둘레에 세워지고 만들어지던 목책(木柵)과 목책 바깥의 깊은 도랑은 점차 시간이 흐르면서 성으로 불리는 보다 견고하고 규모가 큰 방어시설로 대체된다. 성(城)은 맹수의 공격이나 자연재해에 대한 방비보다는 외적의 침입을 막아내고 물리치는 데에 초점을 두고 만들어지는 항구성을 지닌 시설물이었다. 이런 까닭에 성 쌓기에는 토목, 건축과 직·간접적으로 관련된 당대의 모든 지식과 기술이 동원되고 적용되었으며, 한 집단이나 조직이 동원할 수 있는 최대의 인력과 물자가 투입되었다. 다른 건축물들이 그러하듯이 성 역시 한 시대, 한 지역의 기술과 관념, 문화 전반을 파악하는 데에 많은 시사점을 제공하는 역사문화 자료라고 해야 할 것이다.

[그림 139] 성산산성(城山山城), 중국 요녕성 장하현 성산향 사하촌 만덕둔, 고구려 7세기

[그림 140] 성산산성(城山山城) 장대(將臺) 부분

성으로 불리는 대규모 방어시설은 청동기시대에 이미 모습을 드러내기 시작한다. 목책이 불을 이용한 공격에 약한 점이 고려되어 성은 흙이나 돌을 주된 재료로 삼아 축조된다. 성은 축조 재료, 입지, 기능에 따라 여러 가지 다른 이름으로 불리게 된다. 흙을 켜켜이 쌓아서 만든 것을 토성(土城), 흙과 돌을 섞어 만든 것을 토석혼축성(土石混築城), 돌을 쌓아 만든 것을 석성(石城)이라고 한다. 넓은 들판에 세워진 것을 평지성, 산과 계곡의 경사면을 이용하여 축조된 것을 산성(山城)이라고 한다. 국가의 수도를 지키기 위해 세워진 것을 도성, 지방의 정치, 경제, 군사 중심을 지키고자 세워진 것을 읍성(邑城)이라고 하며, 창고를 보호하기 위해 세워진 것을 창성(倉城), 국경과 요새지에 쌓은 것을 영성(營城), 수성(戍城), 군사적 요충에 세워져 상시적으로 군인들이 주둔하는 곳을 진(鎭)·보(堡)라고 한다.

한국 고대사회에서 즐겨 축조된 것은 산성으로 고조선시대부터 그 흔적이 확인된다. 위씨 조선의 마지막 왕 우거(右渠)가 믿고 의지하였다고 평가되는 왕검성(王儉城)은 험한 곳에 견고하게 지어진 산성이었을 가능성이 높다.143) 고구려는 산성을 중심으로 방어체제를 편성하여 평지성 포위전 및 평야전투에 익숙한 중국 왕조들의 군사적 공격을 효과적으로 막아낸 것으로 평가받는다.[그림139], [그림140] 신라와 백제도 산성을 중심으로 한 방어체제 편성에 힘썼으며, 두 나라의 산성 축조기술이 일본에 전해졌음은 잘 알려진 사실이다.144)

[그림 141] 남한산성(南漢山城), 경기 광주, 조선 1624년. 사적57호

삼국시대에 뚜렷한 발전을 보인 한국의 산성은 입지적 특징을 기준으로 크게 테뫼식, 포곡식, 복합식으로 나뉜다.145) 테뫼식이란 산의 7~8부 능선을 따라 성곽을 축조함으로써 성이 산봉우리를 둘러싸게 한 것을 말한다. 성곽이 위가 뾰족한 산봉우리 하나만을 둘러싼 것, 평탄한 산 정상부를 둘러싼 것, 인접한 두 개의 산봉우리를 둘러싼 것, 산봉우리와 산의 한쪽 능선 부분을 비스듬하게 둘러싼 것, 평지에 고립된 낮은 구릉부를 둘러싼 것 등 테뫼식 산성의 세부 유형은 여러 가지이다. 성곽의 입지상 외부 공격으로부터 방어가 용이한 편이나 장기간 농성이 어렵다는 한계성을 지닌 산성 유형에 속한다.

포곡식이란 성안에 1개 또는 그 이상의 계곡을 포함하도록 평지와 산 능선을 따라 오르내리면서 성곽을 쌓은 것을 말한다. 대부분 계곡을 가운데 두고 산 능선의 흐름을 좇아 성곽을 쌓는 까닭에 성의 평면형태가 일정하지 않지만, 평지와 계곡이 성안에 포함되는 까닭에 성의 규모는 매우 커진다.[그림141] 넓은 공간에 더하여 계곡을 흐르는 물을 이용하여 성안에 한 곳 이상의 연못을 설비하여 이 연못이 저수조의 기능을 담당하게 하고, 계곡 물이 수원이 됨으로 말미암아 성안에 거주할 수 있는 인원이 많아지며 적의 침입에 대비한 장기 농성도 가능하다는 장점을 지닌다.

테뫼식과 포곡식 산성의 장점을 모두 살리기 위해 고안된 것이 복합식 산성이다. 기존의 테뫼식이나 포곡식 산성에 인접한 곳의 다른 유형의 산성을 접속시켜 만든 것들이 몇 곳에서 확인되었는데, 서로 다른 시대에 만들어진 다른 유형의 산성들이 이어져 새로운 산성으로 탄생한 사례도 종종 확인된다.

산성은 보통 축조기법에 따라 토축과 석축, 두 가지로 구분된다. 삼국시대의 산성에서는 토축에 석축을 더하거나, 석축으로 처리한 사례가 빈번히 발견된다. 석축은 장대석이나 자연석을 이용하여 단면이 수직을 이루거나 활모양, 홀모양을 이루게 쌓는 것으로 끝나지만, 토축은 성체를 쌓는 과정에서 주변의 지형을 활용하면서 재료를 확보하는 방식에 뚜렷한 차이가 있어 석축과는 구별된다.

토축 가운데 삭토법이란 자연적인 급경사면을 깎아내어 원 지형의 일부를 성체로 사용하는 방식을 말하는데, 테뫼식 산성의 축조에 자주 이용된다. 성토법이란 성체를 이룰 부분의 내면과 외면의 흙을 파내어 그 흙을 가운데 부분에 모아 쌓아올리는 방식을 말한다. 이 방식이 적용되면 성체가 쌓아지는 과정에 성체의 내외면(內外面)이 깊이 파여 파인 곳이 해자의 기능을 맡게 된다. 역시 테뫼식 산성의 축조에 자주 사용되는 기법이다. 판축법이란 말 그대로 흙을 한 켜, 한 켜 쌓아 다져서 마치 흙판이 겹겹이 쌓이듯이 성체를 만들어나가는 방식을 말한다. 보통 점질토와 사질토를 교차로 다져가면서 성체를 쌓아올리며, 일정한 구간마다 협판을 세우고 이를 기둥으로 고정시켜 그 틀 안에 흙을 쏟아 부어 다지게 된다. 성체의 두께가 일정하고 수직에 가깝게 쌓아 올려지게 된다.

판축법에 의한 축성은 보통 평지성의 축조에 많이 적용되지만 산성 쌓기에 적용된 사례도 적지 않게 발견된다. 판축기법에 바탕을 둔 축성법은 삼국시대의 백제에 의해 특히 적극적으로 개발되었다. 백제 초기의 왕성 자리로 추정되는 풍납토성을 비롯하여 몽촌토성과 같은 백제의 평지성 축조에 판축법이 자주 적용되었음이 고고학적 발굴을 통해 확인되고 있다.[146)]

애초의 목적이 방어, 농성이므로 성을 축조할 때에는 방어에 적합한 각종 시설이 마련된다. 성문을 지키기 위해 성문을 반원형으로 두르도록 설치된 이중 성벽을 옹성(甕城)이라고 하며, 적의 공격을 적극적으로 방어하기 위해 성벽의 일정구간마다 네모지게 바깥으로 튀어나오게 축성된 부분을 치(稚라)고 한다. 성벽 일부를 돌출시켜 대포를 쏠 수 있게 누각을 설치하는 경우도 있는데, 이 누각을 포루(砲樓)라고 한다.[그림142] 성벽의 일부를 지형을 좇아 성 밖으로 길게 내뻗게 하여 외성이나 치성(雉城)과 연결시킨 것을 용도라고 한다. 해자(垓字)는 성벽 주변을 깊게 파 고랑을 만들거나, 고랑에 물을 채워 성의 방어기능 일부를 담당하게 만든 시설을 가리키는 말이다. 성벽 위에 총안(銃眼)을 만들기 위해 덧붙여 세운 담장을 여장(女墻)이라 하고, 성안 높은 지점에 설치된 지휘소를 장대(將臺)라고 한다. 성벽에서 잘 보이지 않는 지점에 자그맣게 설치된 암문(暗門)은 성안에 필요한 무기나 식량을 운반하고, 아군에 구원을 청하거나, 적을 기습하기 위한 비밀통로로 사용되었다.[그림143] 수문(水門) 역시 눈에 띄지 않는 곳에 설치되는 작은 문으로 배수시설에 해당한다.

[그림 142] 포루, 수원 화성, 조선 1796년 사적3호

[그림 143] 북암문, 수원 화성, 조선 1796년, 사적3호

2. 형상화된 권력의 모습: 궁성

궁성은 왕을 정점으로 하는 국가권력의 출현과 함께 등장하는 현실성과 상징성을 동시에 지닌 최고 권력의 형상화된 모습이라고 할 수 있다. 제왕과 그의 가족들이 살던 규모가 큰 건물을 가리키는 궁(宮), 궁의 출입문 좌우에 설치된 망루를 지칭하는 궐(闕), 결국 제왕이 거처하는 건축물 전체를 가리키는 궁궐, 이 건축물을 둘러싼 성벽이 궁성이다. 따라서 궁궐과 궁성은 실제로는 구별되지 않고 사용되는 개념이자 실체라고 할 수 있다.[147)]

궁성의 건축물들은 정무, 일상생활, 휴식이라는 기능에 맞추어 지어지고 배치된다. 보통 정무를 위한 건축공간이 제일 전면에 배치되고, 일상생활을 위한 건축공간이 그 뒤를 따른다. 휴식과 정서 함양을 위한 정원건축공간은 가장 뒤편에 두어진다. 이른바 동아시아 궁성건축에 통용된 전조후침(前朝後寢)이라는 원칙에 따른 공간배치방식이다. 발굴 조사 결과 고구려, 백제, 신라의 궁성 건축물들의 기본 배치와 구성 역시 이 원칙에서 크게 벗어나지 않는 것으로 확인되었다.

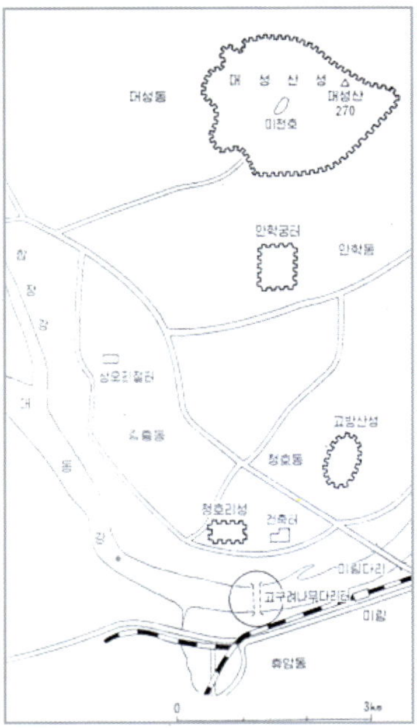

[그림 144] 대성산성과 안학궁성 평면도, 평양, 고구려

고구려의 궁성이었던 국내성(國內城)과 안학궁성(安鶴宮城) 가운데 고고학적 발굴을 통해 건축물들의 배치 방식이 확인된 것은 평양의 안학궁성이다.[148)][그림144], [그림145] 안학궁성은 남북중심축을 따라 기본 건물들을 차례로 세우고, 그 외의 건물들은 중심축의 좌우에 서로 대칭되게 세운 다음, 건축군 사이는 회랑으로 구

[그림 145] 안학궁 복원모형도. 평양

분되게 하였다. 남북중심축을 따라 남에서 북으로 외전, 내전, 침전을 차례로 두고 그 좌우에 각각 동서 외전, 동서 내전을 세웠다. 침전 좌우에는 창고와 기타 보조건물들을 배치하였다. 동궁은 궁성의 동북 모서리에 두었으며, 그 남쪽으로 길게 정원공간을 마련하였다. 침전 뒤편 북쪽에 인공 조산을 만들어 이곳을 중심으로 후원시설이 있었음을 알게 한다.

백제의 궁성은 한성시대에는 풍납토성(風納土城), 웅진시대에는 공산성, 사비시대에는 부소산성 남록의 사비성터였으리라 추정되지만 고고학적 발굴을 통해 그 전모가 확인된 것은 없다.[그림146] 공산성 안에서 임류각터, 왕궁터로 추정되는 곳이 발굴되었으며, 부소산성 남쪽 기슭에서 궁성의 후원시설로 추정되는 방형 연못터와 일부 건물지가 조사되었을 뿐이다.[149]

신라의 궁성으로 알려진 월성(月城)은 55,000여 평에 이르는 성 내부 유구에 대한 전면 발굴조사가 이루어지지 않은 상태여서 건물 배치방식을 명확히 알기 어렵다.[그림147] 다만 『삼국사기』를 통해 문무왕대에 이르러 월성의 범위가 이전보다 넓어졌고, 월성 안에 강무전을 비롯하여 좌사록관, 동궁, 고문, 귀정문과 같은 궁문 및 전각이

[그림 146] 부소상성 곁을 흐르는 백마강, 부여

[그림 147] 월성 원경, 경주, 신라

있었음을 알 수 있을 뿐이다.[150] 발해의 궁성 역시 발굴을 통해 고구려에서와 같이 주요 건물들이 남북중심축을 중심으로 배치되었음이 확인되었다.[151] 5개의 궁전터가 남문에서 북문으로 이어지는 남북중심축선 위에 놓여 있었음이 조사를 통해 알려졌다. 본채와 그 좌우에 배치된 곁채들을 포함하여 3채의 건물로 이루어진 제4궁전터에서는 온돌장치가 확인되었고, 제2궁전터의 동쪽과 서쪽에서는 각 1개소의 우물터가 조사되었다.

고려의 궁성은 개경, 서경, 강도[강화도]에 각각 지어졌는데, 궁궐 건축물들의 배치 상태가 비교적 잘 알려진 것은 개경 정궁이다.[152] 개경 궁궐의 경우, 외전, 내전, 침전 등의 주요 건축물들이 남북중심축에 배치되지 않았다. 다수의 궁전터들이 구릉지에 조성되었으며, 자연적인 지형의 흐름에 맞게 세워진 건물들이 많다.

조선시대의 궁성은 모두 도성인 한양 안에 세워졌다.[153][그림148] 정궁으로 여겨졌던 경복궁(景福宮)은 주요건물들인 근정전, 사정전, 강녕전, 교태전이 정남의 광화문에서 시작되는 남북중심축에 배치되고, 보조기능을 담당하는 건물들이 본전들의 좌우에 대칭되게 세워졌다. 후원은 경회루를 중심으로 한 궁궐의 서쪽과 향원정이 세워진 북쪽에 마련되었다. 경복궁의 동쪽에 있어 동궐로도 불린 창덕궁은 자연 지형과 산세의 흐름에 따라 전각을 세운 경우로 누각과 정사들이 자연경관과 조화를 이룬 비원이 후원에 해당한다. 창덕궁 동쪽에 세워진 창경궁은 정전인 명정전 외의 건물들이 궁의 중심축인 동서축과 관계없이 배치되었다. 덕수궁은 왕족의 사저로 쓰이다가 고종 때에 궁궐로 이용되기 시작하였다. 남북중심축 위에 정전인 중화전을 비롯하여 석어당, 즉조당, 대한문 등이 자리 잡았으나 전각 배치는 전체적으로 짜임새를 갖추고 있지 않다.

[그림 148] 성(城)으로 둘러싸인 한양, 조선 19세기

3. 궁과 성이 말하는 역사

왕조시대의 궁은 현실 권력의 상징이었으므로 귀족과 백성들에게는 외경의 대상이었겠지만, 나라 바깥의 적이나 경쟁국가의 입장에서는 우선적이면서도 최종적인 공격과 정복의 대상이었다. 궁이 궐을 수반하고, 나아가 성으로 둘러싸일 수밖에 없는 이유이다. 고조선의 도성이던 왕검성이 산세가 험한 곳에 자리 잡은 산성이었을 것이라는 추정이 거듭 설득력 있게 다가오는 것은 이러한 사정으로 말미암는다.

중국 한(漢) 왕조의 식민세력들과 지역패자로 군림하던 부여에 대한 항쟁으로 나라 세우기의 첫 발을 내딛고, 터 굳히고 넓히기에 들어간 고구려가 산성과 평지성이 조합된 도성이라는 개념을 지니게 된 것은 어쩌면 당연한 귀결인지도 모른다.[154] 고구려의 왕과 귀족, 도성의 백성들이 국내성이라는 평지성을 일상의 공간으로 삼으면서도 유사시에는 환도산성이라는 비상의 공간으로 옮겨가 외적에 맞서는 침략에의 대응방식은 평양성이 무너질 때까지 계속된다. 시조 동명성왕 주몽이 도읍을 정했던 환인 오녀산성과 산아래 평지성인 하고성자고성의 연계 관계만 확인된다면 집안의 환도성과 국내성, 평양의 대성산성과 안학궁성, 하나의 성이 산성과 평지성이라는 두 가지 기능을 모두 갖춘 말기의 장안성에 이르기까지 고구려는 역사의 시작부터 마침까지 산성과 평지성을 한 세트로 삼은 도성체제를 유지한 셈이 된다.

백제는 대규모 해자와 거대한 판축 성벽을 자랑하는 구릉성인 풍납토성과 배후의 몽촌토성을 바탕으로 도성체제를 마련했던 경우이다.[155] 그러나 남진하는 고구려의 압박을 견뎌내기 어렵게 되자 산성인 한산에 일시 천도하였다가 한성에서 한 시대를 마감한 뒤, 웅진시대부터는 산성 중심의 도성 방어체제를 마련한다. 475년 한성 함락과 함께 벽지인 웅진으로 도읍을 옮긴 백제는 북쪽 면은 금강에 접하고 다른 면은 산세에 의지한 포곡식 산성을 축조하고 그 안에 왕궁을 세운다. 자연지형을 이용해 세운 석축 산성이 거대한 판축 토성에 비해 인력과 비용의 투입은 적으면서도 방어력은 훨씬 높음을 절감한 까닭이다.

사비시대에 이르러 백제는 부소산성과 그 외곽에 잇대어 축조된 나성을 중심으로 새 도성을 마련하게 된다. 웅진시대와 달리 사비시대의 도성에서 왕궁은 시가지와 함께 부소산성 바깥의 나성 안에 자리 잡는다. 어떤 면에서 고구려와 장안성과도 비교될 수 있는 사비시대 도성체제는 평지성 중심 체제를 고집하던 중국 왕조들의 것과는 구별되는 것으로 산성과 평지성을 조합시키거나 일체화시키려는 경향을 보이는 삼국시대 특유의 흐름과 닿는다.

신라는 도성 안의 구릉지에 월성으로 불리는 궁성을 세워 명활산성에 일시 궁을 옮겼던 기간을 제외하면 내내 한 도성 안에 궁성을 유지한 경우이다. 신라의 경우, 왕경인 서라벌의 시가지 안에 자리 잡은 월성은 궁을 둘러싼 담으로만 보호되는 공간이었으며, 도성 시가지는 나성과 같은 직접적인 보호 시설로 둘러싸이지 않았다. 때문에 도성 자체는 명활산성, 서형산성, 부산성, 남산신성, 북형산성과 같은 경주평야를 둘러싼 외곽 산성들에 의해 지켜졌다.[156] 외부로부터의 강력하고 지속적인 침략의 손길을 타지 않기도 했지만, 효과적인 외곽 산성 방어체제를 마련하고 유지해 나간 것이 신라로 하여금 산성과 평지성이 직접 이어지는 도성체제를 도입하지 않게 한 이유인지도 모른다.

발해는 성립 초기, 곧 당과 신라, 말갈의 침략이 우려되는 시기에는 성산자산 중턱에 축조된 동모산성을 도성으로 삼는다. 그러나 국세가 안정되기 시작하자 평지성을 중심으로 한 도성체제를 수립하고 역사를 마칠 때까지 이와 같은 상태를 유지한다. 국가의 중심이 영역의 동편에 치우쳐 있고 도성을 위협할 만한 요소가 주변에 존재하지 않는 상태에서 산성에 의지한 방어체제 편성의 필요성을 그리 느끼지 않게 된 까닭이다.

고려는 개경을 도읍으로 삼고, 시가지를 조성하지만 궁궐을 보호하기 위한 성벽 외에는 별다른 방어시설을 마련하지 않는다. 개경 주변의 산세에 의지한 방어 전략을 채택하면서 시가지 외곽을 둘러싼 나성 축조를 하지 않게 된 것이다. 그러나 거란의 침입으로 개경이 함락되고 궁궐과 시가지가 불타는 피해를 입자 나성의 축조가 이루어진다. 말기에 이르러 왜구의 피해가 해안 지역 뿐 아니라 내륙지대로까지 확산되자 시가지를 직접 둘러싸는 나성 축조가 시도되어 조선조 초기에 이르러 공사가 마무리된다.[157)]

조선은 1394년(태조3년) 한양으로 천도하면서 새 도성을 마련한다. 궁궐과 종묘, 사직, 관아를 둘러싼 성벽을 축조하는데, 궁성을 중심으로 북악, 낙산, 남산, 인왕산을 잇는 평산성, 곧 평지성과 산성을 조합한 형태의 성을 완성시킨다. 또한 도성 외곽에는 남한산성, 북한산성 등 외곽 산성을 축조하여 2중, 3중의 방어체제를 마련함으로써 새 왕조의 심장부가 일거에 점령당하는 일이 일어나지 않게 하려 하였다. 외적 침입에 대비하고자 세워졌던 외곽지역의 성들도 조선 초기에 이르면 단계적으로 개축된다.[그림149]

[그림 149] 동래부사순절도에 보이는 동래성, 변박(卞璞), 조선 1760년, 보물392호

[그림 150] 평양성 각자성석(刻字城石), 평양, 고구려 566년

[그림 151] 평양성 일부, 평양감사향연도(平壤監司饗宴圖)부분, 김홍도(1745~1817?), 지본담채(紙本淡彩)

신라의 남산신성, 명활산성이나 고구려의 장안성 축조와 관련된 작성비에서 잘 확인되듯이 국가적 차원의 토목공사에서는 반드시 실명제가 적용된다.[158)][그림150], [그림151] 구간별 담당자, 담당지역의 책임을 명확히 하기 위해 작업에 참여한 사람들과 이들의 출신지역 이름, 담당구간과 기간을 명기한 돌이나 비문을 만들어 현장에 남겨두는 것이다.

고려, 조선왕조에서는 이와 관련된 기록이 문서의 형태로도 남아 전하게 된다. 조선왕조 성립 초기 한양성 축조를 위해 1396년(태조5년) 1월 9일부터 59,500척의 성기(城基)를 1구간 600척씩 모두 97구간으로 나누고, 1차 공사에 118,070명, 2차 공사에 79,400명의 민정(民丁)을 동원하여 공사를 진행하였다는 기록이 남아 있다.[159] 이 작업과 관련하여 별도로 만들어진 도감에는 조선 후기 수원성 축조와 관련된 기록에서도 확인되듯이 구간별 투입인력 및 비용에 대한 상세한 내용이 기재되었을 것이다. [그림152][그림153]

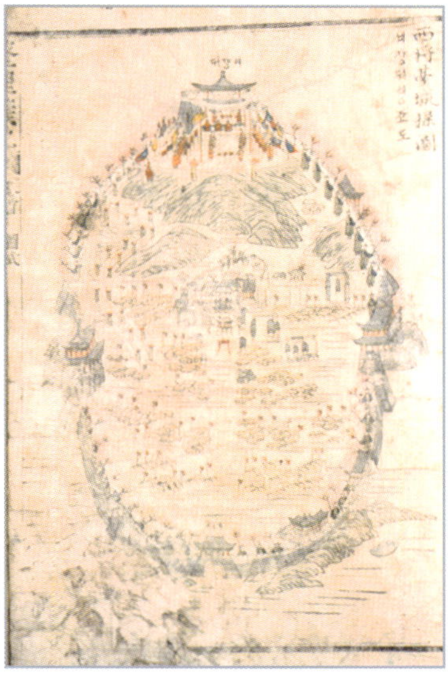

[그림 152] 서장대(西將臺) 중심으로 본 수원 화성의 모습, 정리의궤첩(整理儀軌帖), 김홍도 1795년, 판본채색(板本彩色)

[그림 153] 수원 화성, 조선 1796년, 사적3호

❖ 제13장 귀족의 글, 서민의 그림

1. 예술이 된 글쓰기

말은 생생하지만 사라진다. 뜻을 전하는 소리가 허공으로 흩어지면 대화의 자리에 늦게 이른 사람들은 오간 말을 들을 수 없다. 말로 뜻을 전하는 과정에서 나타나는 시간적 한계, 곧 말의 순간성을 넘어서기 위해 시도된 새로우면서도 지속적인 의사표현의 수단이 문자이다.

간단한 그림, 그림에 가까운 기호로 출발한 문자는 발생 당시부터 눈에 보이는 것 이외의 존재와 관념, 예를 들면 오감을 포함하여 인간과 인간, 인간과 자연 사이의 관계, 일상생활 중의 느낌, 보이는 것과 보이지 않는 것, 자연적인 것과 초자연적인 것에 대한 생각, 개인과 집단, 사람과 자연이 부딪치고 만나는 갖가지 상황과 환경을 나타내고 전하며 나누는 특별한 수단이었다. 문자의 발명과 사용은 인간 개개인, 인간의 무리 전체에게 경이로운 것이어서 인간이 신으로부터 받은 가장 큰 선물의 하나로 여겨졌다. 문자는 말의 순간성에 동반되는 공간적 한계라는 문제도 해결해주었다. 일정한 물체에 표현된 문자는 한 자리에 그대로 있으면서 그 곳을 찾는 다른 사람에게 뜻을 전할 수 있었으며, 옮겨지면서 다른 곳에 있는 이에게 의사를 알릴 수 있었다.

한 때, 동아시아 대부분의 사회에서 기본 문자로 받아들여졌던 한자 역시 용의 얼굴에 눈이 넷인 창힐(蒼頡)이라는 신적 존재가 창안한 것으로 전한다.[160] 황제의 신하 창힐이 자연이 이루어내는 다양한 현상을 본떠 한자라는 문자를 만들어내던 날, 하늘에서는 곡식의 비가 쏟아지고, 땅에서는 온갖 귀신들이 통곡했으며 용도 모습을 감추었다고 한다. 문자의 출현으로 말미암아 몇 사람 사이에서 입에서 입으로만 전해질 수 있던 특별한 지식이 세상에 모습을 드러내게 된 때문일 것이다. 문자는 지식을 객관화시키고 대중화시키는 데에 큰 전기를 마련하였다.

그러나 한자의 예에서 보듯이 인간 삶의 세계가 복잡해지고, 그 세계를 나타내고 설명하는 지식세계도 정교해지면 문자 역시 복잡하고 정교한 체계를 갖추면서 평범한 사람들의 삶의 영역에서 떠나게 된다. 많은 사람들로 하여금 지식을 보고 알 수 있게 한 문자가 보고도 알 수 없고, 혹 읽어도 깨달을 수 없는 비밀기호처럼 되어버린 것이다. 특정한 지식과 함께 문자도 다시 제한된 사람들의 전유물이 되었으며, 특정한 계층과 신분의 사람들 사이에서만 통용될 수 있는 유효한 지배수단의 하나로 역할과 의미가 바뀌게 되었다. 어쩌면 창안 초기부터 문자는 평범한 사람들에게는 접근이 제한되었을지 모른다.

상형문자로 출발하여 뜻을 나타내는 표의문자로 발달한 까닭에 한자는 글자 하나하나가 단어나 문장이 될 수 있고, 두 글자 이상이 모이면 여러 개의 문장으로 기능할 수도 있다. 글자 한 자도 주요한 의미를 지닐 수 있었으므로 문자로 정착하던 단계부터 한자는 새기거나 쓰는 데에 특별한 주의가 기울여졌으며, 글자 자체가 어떤 힘이나 능력을 지닌 것처럼 여겨졌다.[161]

한자의 가장 오래된 서체의 하나인 전서(篆書)는 진시황이 중국천하를 통일한 뒤, 제반 법규, 제도와 관습을 통일하는 과정에서 출현한 것으로 국가의 공식적인 문자체로 채택한 필체이다. 중국 은주(殷周)시대 청동제기 등에 새겨지던 자체의 특징을 담고 있어 필선의 굵기가 일정하고 획의 변화가 없다. 그러나 고체(古體) 특유의 상형성이 비교적 잘 남아 있어 보는 이로 하여금 한자의 의미를 새기게 하는 효과를 발휘한다.

중국 진대(秦代)에 의식용 서체로 발달한 전서를 대신하여 보다 쓰기 쉽도록 간결하게 정리된 예서(隸書)가 등장하자 한자 쓰기는 지배층의 문사들 사이에서 세상과 자연을 보는 뜻과 감흥을 나누는 좋은 방편으로 여겨지게 되었다. 진시황(秦始皇) 시대에 진행되었던 문자와 사상의 통일, 엄격한 법가적(法家的) 지배 분위기가 한(漢)왕조의 등장과 함께 누그러뜨려지기 시작하자 문사들 사이에서 글쓰기는 더더욱 성행하게 되었다. 글의 내용에 더하여 글의 형태가 주는 아름다움이나 품격도 관심과 논의의 대상으로 떠올랐다. 독특한 서체로 나름의 취향과 기품을 드러내려는 태도가 널리 유행하면서 중국 사회에서 글쓰기는 예술적 행위의 하나로 취급받게 되었다.

진한대에 서체로서의 발달을 보기 시작한 한자는 동북아시아를 비롯하여 중국 주변의 민족과 사회에서 기본 문자로 받아들여지게 되었다. 이들 지역에 한자를 상용하는 지식층이 형성되면서 서체와 관련된 관념과 인식도 글쓰기의 한 영역으로 자리잡게 되었다. 고구려, 백제, 신라를 비롯한 동북아시아의 고대 왕국에도 중국 한대에 크게 성행한 예서, 위진 이후 본격적인 발달을 보이는 초서, 해서, 행서 등의 다양한 서체가 받아들여져 비문과 공문서, 서책에 흔적을 남기게 되었다.[162][그림154]~[그림157]

통일신라 및 발해시대에 이르면 중국에서 발

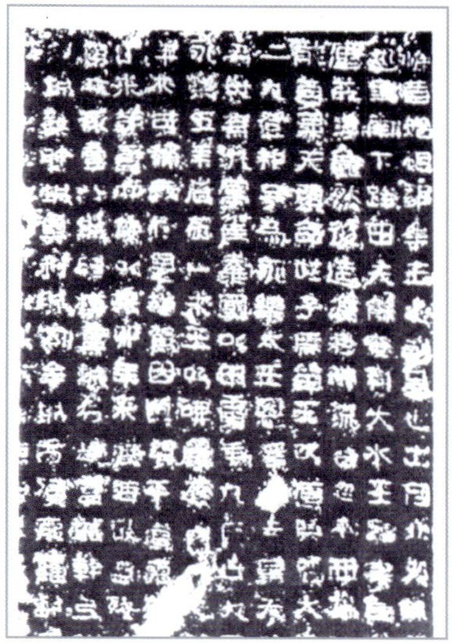

[그림 154] 광개토왕릉비문 탁본 부분, 중국 길림성 집안, 고구려 414년

[그림 155] 적성비, 단양, 고구려

[그림 156] 금강경판 세부, 익산 왕궁리오층석탑 출토, 통일신라~고려 8~10세기

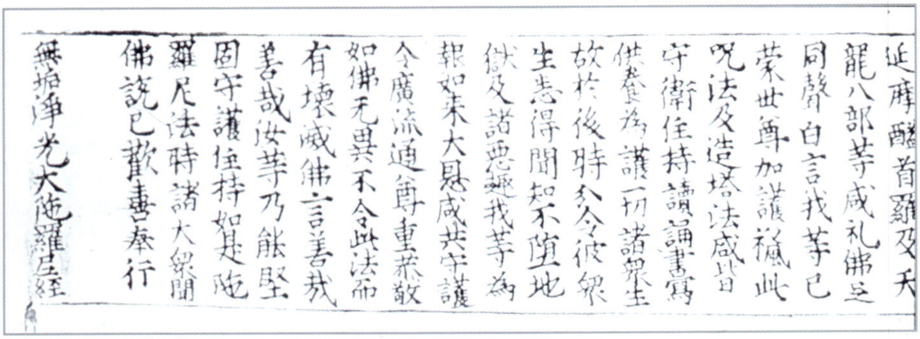

[그림 157] 무구정광대다라니경, 통일신라

달한 서체를 바탕으로 독자적인 서체를 창안하는 문필가들도 등장하는데, 하대(下代) 신라의 대표적 지식인인 최치원도 그러한 문필가들 가운데 한 사람이다.[163] 중국이 남북조시대에 들어서면서 서체의 대가들을 배출해내고, 서체에 대한 이론적 정리도 심화시켜 필체로 인격, 인품을 판단해낼 수 있다는 정도에 이르자 통일신라를 비롯하여 한자문화권에 속한 다른 지역, 나라에서도 이러한 관념을 받아들이게 된다. 동아시아에서 '한자' 글쓰기가 예술적 행위의 한 영역으로 완전히 자리 잡게 됨을 알게 하는 부분이다.

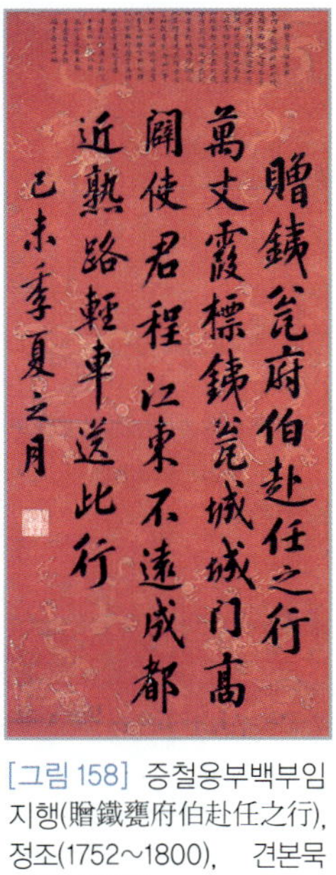

[그림 158] 증철옹부백부임지행(贈鐵甕府伯赴任之行), 정조(1752~1800), 견본묵서(絹本墨書)

고려시대에 이르면 식자층에게 글쓰기는 '서예'라는 영역 속에서 이루어지는 예술행위였다. 이에 따라 관공리가 일반 공문서를 작성할 때에 행하는 초서풍(草書風)의 글쓰기, 상업 및 물품제작 교환 활동 등을 위한 생활 속의 글쓰기와 외교 문서 및 조서를 포함한 국가적 차원의 공문 작성, 귀족문사들에 의한 서책 편찬, 지식층 사이에서 이루어지는 서화 작성, 서신 교환 등을 위한 글쓰기는 자연스럽게 구별되었다.

조선시대에 들어서면서 이러한 경향은 더욱 뚜렷해졌고,

한글의 등장 이후에도 글쓰기에 적용되는 예술론적 시각은 그대로 유지되었다. 조선 중기의 서예가 석봉 한호, 원교 이광사의 과도기적 단계를 지나 후기의 지식인 추사 김정희에 이르면 중국 서체 대가들의 영향에서 벗어나 '추사체'로 불리는 독창적인 서법과 서체를 창안하여 나름의 세계를 구축하는 단계로 나아간다. 김정희는 독자적인 화론, 서예론을 펼친 인물로도 유명하다.[164)][그림158]~[그림160]

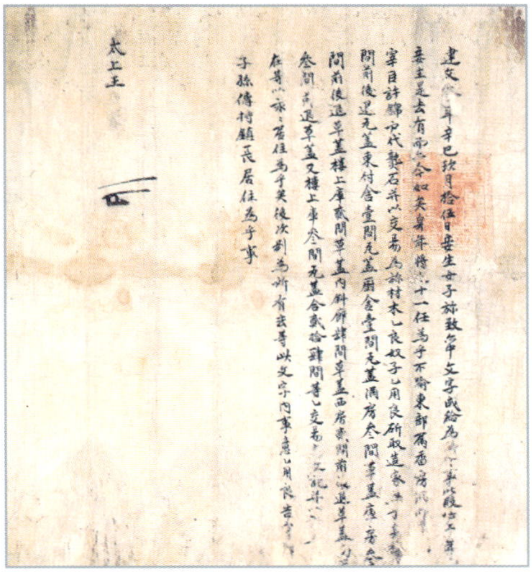

[그림 159] 숙신공주(淑愼公主) 허여문기(許與文記), 태조 이성계, 조선 1401년, 지본묵서(紙本墨書), 보물 515호

[그림 160] 예액(隷額), 김정희(1786~1856), 지본묵서(紙本墨書)

조선 초기 세종대에 창제된 한글은 상당한 기간 동안 사대부들 사이에서는 거의 쓰이지 않았다. 주로 궁중의 비빈, 궁녀들 및 일부 사대부가 부녀들이 쓰는 문자로 자리 잡았으며, 조선 후기에 왕실의 장려로 언해본의 간행과 활용이 늘어나고 한글 소설이 쓰여져 읽히는 등의 흐름이 나타나면서 '궁체(宮體)'라 불리는 정갈하고 미려한 한글서체가 발달한다.[165)] 궁체는 다시 필사과정에서 발달한 등서체(謄書體)와 일기, 서한에 쓰인 서한체(書翰體)로 나뉘기도 한다.[그림161], [162] 순조비인 순원왕후와 그 딸 덕온공주는 궁체에 능한 것으로 당대에 이름이 높았던 인물이다.

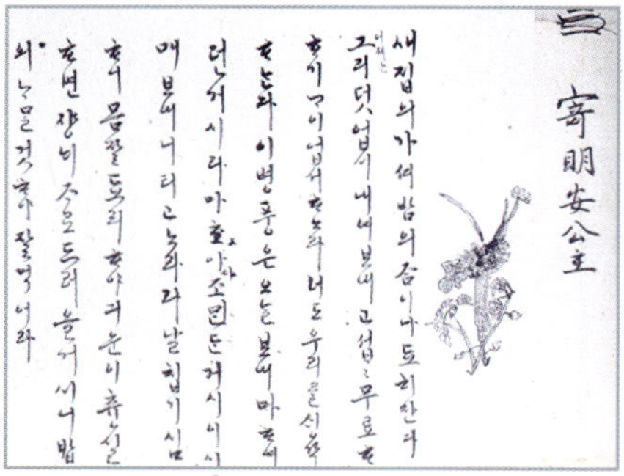

[그림 161] 현종(顯宗, 1641~1674)이 쓴 편지, 조선 17세기, 필사본, 보물1220호

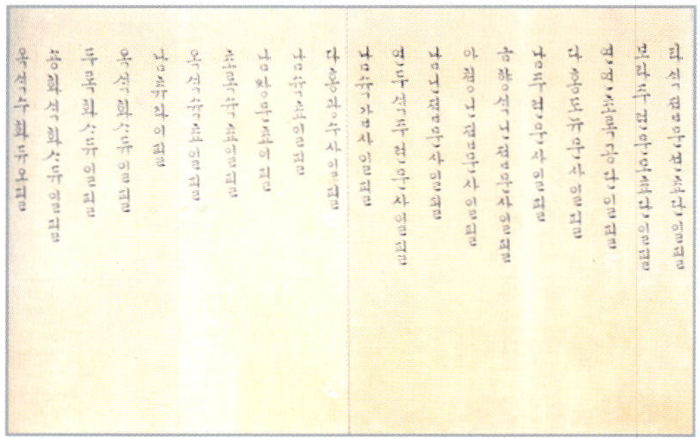

[그림 162] 옷감발기, 조선 19세기, 필사본

2. 세속에서 꿈꾸는 선경

청동기시대에 주로 제작된 암각화는 한국 회화의 가장 오래 된 작품들에 속한다. [그림163] 울주 반구대 및 천전리 서석의 암각화에서 확인되듯이 선사 및 역사 초기에 시도된 회화 활동의 기본적인 목표는 주술적 효과를 얻는 데에 있었다.[166] 대단히 실용적이면서도 종교적인 태도로 회화 제작이 이루어진 것이다.[그림164] 고분벽화 역시 이와 같은 태도의 연장선상에 출현한 회화 작품이라고 할 수 있으나, 제재의 구성과 표현방식이 다양해지고 역사 문화적 해석의 여지를 보다 넓게 지닌 점에서 암각화와는 구별된다고 할 수 있다.

공예적 성격을 강하게 지니는 삼국시대의 실용회화에서도 감상화적 접근의 소지는 발견된다. 화가 자신이 실용의 틀에서 벗어나고 싶어했고, 그러한 자세가 회화 작업 속에 반영된 결과일 것이다. 후기로 편년 되는 고구려 고분벽화 속의 산수화가 그러한 사례에 해당된다고 하겠다.

삼국시대 말기부터 회화작품 속의 감상화적 요소는 크게 증대되어 통일신라 및 발해시대에 이르면 감상화적 흐름이 뚜렷한 줄기를 이루기 시작한다. 고구려 담징이 그

[그림 163] 암각화 세부, 울주 대곡리 반구대 암각화 유적, 청동기시대

[그림 164] 천마도, 경주 천마총(황남동155호분) 출토 장니, 신라 5세기 후반~6세기초

렸다는 일본 호오류지[法隆寺] 금당 벽화나, 신라 솔거가 그린 황룡사 금당 벽화에 얽힌 일화는 이들 화가의 작품들이 강한 사실성을 띠었음을 나타내기도 하지만, 실재성에 대한 음미가 가능할 정도로 명작이었음을 알게 하는 좋은 사례이다.

고려시대에 이르러 한국의 회화는 실용화에서 감상화로 무게 중심을 옮긴다. 이 과정에서 왕공과 귀족, 승려와 같은 전문 화공과는 다른 영역의 사람들이 대거 작품 활동에 참여하게 된다. 이는 감상화 자체가 화원으로 불리던 전문화가들의 일상적 작품 활동의 대상이 아니었던 점과 관련이 깊다. 공예적 실용성이라는 틀 안에 갇혀 있던 회화의 영역이 크게 확장된 것이다.

순청자를 생산해내던 중기 문벌귀족의 시대에 큰 발달을 보이는 고려 회화, 특히 감상화의 종류로는 산수화, 영모화, 화조도, 사군자도 등을 들 수 있다. 국가 화원(畵員)으로 활약했던 이녕과 이광필은 12세기 고려 회화의 수준을 국제적으로 평가받는 데에 크게 기여한 인물이다.[167)]

귀족과 승려들이 작품 활동에 적극 참여하면서 고려에서는 산수화를 중심으로 후에 문인화로 범주화할 수 있는 그림들이 다수 제작되며, 이러한 작품들이 감상의 주 대상으로 떠오르게 된다. 중국의 송, 원으로부터 전해지는 다양한 화풍의 영향이 반

[그림 165] 인물상, 파주 서곡리 고려벽화묘(1호묘) 북벽 벽화(12지상중 자(子)상), 고려 14세기

영되는 동시에, 실경(實景)을 바탕으로 한 고려풍 산수가 표현되는 것도 중기 및 후기 고려 산수화의 특징이다.[168] 물론 고려시대에도 공예성을 띠는 실용적 회화활동은 계속된다.[그림165]

조선왕조가 들어서면서 감상화의 발달은 보다 적극적으로 이루어지며, 그 결과 사대부가 주도하는 문인화가 직업적인 화가, 곧 화원들의 세련된 회화작품들보다 높은 평가를 받게 되는 현상이 나타난다. 글쓰기가 서예라는 예술활동의 한 장르로 발전하여, 인격, 인품을 드러내는 방편으로 이해되게 되었듯이 문인화 역시 그린 이의 '격(格)'을 평가할 수 있게 하는 수단으로 여겨지게 되었다.

회화적 기교, 사실적 표현의 수준, 제재 구성의 짜임새 보다 작가의 뜻을 나타내는 방식, 여백을 통한 심미적 공간의 확보와 인간관, 세계관, 자연관의 표현 및 전달 능력에 감상자의 관심이 기울여지게 되었다. 한마디로 작가가 어떤 생각을 하고 있으며, 그 생각이라는 것이 얼마나 고매하고 심원한 것인지를 감상하는 자로 하여금 느끼게 하여야 한다는 것이다. 작가가 현실을 보는 눈, 꿈꾸는 이상적 세계가 작품의 구도, 제재 구성, 필선 속에서 드러나되 그 수준은 '성현'과 같아야 한다는 식이다. 지적 훈련의 과정을 거치기 어려운 일반 화원들로서는 이해하기도 어렵고 도달하기도 까다로운 지식층 중심의 관념세계가 화면 속에 펼쳐져야 했다. 자연, 같은 산수화라도 기록화적 성격을 지닌 회화는 화원들의 전문영역으로 남지만, 감상화적 성격을 지닌 회화는 사대부 화가들이 제작활동의 중심에 서게 된다.[169]

사대부들의 입장에서 문인화, 특히 산수화는 어쩔 수 없이 몸담아야 하는 현실, 유교적 이념을 현실질서에 적용시키기 위해 계속해야 하는 관료생활에서 잠시나마 벗어나게 하는 현실 속의 현실탈출 장치였다.[그림166] 선경의 삶을 추구하면서도 세속의 때를 묻혀야 하는 선비의 이중적 삶, 넓어져만 가는 현실과 이상의 거리를 좁힐 수 있는 가장 효율적인 방법이자 수단이 산수화의 제작과 감상이었다. 퇴근 뒤, 세속의 때로 얼룩진 관복을 벗고, 일상복을 한 채 휴식의 한 때를 보내고자 할 때, 선비는 벽에 걸린 산수화를 보면서 크고 넓으며 깨끗한 자연의 품으로 들어간다. 높은 산 깊은 계곡, 개울 곁에 세워진 손바닥만 한 원두막 속잠방이 차림의 중늙은이가 곧 자기 자신인 것이다. 맑은 물에 발을 담근 채 먼 산을 쳐다보는 망건도 없는 맨 상투에 저고리 섶은 풀어헤친 젊은 선비가 나요, 그 곁에 쭈그리고 앉아 일필휘지로 한지에 시 한 수 적어 내리는 이가 막역한 친구 아무개이다.

[그림166] 고사관수도(高士觀水圖), 강희안(1417~1464), 지본수묵(紙本水墨)

15세기를 대표하는 사대부 화가 강희안(姜希顔)의 '고사관수도(高士觀水圖)'는 전형적인 문인풍 소경산수인물도(小景山水人物圖)라 하겠고, 16세기의 인물인 김제(金禔)의 '한림제설도(寒林霽雪圖)'는 대경산수 인물도의 대표적 사례 가운데 하나라고 하겠다.170) 동국진경(東國眞景)의 세계를 펼쳐 보인 것으로 널리 알려진 겸제 정선(鄭敾)의 인왕제색도(仁王霽色圖)나 정양사도(正陽寺圖), 조선 후기

남종화(南宗畵)의 대가로 일세를 풍미한 완당 김정희(金正喜)의 세한도(歲寒圖)도 문인풍 산수화의 또 다른 경지를 보여준 경우라고 할 수 있다.171)[그림167]

[그림 167] 정양사도(正陽寺圖), 정선(1676~1759), 지본담채(紙本淡彩)

3. 그림 속에 남은 서민의 애환

산수화가 사대부가 세상과 자신을 바라보는 눈으로부터 출발한 그림이라면, 풍속화는 특정한 관념이나 시각에서 벗어나 비교적 자유로운 관점을 바탕으로 그려진, 곧 자신이 사는 세상의 모습을 그린 그림이라고 할 수 있다. 회화의 한 장르로서 풍속화는 일상생활의 모습을 그린 그림이지만, 조선시대라는 특정한 시기 안에서 언급되는 풍속화는 조선 후기를 풍미한 서민의 일상에 대한 회화적 기록이라고 할 수 있다.

서민의 일상을 화폭으로 담아내는 작업은 조선 중기에 이르기까지 화가나 문인들에 의해 거의 이루어지지 않았다. 어느 누구도 서민의 삶을 화폭으로 담아낼 필요를 느끼지 않았고, 화면 속 서민의 삶이 감상의 대상이 된다고 생각하지도 않았다. '경직도(耕織圖)'와 같이 절기에 따른 농경활동의 각 단계를 회화로 나타내어 목민관들이 이를 기준으로 지방행정에서 신경 써야 할 부분을 알게 한 실용화는 있었으나, 감상화적 요소를 담은 풍속화는 제작되지 않았다.

조선의 풍속화는 17세기 후반부터 공제 윤두서, 관아제 조영석과 같은 사대부 화가들이 초야(草野)에 묻혀 지내면서 그리기 시작하였다.[172] 중앙정계의 관료로서가 아닌 지방 향리의 사대부 지주로 서민들과 이웃하여 그들의 일상과 만나, 삶을 속속들이 들여다보면서 시작된 회화활동의 결과물이다. 세속의 가치, 일상의 진실을 인정하면서 문인산수화와는 또 다른 세계를 화폭에 담을 필요를 느낀 때문이다. 나물 캐고, 짚신 삼으며, 농작물을 도리깨질하는 서민 일상의 순간순간이 화가의 붓끝에 잡혀 화면에 남게 된 것이다.

[그림 168] 씨름도, 단원풍속화첩, 김홍도(1745~1817?), 지본담채(紙本淡彩), 보물527호

사대부들에 의해 장르화 한 조선의 풍속화는 단원 김홍도, 경제 김득신, 혜원 신윤복과 같은 화원들에 의해 본격적으로 그려지고, 큰 발전을 이루게 되었다.[173] 산수, 인물, 영모, 화조 등 회화의 모든 분야에서 뛰어난 기량을 과시했던 단원 김홍도는 화원 시절 그린 기록화들 속에서 이미 이후 풍속화의 주제로 부각되는 제재들을 솜씨 있게 담아냈다.[174] 국가의 주요행사를 비롯하여 선비들의 삶을 기록화적인 양식으로 그려낼 때에도, 배경을 이루는 크고 작은 장면 속에서 서민들의 일

[그림 169] 주막도, 단원풍속화첩, 김홍도(1745~1817?), 지본담채(紙本淡彩), 보물527호

상을 한 자락씩 짜임새 있게 맞추어 넣다가 언젠가부터 부분에 불과하던 풍속적 제재들을 독립제재 겸 회화 주제로 삼게 된 것이다.[175]

서민의 일상, 생업활동의 한 장면씩을 주제로 삼은 '단원 풍속화첩' 속의 그림들은 김홍도가 살던 시대의 생생한 기록화이자, 감상도 가능한 회화적 명품들이다.[그림168][그림169] 기와이기, 주막, 빨래터, 자리 짜기, 타작, 점심, 대장간, 논갈이, 서당, 무동, 점괘, 고누놀이, 씨름, 그림감상, 길쌈, 담배 썰기, 편자 박기, 활쏘기, 우물가, 고기잡이, 장터길, 나룻배, 신행, 노중 상봉, 행상을 주제로 한 그림들은 회화작품으로서의 가치 외에도 주요한 역사기록으로서의 의미도 함께 지닌다.

단원의 제자로 여겨지는 김득신은 풍속화를 많이 남긴 인물로 역시 화원이었다.[176] 그가 남긴 작품들도 대부분 서민의 생활을 묘사한 것인데, 방안에 모여 투전에 몰두하는 인물들을 그린 '밀희투전'은 다른 풍속화가의 작품에서는 보기 힘든 것으로 18세기 서민 세계의 또 다른 면을 읽게 하는 점에서 흥미로운 작품이다.

김홍도가 서민의 일상을 집중적으로 화폭에 남긴 것과 달리 신윤복은 한량과 기녀들의 생활을 즐겨 그렸다.[177] 김홍도가 서민들이 살아가던 이야기를 그림 속에 담았

[그림 170] 연당야유도(蓮堂野遊圖) 부분, 혜원전신첩(蕙園傳神帖), 신윤복(1758~?), 지본담채(紙本淡彩), 국보135호

다면 신윤복은 인생의 즐거움을 묻고 찾으려 애썼던 남녀 사이에 오간 이야기를 화폭에 옮겨 놓았다고 할 수 있다. 유명한 '혜원전신첩'에 실린 30폭의 작품들 가운데 몇 점을 제외하면 나머지는 한결같이 한량과 기녀들이 엮어낸 애정담이 그림으로 남은 경우이다.[그림170] 늦은 밤 담 모퉁이에서 이루어진 두 연인 사이의 만남을 다룬 '월하정인(月下情人)'이라는 작품의 화폭 왼편의 글 '달은 기울어 밤은 삼 경인데, 두 사람 마음은 두 사람만이 안다.'는 구절은 혜원 신윤복 풍속화의 특징을 가장 잘 드러낸다고 하겠다.

✤ 제14장 장인의 손끝에서 나온 가구와 장식

1. 나뭇결을 읽는 목수의 마음: 가구

농경사회는 전통적으로 주민의 이동이 적다. 대개의 경우, 사람들은 여러 세대 동안 한 곳에서 농사지으며 붙박이 생활을 하기 마련이다. 붙박이 생활이 길어지면 세간이 늘어나고, 살림살이를 잘 간추려 넣을 곳이 필요하게 되며, 이 과정에서 발달하는 것이 가구이다.

조선사회에서 크게 꽃피는 전통가구를 대표하는 것으로는 목가구가 있다.[178] 오동이나 귀목과 같이 결이 뚜렷하고 아름다운 재목들로 만들어진 장이나 궤, 사방탁자, 문갑들은 자연스러운 장식성과 뚜렷한 실용성으로 말미암아 오늘날에도 그 가치를 인정받는 전통사회를 대표하는 목가구들이라고 할 수 있다.[179][그림 171]~[그림173]

[그림 171] 책상(冊箱), 조선 후기

[그림 172] 사층사방탁자(四層四方卓子), 조선 후기

[그림 173] 삼층장(三層欌), 조선 후기

짜임새를 잘 갖추었으면서도 자연스러움을 잃지 않는 이런 목가구들의 가장 큰 특징 가운데 하나가 나뭇결이 이루어내는 미학적 효과인데, 일본이나 중국과 같은 동아시아 문화권 안의 농경사회에서 만들어진 목가구들과 구별되는 가장 주요한 특징이라고 할 수 있다.

전통사회에서는 집을 짓는 일에 참여하는 사람을 대목, 가구 짓기를 전문으로 하는 사람을 소목이라고 불렀다. 소목이나 대목이나 목재를 다듬어 들보와 기둥을 놓거나, 가구를 짜는 과정에서 쇠못 사용은 가능한 한 배제되었다. 쇠못이 다듬은 목재들 사이를 잇고, 짜인 틀을 유지하는 데에는 일단 유효할지 몰라도 계절 변화와 일교차에 따른 목재의 자연스러운 변화를 억제하여 장기적으로는 목재의 뒤틀림을 촉진하여 집이나 가구의 짜임새가 흐트러지게 만들 수 있기 때문이었다. 조선 목수의 눈에 집이나 가구는 살아 숨 쉬는 존재였다.

목가구의 제작과정에 목수는 목재의 성격을 우선적으로 고려하였다. 짜고자 하는 가구의 용도, 가구가 배치될 장소에 따라 사용될 목재가 결정되었다. 습도가 비교적 높고 통풍이 쉽지 않은 곳에 둘 가구와 통풍이 쉽고 습도 관리가 용이하며 온돌을 통해 온기가 유지될 수 있는 곳에 두고 사용될 가구에 쓰일 목재는 다를 수밖에 없었기 때문이다. 목재의 내구성, 치밀도, 흡수성도 고려되었다. 사계절의 변화가 뚜렷하고, 계절에 따른 일교차의 변화가 심한 한국의 기후풍토, 온돌로 난방을 하는 한국 가옥의 구조적 특성이 모두 고려되어야 했다.

[그림 174] 삼층찬장(三層饌欌), 조선 후기

목재의 어떤 부분을 어떻게 다듬는가에 따라 수분을 받고 내뱉는 과정에서 나타나기 마련인 목재 형태의 변화가 가구의 짜임을 유지하는 데에 도움을 줄 수도 있고, 그렇지 않을 수도 있었다. 이런 까닭에 조선 목가구의 부재들은 보이지 않는 곳까지 세밀히 다듬어졌다. 목가구 짜임에서 나뭇결이 중시된 것도 이 때문이다. 옹이가 박힌 부분이 목가구의 제재에서 가능한 한 배제되는 것은 어떤 면에서 당연하다고 해야 하겠으나, 이런 저런 이유로 제재 선택의 폭을 좁히면 일반 목가구의 제작은 극히 어려워지게 된다. 조선의 목수들은 목재의 특질을 읽어내고 그 특질을 활용함으로써 이로 말미암아 발생할 수 있는 문제를 해결하였다. 그 결과 쌓인 조선 목가구 짜기의 비법 가운데 하나가 나뭇결 읽기이다.[그림174]

나무의 결은 나무의 성장과정에서 만들어진 생의 이력이다. 결을 읽어내면 나무가 어떤 환경에서 어떻게 성장하였는지를 알 수 있고, 목재로 쓰였을 때 주변의 환경에 어떤 식으로 반응할 지를 예측할 수 있게 된다. 습도와 온도의 변화에 따른 목재 수축의 정도를 나뭇결이 알려주기 때문이다. 나뭇결을 보면서 목수는 목재의 어떤 부분을 가구의 어떤 부분에 사용해야 하는지를 알 수 있다. 이런 점을 고려하여 지은 가구는 계절의 변화나, 주변 환경의 흐름에 적절히 반응하며 오랜 기간 동안 원 상태를 유지할 수 있게 된다. 더욱이 나뭇결을 고려하여 짠 가구는 보는 이로 하여금 자연의 한 부분을 보는 듯한 편안함을 줄 수 있으므로 실용성에 더하여 심미성까지 갖추는 효과를 자아낸다. 조선의 목가구에서 인공미보다는 자연미를 느끼게 되는 것도 나무 결을 자연스럽게 드러내는 가구 짜기로 말미암는다.

2. 아름다움과 쓰임새의 조화: 장석

비록 쇠못 쓰기가 가능한 한 자제된다고 해도 장이나 농 같이 구조가 복잡하고 규모가 큰 가구를 짜고자 할 경우, 기본 틀을 유지하고, 이음새가 약한 부분을 보강하기 위한 쇠못의 사용은 불가피하다. 쇠못의 쓰임이 가져올 수 있는 가구 안에서의 이질감, 녹의 발생으로 말미암는 목재의 손상 등을 최소화하면서 가구의 미관에 변화를 가져오고, 짜임을 보다 단단하게 하며, 가구의 사용을 원활하게 하기 위해 적극 사용되게 된 것이 장석이다.[180] '두석장(豆錫匠)'으로 불리던 금속장인에 의해 철, 주석, 백동을 재료로 제작된 장석은 쓰임새와 부착되는 가구의 종류에 따라 다른 형식이 사용되며, 구체적인 쓰임새에 따라 경첩, 들쇠, 고리, 감잡이, 귀장식, 자물쇠, 귀잡이, 광두정 등 여러 종류로 구분된다.[181)[그림175]~[그림178]

[그림 175] 한옥의 문에 사용된 장식, 조선 후기

가구 제작에서 목재의 연결 부위, 모서리 장식에 주로 쓰이는 경첩은 고려시대를 거쳐 조선시대에 들어서면서 이로 말미암는 장식적, 심미적 효과에 더욱 관심이 모이게 되어 백동을 기본 재료로 한 것이 다수 만들어지게 되었다. 백동은 쇠와 달리 녹도 잘 슬지 않을 뿐 아니라 밝고 은은한 색깔로 말미암아 목가구의 목질과 색채의 대조를 이루면서 장식성을 두드러지게 할 수 있는 재료였다.

경첩[겹첩]은 두 개의 금속판 기둥축을 중심으로 서로 맞물리어 돌아갈 수 있게 만든 장치로 장롱이나 함, 반닫이, 문갑, 책장과 같이 여닫이문이 달린 가구의 몸체와 문판을 잇는 데에 쓰이면서 발달한 것이다. 제비초리형을 비롯하여 나비형, 호리병형, 여의두형, 약과형, 망두형에 이르기까지 다양한 형태를 선보이게 된다. 투각칠보문인동이나 음각칠보형, 투각만자문초문형에서 알 수 있듯이 경첩은 점차 그 형태로 말미암는 의미 전달의 기능, 벽사(辟邪), 기복을 기원하는 도구이자 상징으로서의 성격도 지니게 된다. 돌쩌귀는 대형 문짝을 고정시키거나 찬탁 같이 무거운 내용물을 얹는 목공품에 부착된 경첩의 한 종류이다.

[그림 176] 장석, 이층농(二層籠) 부분, 조선 후기

[그림 177] 장석, 반닫이 부분, 조선 후기

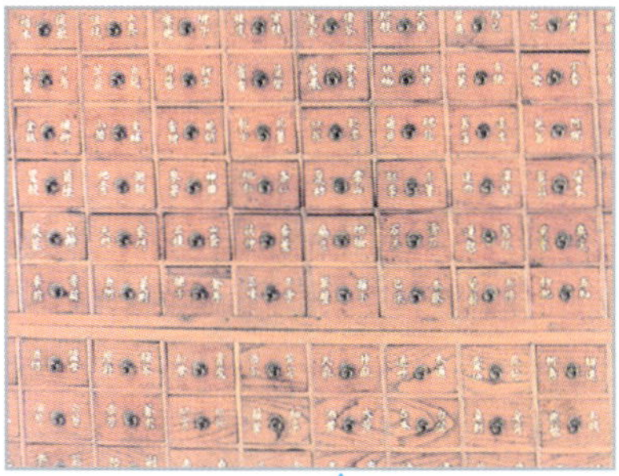

[그림 178] 장석, 약장(藥欌) 부분, 조선 후기

들쇠는 가구를 들어 올리거나 서랍, 문을 잡아 당겨 열 때에 사용하는 손잡이 역할을 하는 장석을 말한다. 가구의 측면이나 서랍 한가운데에 배치되는데, 활형, 박쥐형이 많이 만들어져 사용되었다. 박쥐(蝠)는 한자 발음이 복(福)과 같아 복을 부르는 의미에서 들쇠 제작 때에 그 형상이 특히 선호되었다.

고리는 장석의 역사가 시작되면서 출현한 것으로 문을 여닫거나, 특히 문을 닫은 상태에서 자물쇠를 걸어 채울 수 있게 만들어졌다. 말 그대로 고리형이 있고, 네모꼴, 칠보꼴 등이 있다. 주로 자물쇠 앞바탕에 매달려져 개폐장치로서의 용도로 쓰였다.

앞바탕은 고리, 들쇠, 자물쇠 등을 설치하기에 앞서 가구 몸체에 덧붙이는 얇고 넓은 장석을 가리키며 앞받침으로도 불렸다. 고리, 들쇠 등이 가구 몸체에 직접 닿지 않으면서 가구에 단단히 부착되도록 하는 보조장치라고 할 수 있다. 약과형을 비롯하여, 부귀, 장수, 다복의 의미를 담은 박쥐형, 사슴형, 불로초형 등 다양한 형태로 만들어졌다. 보통 고리용, 들쇠용, 자물쇠용, 장식용 등으로 구분된다.

광두정이란 못자국을 감추거나, 가구 평면의 빈 공간이 지나치게 허전한 감을 줄 때 이를 보완하기 위해 설치하는 장석으로 못의 일종이다. 공간에 조화와 질서를 부여하는 한편, 들쇠와 함께 구조적인 안정성과 편의성을 높이기 위해 설치하는 까닭에 다른 장석 종류에 비해 형태가 단순하다. 나비형, 박쥐형, 약과형, 은상감수자문국화형 등이 있다.

귀장식이란 가구의 모서리 부분에 부착되는 장석을 가리킨다. 모서리의 손상과 약화를 방지하면서 가구의 장식성을 높이기 위해 사용되며, 초형, 화형, 투각만자문당초문화형 등의 형태가 비교적 널리 쓰였다.

감잡이란 모서리 진 부분, 혹은 판과 기둥, 기둥과 기둥, 판과 판 등 목가구를 구성하는 주요한 부분이 서로 만나 얽어지는 부분에 덧대는 것으로 가구의 구조적 취약점을 보완하고 강화시키는 기능을 지닌 장석이다. 거머리 장식, 가락지 장식으로도 불리는 감잡이는 덧대는 위치에 따라 형태가 다양하게 바뀐다. 석류형, 망두형, 투각칠보형, 투각만자문약과형, 투각만자문석류형 등이 있다.

자물통, 자물쇠, 열쇠로 구성되는 자물쇠는 가장 실용성이 강조되는 장석 가운데 하나이다. 장, 농, 반닫이 등에 사용되는 ㄷ자형 자물쇠는 독립형 자물쇠에 해당하고, 의걸이장, 책장과 같이 위아래가 긴 가구에 자물통을 붙박이로 설치한 뒤, 고리에 비녀장을 끼우고 빼는 식으로 쓰이는 선형 자물쇠, 자물통이 가구 안쪽 면에 설치된 은혈 자물쇠, 두껍닫이 자물쇠, 꺽쇠형 자물쇠 등은 붙박이형 자물쇠에 해당한다.

3. 사랑방과 안방의 정경

나무 결을 살린 가구, 장석으로 짜임이 더욱 견고해진 목가구들이 기품 있게 배치되는 곳은 바깥주인의 주된 거처인 사랑방과 집안 살림살이의 중심인 안방이었다. 서민 주택에서도 여건이 허용하는 한 안방과 사랑방을 나누려 하였지만 아무래도 이 관습이 전형적으로 구현된 곳은 조선시대 사대부의 가옥에서라고 하겠다.[182] 바깥주인이 서재 겸 거실, 침실로 쓰던 사랑방에는 여러 가지 가구 외에도 일상생활에서 요긴하게 쓰일 수 있는 기물(器物)들이 요소에 두어졌다.[그림179] [그림180]

사랑방에는 보통 문갑과 사방탁자, 책장, 궤, 서안 등이 놓였고, 안침, 장침, 방침, 보료, 안석 등이 병풍과 함께 두어져 바깥주인이 독서를 하다가 쉬거나, 잠들 때에 쓰이도록 하였다.[183][그림181] 손님을 맞거나 대화 모임이 있을 것에 대비하여 장판과 방석이 준비되었고, 재떨이와 화로, 촛대가 구비되었다. 서찰이나 족자, 두루마리를 얹는 데에 쓰이는 고비, 붓을 걸어두는 필가, 붓꽂이인 필통, 벼루, 종이, 붓, 먹, 연적을 두는 연상(硯床)도 사랑방의 필수품에 속했다. 문갑은 문방용품과 각종 문서를 보관하기 위한 가구로 여러 개의 서랍과 선반을 지녔다. 문갑 위는 연적이나 필통, 지통을 놓는 받침대로 쓰이기도 하고, 수

[그림 179] 사랑채 풍경, 삼공불환도(三公不換圖) 부분, 김홍도 1801년, 견본담채(絹本淡彩)

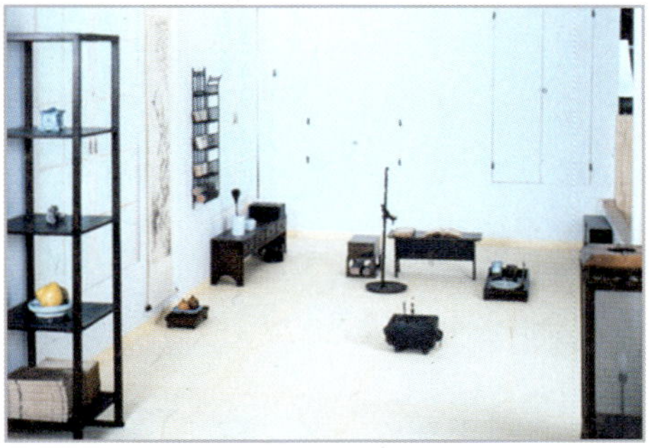

[그림 180] 사랑채 내부, 복원 모형, 국립중앙박물관

[그림 181] 서안(書案), 조선 후기

[그림 182] 문방사우(文房四友), 조선 19세기

석이나 난을 올려놓는 진열대로 사용되기도 하였다.

사대부의 사랑방은 외부로부터의 손님을 향해 열린 공간이자, 주인의 성품을 드러내는 장소로도 여겨졌으므로 방에 걸리는 족자의 글이나 그림, 병풍의 그림 등에 주의가 기울여졌다. 문방사우(文房四友)로 불리는 지(紙), 필(筆), 묵(墨), 연(硯)이 상시 갖추어져 있게 마련이다.[그림182] 바깥주인은 평상시에는 이곳에서 지내면서 독서를 하고 글을 썼다. 친구의 내방을 받아 시화(詩畵)를 주고받으며 한담을 즐기기도 하였다. 바둑판이나 거문고, 퉁소 등의 오락용품들이 이곳에 비치된 것도 사랑방이 지닌 이와 같은 다양한 용도에서 말미암는다.

사대부가 사랑방을 거의 떠나지 않았듯이 안주인 역시 안방을 지켰다.[그림183] 옷걸이장과 삼층장, 가께수리와 경대, 사방탁자, 문갑 등이 갖추어진 사대부가의 안방에서 안주인은 집안의 살림살이를 총괄하고, 바깥출입에 제한을 받게 마련인 딸의 교육을 맡았다. 보통 2~3개의 방으로 이루어진 안채에서 안방은 안방마님으로 불리던 안주인이 차지했다. 건넌방에는 며느리가 기거했으며, 노마님은 아랫방에서 지냈다.

안쪽 상단에 횃대가 가로질러 있어 두루마기와 같이 긴 옷을 걸 수 있도록 만들어진 옷걸이장의 경우, 아래층에는 잘 개어둔 옷을 보관할 수 있는 공간이 별도로 마련

[그림 183] 안채 풍경, 삼공불환도(三公不換圖) 부분, 김홍도 1801년, 견본담채(絹本淡彩)

되었다.[그림184] 여닫이문 안에 여러 개의 서랍이 설치된 가께수리는 귀중품을 보관하는 금고의 역할을 하던 장이다. 삼층장은 농과 달리 내부만이 가로지른 방에 의해 삼층으로 구분될 뿐 하나의 통으로 이루어져 분리 이동을 할 수 없도록 만들어진 장이다.[184]

안방에도 방침과 보료가 갖추어졌고 방석과 화로가 준비되었다. 바느질용 도구가 담긴 반짇고리는 안방이 지니는 기능과 성격을 가장 잘 드러내는 비품 가운데 하나였고, 실궤를 비롯한 작은 함들이 장 위에 올려져 안방이 집안 살림의 중심이라는 사실을 드러내고는 하였다. 평소 안주인이 앉아 있게 마련인 보료 뒤편으로는 다락이 있어 안주인의 손길을 거쳐야 하는 물품들이 이곳에 보관되었다. 안방으로는 직계와 직계 비속 외에는 출입이 허용되지 않았으며, 평소 사랑채에서 생활하는 바깥주인조차

[그림 184] 의걸이장, 조선 후기

도 안방 출입에는 제한을 받았다. 내외를 철저히 구분하고, 가정생활에서 내외의 기능과 역할이 뚜렷이 구분되었던 조선시대 사대부가의 생활양식이 잘 드러나는 부분이라고 하겠다.

✤ 제15장 내세 삶터의 살림살이
-고분과 껴묻거리-

1. 무덤을 만드는 마음

'동물은 굳지만 사람은 죽는다'는 말이 있다. 동물에게 죽음이란 유기체가 신진대사를 정지했음을 의미하지만, 사람에게 죽음이란 더 이상 이 세상에서 살지 않게 되었다는 사실만을 뜻하기 때문일 것이다. 동물은 생명활동이 정지되는 순간 유기체의 분해과정으로 들어갈 뿐이다. 하지만 사람은 삶이 기억되고, 내세가 꿈꾸어지고 또 다른 삶이 시작된다고 믿어지는 까닭일 것이다.

동물은 죽으면 그 자리에 그냥 버려진다. 원숭이의 어떤 종류는 새끼가 죽으면 며칠씩 안고 다니며 어르고 만지고 먹이를 주어보다가 그래도 반응이 없으면 죽은 새끼를 버리고 자기 갈 길을 간다고 한다. 동물은 죽음과 함께 그냥 존재가 소멸되고 마는 것이다.

사람은 죽으면 살아 있는 자의 손으로 그 육신이 매장되고, 주변에는 또 다른 삶이나 되살아남, 생명의 유지를 의미하는 붉은 가루가 뿌려진다. 때로는 꽃도 놓이고, 음식물이 담긴 그릇과 사냥도구도 두어진다. 현생인류의 직접적인 조상으로 일컫는 호모-사피엔스가 원인류의 생명체들과 구별되는 점 가운데 하나가 죽은 자에 대한 매장이라는 사실은 그 자체 의미심장한 일이 아닐 수 없다.

시신의 매장은 죽은 자의 몸이 훼손되는 것을 막기 위함이다. 사람은 죽어도 그 육신이 보호될 가치와 의미를 지니는 것이다. 육신의 보호는 훼손이 가져올 수 있는 죽은 자와 산 자에 대한 피해를 막기 위함이다. 인간이 육신으로만 이루어진 존재가 아니라면, 신체의 신진대사는 중지되어도 그 속에 머무르던 영, 혹은 혼, 혼백은 삶을 계속 꾸려나갈 수도 있으므로 산 자와 죽은 자 사이의 관계는 유지될 수 있고, 여전히 서로 영향을 주고받을 수 있는 것이다.

호모-사피엔스의 죽은 자에 대한 매장이 어떤 의식을 바탕으로 이루어졌는지는 아직 확실하지 않다. 그러나 산 자의 죽음이 모든 것의 마무리는 아니라는 의식이 호모-사피엔스로 하여금 매장이라는 행위를 하게 했을 가능성에 대해서는 많은 사람들이 인정하고 있다. 신석기시대에 이르러 매장은 인간생활의 주요한 양식 가운데 하나로 자리 잡게 되며, 특정한 집단의 문화적 특징을 나타내는 요소로까지 여겨지게 된다.

경험을 통해 사람들은 매장이 죽은 이의 육신이 분해, 소멸되는 것까지 막지는 못한다는 사실을 알게 되지만 매장과 관련된 제반 의식과 절차, 결과물은 시간이 흐를수록 복잡해지고 뚜렷해진다. 산 자와 죽은 자 모두에게 있는 영이나 혼백의 존재와 힘을 염두에 둔 종교적, 문화적 행동양식인 것이다. 고고학적으로 고분이란 죽은 자를 위해 이루어진 매장과 관련된 제반 행위가 물질적 증거로 남은 것이라고 정의한다. 고분은 죽음에 대한 인간사회의 역사적, 종교적, 문화적 관념을 추적하여 알아낼 수 있는 통로이자 그 결과물 자체이기도 한 것이다.

중국 춘추시대의 옛 무덤들에 대한 조사보고에 따르면 산 자들은 죽은 자들의 혼백 가운데 탁한 기운에 속하는 백(魄)이 죽은 이의 육신과 함께 무덤 속에 터 잡고 살면서 바깥으로 나와 산 자들에게 해를 끼칠까봐 두려워 갖가지 방식으로 '백'을 달랬음이 수습된 유물들을 통해 확인된다는 것이다.[185] 산 자들의 눈에 보일 수도 있고 그렇지 않을 수도 있는 죽은 자의 백이 산 자들의 삶에 영향을 끼친다는 믿음이 춘추시대의 중국인들에게 있었던 것이다. 혼은 죽은 자의 육신을 곧바로 떠나 다른 세상으로 가지만, 백은 이 세상에 남아 산 자의 삶과 관련을 맺을 수 있다는 믿음이 죽은 자를 보내는 의식에 더욱 주의를 기울이게 했음을 알 수 있다.

이런 이유를 비롯하여 여러 가지 연유로 말미암아 죽은 자의 무덤은 제대로 잘 만들어져야 했고, 이를 위해 산 자들은 장의(葬儀)와 관련된 의식과 절차에 상당한 비용을 들이고 인력을 투입해야만 했다. 사람은 죽어도 여러 가지 방식으로 산 자와의 관계가 계속 유지될 수밖에 없고, 산 자는 이 사실을 마음에 새기고 있어야 했다. 무덤은 죽은 자를 보내거나, 죽은 자와의 관계를 마무리 짓기 위해 만드는 것이 아니라, 죽은 자로 하여금 새 삶을 시작하게 하고, 죽은 자와 산 자 사이의 관계를 지속시키기 위해, 보다 새롭게 하기 위해 마련되는 대화와 교제의 새로운 장이었던 셈이다.

2. 무덤이 말하는 사회, 문화, 역사

이미 신석기시대부터 무덤은 무덤을 만든 집단의 제반 사회, 문화, 종교적 특징을 파악해 낼 수 있는 주요한 실마리로 여겨지게 되었다. 평범한 사람들은 죽은 뒤에도 땅에 파인 구덩이에 시신이 묻히는 것으로 장의의 모든 절차가 끝났다. 그러나 규모가 작은 집단의 우두머리만 되어도 시신은 죽은 이가 생전에 지니고 있던 몇 가지 물품과 함께 많은 사람이 동원되어 정성 들여 만들어진 매장시설 안에 주의 깊게 안치되었다. 시대와 지역, 자연환경, 해당 사회의 규모와 신분 계급적 분화의 정도, 종교관념의 내용에 따라 무덤의 입지, 무덤 축조에 쓰이는 재료, 무덤의 형태와 양식, 규모, 껴묻거리가 달라지게 되었다.

청동기시대의 한반도와 만주일대에서는 급격한 사회 분화를 반영하는 듯이 다양한 형태와 양식의 무덤들이 나타난다. 청동기시대의 대표적인 무덤 양식으로 알려진 고인돌 외에도 돌무지무덤, 돌널무덤, 돌덧널무덤, 독널무덤, 널무덤, 움무덤이 이 시대의 생활유적 근처에서 무리를 이루어 발견된다. 널무덤의 발전형이라고도 말할 수 있

[그림 185] 고인돌, 배천 용동리, 청동기시대

는 돌널무덤은 움을 파고 그 안에 판돌을 네모지게 세워 널을 만든 다음 시신과 껴묻거리를 넣고 마무리 짓는 무덤양식을 말한다. 움에 깬돌을 넣어 네모지게 쌓아 덧널을 이룬 뒤 시신을 안치한 나무널이나 돌널을 그 안에 넣은 것을 돌덧널무덤이라고 하며, 1개 또는 그 이상의 항아리를 널로 삼아 시신을 그 안에 넣은 것을 독널무덤, 혹은 독무덤이라고 한다. 이러한 무덤 양식의 기본형이라고 할 수 있는 널무덤은 땅에 구덩이를 파고 그 안에 나무널에 넣은 시신을 매장한 것을 말한다. 널을 쓰지 않고 시신을 구덩이에 매장한 것을 움무덤이라고도 한다. 돌널이나 나무널 위를 돌로 덮은 무덤을 돌무지무덤이라고 하는데, 청동기시대부터 모습을 드러내어 삼국시대까지 유지되는 동북아시아 예맥계 무덤양식의 하나이다.[186)]

고인돌은 청동기시대 동북아시아에서 가장 선호된 무덤 양식의 하나라고 할 수 있다. [그림185] 바깥으로 드러난 모습을 바탕으로 탁자식, 개석식, 기반식으로 구분한다.[187)]

탁자식 고인돌이란 지상에 판돌로 상자 모양의 매장시설을 만들고 그 위에 거대한 두껑돌을 올려놓은 것을 말한다. 고인돌 가운데 초기 양식에 속하는 것으로 요동일대와 한반도 서북부에 집중적으로 분포되어 있다. 개석식 고인돌이란 지상의 매장시설이 지하로 들어간 것으로 지상에는 거대한 뚜껑돌만 보이는 것을 말한다. 기반식 고인돌이란 매장시설은 지하에 두되 별도로 둥근 돌로 뚜껑돌을 받쳐 놓은 것을 가리킨다. 개석식과 기반식 고인돌은 한반도 남부에서 주로 발견된다.

고인돌 가운데에는 무덤으로 만들어진 뒤, 조상숭배와 같은 집단적 의례를 위한 장소로 쓰인 것으로 보이는 사례도 있어[188] 청동기시대 무덤의 기능과 역할에 대한 적극적이고 포괄적인 해석의 가능성을 열어 놓는다. 무덤이 죽은 자만을 위한 공간이 아니라는 사실이 확인되는 경우라고 하겠다.

철기시대에 이르면 만주와 한반도의 여러 지역에서 고유의 무덤 양식이 새로운 양식의 무덤과 섞여 제3의 무덤 양식을 출현시키는 등, 무덤 양식을 통해 사회 및 문화 상황의 변천을 읽어낼 수 있을 정도로 무덤 양식이 다양하게 바뀌어 나간다. 고조선의 옛 중심부에 중국 한 왕조에 의해 세워진 낙랑군 영역에서는 고조선의 토착 묘제인 널무덤과 중국에서 건너온 덧널무덤이 혼합된 양식의 무덤, 낙랑식 덧널무덤, 벽돌무덤이 함께 만들어지는 반면, 그 바깥의 땅에서는 예맥계의 널무덤이나 돌무지무덤이 계속 축조되는 것이 대표적인 사례이다.

움무덤이나 그 발전형, 혹은 널무덤이 주류를 이루던 한반도 중남부의 삼한지역에서 시간이 흐름에 따라 진·변한 영역에서는 낙랑식 덧널무덤으로의 교체가 이루어진다. 반면, 마한 영역에서는 그러한 현상이 뚜렷하게 나타나지 않는다. 낙랑세력이 쇠퇴하면서 주민의 일부가 진·변한의 땅으로 흘러 들어갔다는 문헌 기록의 사실성을 뒷받침하는 고고학적 증거라고 하겠다. 마한지역에서는 전통적인 묘제를 바탕으로 돌널을 덮은 흙무지 가장자리에 배수시설을 겸하는 것으로 보이는 도랑이 만들어진다. 주구묘로 불리는 이러한 형태의 무덤은 외부의 영향 없이 자체적인 매장문화의 발전 결과라고 할 수 있다.[189]

삼국시대가 본격적으로 열리면서 무덤 양식에도 변화가 나타난다. 고구려에서는 전통적 묘제인 돌무지돌덧널무덤 외에도 이 묘제의 발전형이라고 할 수 있는 돌무지돌방무덤, 흙무지돌방무덤, 흙무지돌방벽화무덤 등이 만들어진다.[190] 고구려 특유의 묘제라고까지 할 수 있는 돌무지돌덧널무덤은 고구려 전기 역사의 흐름을 짐작할 수 있게

[그림 186] 장군총, 중국 길림성 집안, 고구려 5세기

할 정도로 축조와 분포 양상의 시대적 변화가 뚜렷이 나타난다. 이 유형의 무덤은 기원전 2세기경부터 압록강 중류 지대를 중심으로 한 고구려인의 거주지역에서 집중적으로 만들어지며, 시간의 흐름에 따라 무기단, 기단, 계단식으로 분화, 발전하는 양상을 보인다.[그림186]

고구려의 중앙권력이 강화되고, 왕권의 위상이 높아지면서 돌무지돌덧널무덤은 돌무지돌방무덤으로, 다시 흙무지돌방무덤으로 구조 및 형태상의 변화를 보이게 된다. 고구려가 고유의 묘제에 중국 장의미술 및 묘제의 특징을 더하면서 출현시키는 흙무지돌방벽화무덤은 고구려 중기 이후, 왕실과 귀족의 새로운 무덤 양식으로 자리 잡으면서 무덤 안에 그려진 벽화는 고구려인의 세계관, 우주관, 내세관을 후세에까지 전하는 매체로 기능하게 된다.

백제의 무덤 양식은 고구려에 비해 다양하고 복잡하기까지 하다. 마한 사람들의 널무덤 위에 조성된 계단식돌무지무덤은 온조와 비류로 대표되는 부여·고구려 계통의 백제 건국세력과 그들의 후예가 남긴 것이며, 대형독널무덤과 장고형, 방대형, 삼각형 흙무지로 덮인 돌널무덤들은 영산강 유역을 중심으로 장기간 독자적인 문화전통을 고수하던 백제 지방세력, 이른바 마한계 소국연맹의 후예들이 남긴 것이다.[그림187]

벽돌무덤이나 굴식 돌방무덤은 중국의 남조 및 고구려로부터 영향 받아 출현하는 백제 후기의 새로운 무덤 양식이다. 굴식 돌방무덤의 경우에는 영산강 유역의 묘제에 영향을 주어 대형 독널을 넣은 돌방 위를 흙무지로 덮되 방대형을 이루게 하는 복합적인 무덤 양식을 출현시키기도 한다. 벽돌무덤은 웅진시대의 백제 왕실에서 채용한 외래의 무덤 양식으로 백제가 수용한 남조 문화의 내용과 범위를 짐작하게 하는 지표적 존재이다.[191)]

[그림 187] 대형 독널들, 영산강 유역 출토, 삼국시대

[그림 188] 옥전M3호분 내부, 합천, 가야 5세기말

진·변한 소국연맹의 후신이라고도 할 수 있는 신라와 가야에서는 시대의 흐름에 따라 무덤 양식이 바뀌어 나가되 그 양상이 그리 복잡하지 않은 것이 특징이다. 널무덤이 주류를 이루던 이 지역에서 대형 나무덧널무덤이 나타나는 것은 2세기 중엽 이후이다. 지배층이 기존의 무덤 양식과는 구분되는 새로운 무덤 양식을 받아들여 조성하기 시작한 때문이다. 지배층을 위한 대형 나무덧널무덤이 만들어지면서 껴묻거리를 대량으로 묻기 위한 딸림덧널들이 으뜸덧널과 함께 조성되며, 4세기 중엽 경부터는 기존의 소형 널무덤이 돌덧널무덤으로 대체되다가 이 새로운 흐름이 대형 무덤의 축조에도 영향을 끼치게 된다.[그림188]

[그림 189] 대형 봉토분들, 경주, 신라

[그림 190] 황남대총(황남동 제98호분) 남분 내부, 경주, 신라 5세기경

한편, 신라의 왕경 경주지역에서는 5세기부터 대형 돌무지나무덧널무덤이 출현하는데, 신라 왕실의 출자와 문화적 배경과 관련하여 눈길을 끄는 현상이다.[192)][그림189], [그림190] 신라의 중앙집권이 확립되는 5세기 중엽 이후에는 앞트기식 돌방무덤이, 6세기에 이르면 고구려, 백제의 영향 아래 굴식 돌방무덤이 나타나며, 신라의 변경에서는 흙무지 돌방벽화무덤이 출현하기도 한다.

통일신라시대에 이르면 지배층의 무덤 양식에 기존의 흙무지돌방무덤 외에 돌덧널안에 골호를 넣은 새로운 유형의 흙무지돌덧널무덤이 더해진다.[193)] 불교의 영향으로 화장(火葬)이 성행하면서 나타난 현상이다. 고려시대에 들어서서도 골호의 제작은 계속되지만, 왕실과 다수 귀족가문에서는 흙무지돌방무덤이 계속 만들어진다.

고구려의 후신을 자처한 발해에서는 돌널무덤, 돌덧널무덤, 돌방무덤 및 벽돌무덤등이 만들어지는데, 각 무덤 양식은 문화계통과 밀접한 관련을 맺고 있다.[194)] 돌무덤계통의 무덤들은 고구려적 전통을 계승한 것을 흙무지돌방무덤들은 고구려의 무덤양식과 거의 구별되지 않는다. 벽돌무덤은 중국 당의 영향을 받아 만들어진 것으로 왕실과 상층 귀족들 사이에 일시적으로 유행했던 무덤양식이다. 말갈계 사람들 사이에서는 비용과 인력의 부담이 크지 않은 움무덤이 성행하였다.

[그림 191] 골호(骨壺), 경주 출토, 통일신라 8세기

3. 새 삶터로 가져간 살림살이: 껴묻거리

죽음으로써 삶이 끝난다고 믿지 않는다면 산 자들은 죽은 자의 공간, 죽은 자의 삶을 위한 집인 무덤에 죽은 자의 또 다른 삶에 도움이 되는 것들을 죽은 자와 함께 묻기 마련이다. 울진 후포리에서 발견된 신석기시대의 움무덤에 시신과 함께 수십 개의 돌도끼가 함께 묻혀 있었던 것도 이 때문이다.[195] 신석기시대 사람들에게는 가장 요긴한 도구, 가치 있는 도구이던 돌도끼였으므로 산 자뿐 아니라 죽은 자도 곁에 지니고 다닐 필요가 있었던 것이다.

청동기시대 고인돌이나 돌널무덤에서는 간돌검이나 돌화살촉, 붉은간그릇, 민무늬토기가 껴묻거리로 발견된다. 사냥도구 겸 무기와 일상생활에 쓰이는 그릇들이 죽은 자의 새 삶에 동반된 셈이다. 규모가 큰 무덤들에서는 대롱옥이나 굽은옥, 비파형동검도 발견되는데, 무덤에 묻힌 사람들이 당시 사회에서는 사회적 지위나 신분이 높았음을 알게 하는 유물들이다.[196]

초기철기시대의 대형 돌널무덤들에서는 세형동검을 비롯한 각종 무기류, 청동거울이나 청동방울과 같은 제의용 청동유물들이 다량 발견된다. 이 유물들은 무덤에 묻힌 사람들이 이 시대의 지배자들이며, 제사를 주관하는 권한을 지닌 존재였음을 시사한다. 이 시대의 나무덧널무덤에서는 세형동검과 동투겁창, 쇠도끼, 쇠단검이 함께 출토되기도 한다. 철기시대에 들어서서도 상당한 기간 동안 청동으로 만든 무기류가 사용되었음을 확인시켜주는 사례에 해당된다. 철기시대의 무덤에서는 철제 무기류 외에 쇠도끼, 쇠낫과 같은 철제 농공구, 화분형 토기나 배부른 단지와 같은 토기들도 함께 발견된다. 농경생산이 중요시되고, 철제 농공구의 제작이 활발해지면서 나타난 현상이라고 하겠다.

삼국시대에 들어서면 지역별, 시대별, 문화권별로 무덤 껴묻거리의 종류와 규모가 크게 달라진다. 신분과 지위에 따라 권력과 부의 규모가 뚜렷이 구분되고, 사회·문화적 관습이나 종교 관념의 차이에 따라 장의절차와 방식이 달라지기 때문이다. 고구려의 경우, 문헌기록을 통해 확인되듯이 죽은 자의 무덤 안에 대량의 껴묻거리를 넣는 대신, 장의과정의 마무리 단계에 무덤 앞에 많은 물건을 놓아두어 장의에 참가한 자들이 가져가게 하였다.[197] 고구려의 무덤 안에서 발견되는 껴묻거리의 양이 신라, 가야에 비해 적은 것은 이러한 관습으로 말미암는 면도 크다. 또한 4세기 중엽 이후, 고구려의 지배층 사이에서는 흙무지돌방무덤 조성이 성행하는데, 외부에서의 침입이 손쉬운 돌방 안에 껴묻은 많지 않은 물건들조차 대부분 도굴을 당하자 고구려시대의 무덤 안에서 껴묻거리를 발견하기는 매우 어렵게 되었다. 불교가 수용되고 백성들 사이에서 널리 믿어지게 된 이후에는 무덤 안에 물건을 껴묻는 풍습이 더욱 약화된다.

백제의 경우도 왕실과 중앙귀족들의 무덤 안에서 다량의 껴묻거리가 수습된 사례는 그리 많지 않다. 도굴되지 않은 채 발견된 공주 송산리고분군의 무령왕릉에서 금제 관식과 금귀고리, 목걸이, 금동제 신발 등 다량의 유물이 발견, 수습된 것은 특별한 사례에 해당한다. 비록 왕릉이지만 무령왕릉 출토 껴묻거리의 종류와 내용은 신라의 대형 돌무지나무덧널무덤에서 발견되는 것과 비교하면 특별히 다양하거나 양이 많다고는 할 수 없다.

백제의 경우, 오히려 중앙권력과 문화의 영향을 받지 않은 상태에서 만들어진 지방 세력 지배자들의 무덤 안에서 화려하고 풍부한 껴묻거리들이 발견되고 수습된다. 맞대어 놓은 독널의 길이만 3m가 넘는 나주 반남면 신촌리9호분에서는 금동관을 포함하여 금동신발, 환두대도를 비롯한 다량의 껴묻거리가 수습되었으며, 41기의 매장시설이 확인된 나주 복암리3호분에서는 금동신발, 은제관식, 장식대도를 비롯한 다량의 유물이 출토되었다.198)

고구려, 백제와 달리 신라와 가야에서는 무덤 안에 대량의 껴묻거리를 넣는 관습이 널리 퍼져 있었고, 오랫동안 지속되었다. [그림192], [그림193] 신라와 가야의 나무덧널무덤에서는 덧널 안에 껴묻거리를 위한 공간을 구분시켜 놓거나 별도의 덧널을 만들어 토기를 비롯한 각종 용기와 철제 무기와 장구, 철 소재들을 시신과 함께 매장하는데, 그 양이 대단히 많다. 보통 껴묻거리용 딸림덧널 안에는 토기를 넣고, 철기는 시신이 놓이는 으뜸덧널 안에 넣는다.

철 소재는 크고 작은 납작한 덩이쇠의 형태로 만들어져 시신의 밑에 놓이는 경우가

[그림 192] 껴묻거리용 딸림돌널, 성주 성산동 38-2호분, 가야

[그림 193] 토기 출토 광경, 김해 능동14호분, 가야 5~6세기

[그림 194] 토기에 담긴 고둥, 고령 지산동 34SE-3호분 돌덧널 출토, 대가야 5~6세기

[그림 195] 토기에 담긴 밤, 칠기원형두(漆器圓形豆), 창원 다호리 출토, 삼국시대

대부분이지만, 철기의 중간소재로 알려진 납작쇠도끼로 만들어져 시신의 주변에 두어지기도 한다. 철 소재는 당시 사회에서는 화폐의 기능을 담당했던 것으로 죽은 이는 저 세상 삶에 쓰일 비용을 이 세상에서 마련해 간 것이다. 딸림덧널에 넣어지는 토기들은 보통 회청색 경질토기들이다. 굽다리접시와 각종 그릇받침, 항아리, 단지, 잔 등 매우 다양하며 그릇 안에 여러 가지 음식물들이 담긴 상태로 매장된다.[그림194], [그림195] 죽은 이는 저 세상에서도 이 세상에서와 같은 음식을 먹고 마신다는 산 자들의 믿음을 알게 하는 증거자료들이다.

경주일대에서만 그 전형적인 사례들이 확인되는 돌무지나무덧널무덤에서는 같은 시기 다른 양식의 무덤들에서는 볼 수 없는 다양하고 화려한 껴묻거리들이 발견된다. 천마총으로도 불리는 황남동155호분에서는 금관을 비롯한 각종 금제 장신구들과 새머리장식고리큰칼 등 철제이기와 마구류, 조형칠배와 각형칠배, 유리잔을 포함한 용기류, 천마가 그려진 장니 등 11,562점에 이르는 다량의 껴묻거리가 출토되었다.[199] 황남대총으로 알려진 황남동98호분의 남분에서는 금동관과 금제 허리띠, 금제 새깃모양 관식을 비롯한 금제와 은제 장신구류, 비단벌레날개로 장식된 금동제 안장 등의 마구류, 금장식고리자루큰칼 등의 철기류, 유리용기들과 칠기 등의 용기류, 각종 토기류 등 모두 3만 점에 이르는 유물이 쏟아져 나왔고, 북분에서는 금관, 금제 허리띠 등 각종 장신구류와 토기류가 대량으로 수습되었다.[200]

신라가야 지역에서도 굴식 돌방무덤이 채용되어 조성되면서 무덤 안 껴묻거리의 종류와 양이 줄어들기 시작한다. 경주 용강동고분에서 잘 드러나듯이 마구류나 철기

[그림 196] 명기용 토용(土俑), 경주 용강동돌방무덤 출토, 통일신라 7세기말~8세기초

류, 토기류를 다량 껴묻는 대신 소형의 명기(明器)를 넣어 내세 삶을 상징적으로 인식하고 그려내려는 경향이 나타난다.[201)][그림196] 죽은 자가 이 세상에서 누리던 모든 것을 저 세상 삶의 공간으로 옮겨가는 시대도 서서히 끝나가고 있는 것이다.

통일신라와 발해 시기의 무덤에서 껴묻거리는 이전과 같은 중요성을 지니지 않게 된다. 음식을 담은 토기가 시신과 함께 묻히는 사례는 쉽게 찾아보기 어려워지며, 죽은 자가 지니던 물건들도 대부분 죽은 자의 쉼터에 동반되지 않고 장의 과정 속에 불태워지거나 흩어져 버린다. 불교적 화장(火葬)의 결과 만들어지는 골호(骨壺)에서 확인되듯이[202)] 죽은 자가 가는 새로운 세계는 이 세상에서의 육신을 필요로 하지 않을 수도 있으므로 시신의 보호를 전제로 한 안전하고 견고한 내세 삶용 건축물의 축조도 이전처럼 적극적으로 이루어지지 않게 된다.

✤ 주(註) · 도판목록 · 참고문헌 · 찾아보기

주(註)

1) 문화유산에 재화적 가치를 부여한 '문화재'라는 용어가 법령적 용어로 사용되기 시작한 것은 1950년 일본에서 '문화재보호법'을 제정, 공포하면서부터라고 한다(변광석 『한국의 문화유산』도서출판 뉴워드, 2003).

2) 현재의 문화재보호법(법률 제6840호)은 2002.12.30자로 일부 개정, 공포되어 2003.7.1부터, 문화재보호법시행령(대통령령 제18026호)은 2003.6.27 일부 개정, 공포되어 2003.7.1부터 시행되고 있다.

3) 전곡리유적에 대한 발굴조사는 1979년부터 근래에 이르기까지 여러 차례에 걸쳐 진행되고 있다. 전곡리 유적에 관한 학술적 보고서 역시 배기동「전곡리 구석기 유적발굴 개보」『한국고고학연보』7(서울대학교박물관) 1980; 문화재관리국 문화재연구소 『전곡리』1984을 비롯하여 여러 권이 있다.

4) 신석기시대를 포함한 한국 선사문화의 양상을 보여주는 주요한 기획전시가 최근 여러 차례 열렸다. 이와 관련하여 참고할 만한 도록으로는 국립중앙박물관『한국의 선·원사토기』1993; 국립광주박물관 『선·원사인의 도구와 기술』1994; 부산대학교박물관 『선사와 고대의 문화』1996; 경상남도·남강유적발굴조사단『남강선사유적』1998; 경상남도·동아대학교박물관 『남강유역문화유적발굴도록』1999; 국립광주박물관 『특별전 호남고고학의 성과』2000; 부산광역시립박물관 복천분관·국립김해박물관『고고학이 찾은 선사와 가야』2000 등이 있다.

5) 한반도의 경우 동북지역을 중심으로 납작바닥그릇문화권, 그 이외의 지역에서는 바닥이 둥글고 뾰족한 둥근바닥그릇문화권이 형성된 것으로 이해되었지만, 고고학적 발굴성과가 쌓이면서 그릇 형태에 따른 문화권 구분이 더 자세히 나누어질 필요성이 제기되고 있다. 신숙정은 신석기 토기문화권을 다섯으로 나누어 각각의 특징을 정리하였다.(신숙정「토기」『한국사』2, 구석기문화와 신석기문화, 국사편찬위원회, 1997)

6) 신석기시대의 농경작물 가운데에는 '쌀'이 포함되지 않았을 것으로 보는 시각이 있었으나, 최근 한강하류지역 신석기유적 토탄층에서 볍씨들이 발견되고 있어 고고학계 일부에서는 한반도에서도 청동기시대 이전에 쌀농사가 지어졌을 가능성이 제기되고 있다.(이융조 외『우리의 선사문화(Ⅰ)』지식산업사, 1994) 한반도에서의 쌀농사 전개과정과 관련한 기획전시 도록으로는 국립중앙박물관『겨레와 함께 한 쌀』2000이 있다.

7) 조개무지(패총)는 이 시대가 남긴 대표적인 쓰레기더미라고 할 수 있다. 한반도 신석기시대 조개무지 유적 분포상황은 최근 한영희에 의해 정리되었다(한영희「신석기시대의 유적」『한국사』2, 구석기문화와 신석기문화, 국사편찬위원회, 1997).

8) 순동(純銅)시대에 대해서는 최몽룡「청동기시대」『한국사』3, 청동기문화와 철기문화, 국사편찬위원회, 1997 참조.

9) 기원전 4세기부터 기원전 1세기 사이에 제작된 것으로 추정되는 숭실대박물관 소장 전 논산(傳 論山) 출토 잔줄무늬거울(국보141호)의 경우, 삼각무늬의 잔줄의 높이가 0.04~0.06mm, 줄 간격이 0.3~0.34mm를 기록할 정도로 무늬새김이 정교하다. 이러한 정교한 무늬를 자랑하는 청동기들은 보통 밀랍법으로 주조되었다고 한다.(최주·김수철·김정배「한국의 세형동검 및 동령의 금속학적 고찰과 납동위원소비법에 의한 원료산지추정」『선사와고대』3, 1992)

10) 남강댐 수몰지구 대평유적의 발굴 결과를 담은 기획전시도록 국립진주박물관 『청동기시대의 大坪·大坪人』2002는 청동기시대의 생활상을 알려주는 좋은 자료라고 할 수 있다.

11) 북방청동기문화의 흐름을 살펴보기 위한 최근의 기획전시 도록으로는 국립중앙박물관『알타이문명전』1995이 있다. 한국청동기문화의 계통에 대한 언급으로는 김원룡 『한국고고학개설』일지사, 1986; 윤무병 『한국청동기문화연구』예경산업사, 1987; 심봉근 『한국청동기문화의 이해』동아대학교출판부, 1990 참조.

12) 한국의 비파형동검에서는 구리 외에 주석이 6%~25%, 납이 4.5%~8% 첨가되어 있어 소아시아나 유럽 청동기 후기의 유물과 같은 특징을 보인다고 한다(최주「청동기시대의 유적과 유물: 야금술의 발달과 청동유물의 특징」『한국사』3, 청동기문화와 철기문화, 국사편찬위원회, 1997). 한반도 청동기문화에 대한 최근의 기획전시 도록으로는 국립중앙박물관·국립광주박물관 『특별전 한국의 청동기문화』범우사, 1992가 있다.

13) 고조선 중심지 이동설은 노태돈「고조선 중심지의 변천에 대한 연구」(노태돈 편저『단군과 고조선사』사계절, 2000); 송호정『한국고대사 속의 고조선사』푸른역사, 2003 참조.

14) 이에 대해서는 전호태「신화와 제의」(한국역사연구회『한국사상사의 과학적 이해를 위하여』청년사, 1997) 참조.

15) 철기 제작이 가져온 사회 변화를 눈으로 읽게 하는 최근의 전시 도록으로는 국립청주박물관『철의 역사』1997이 있다.

16) 한반도 초기철기시대 유적들에서 수습되는 다량의 철제 무기와 무장용구들은 철기로 무장한 전사의 출현을 읽게 하는 생생한 역사자료라고 하겠다. 관련 전시도록으로는 국립중앙박물관·부산광역시립박물관 복천분관『고고유물로 본 한국고대국가의 형성』1998; 부산복천박물관『고대전사와 무기』1999; 국립김해박물관『한국고대의 갑옷과 투구』2002 등이 있다.

17) 꾀를 써서 당대 유력자의 집을 빼앗으며 자신이 대장장이 집안의 자손임을 당당히 내세웠던 탈해·호공설화의 이면에는 철 제작기술자를 우러르던 신라 초기의 사회적 관습이 깔려 있다(『삼국유사』권1「기이」1, 제4탈해왕).

18) 덩이쇠가 교역을 위한 중간매체로 사용되었을 가능성에 대해서는 이현혜가 이미 언급하였다(이현혜『삼한사회형성과정연구』일조각, 1984).

19) 전국 燕의 철기 전래가 가져온 고조선과 주변사회의 변화를 검토한 글로는 송호정『한국고대사 속의 고조선사』푸른역사, 2003 참조.

20) 기획전시 도록인 국립대구박물관『압독사람들의 삶과 죽음』2000; 국립대구박물관『소문국에서 의성으로』2002는 3韓 소국의 하나로 알려졌던 작은 나라들의 성쇠를 읽는 데에 도움이 되는 자료들이다.

21) 이하 고구려 역사의 기본 흐름과 관련한 참고문헌들은 全虎兌「高句麗 文化와 古墳壁畵」(간행위원회 편,『한국고대사와 고고학』학연문화사, 2000) 참조.

22) 요하유역에서 형성된 문화에 대한 이해는 고구려 문화의 전개과정을 살펴보고자 할 때에 특히 주요한 의미를 지닌다. 요령지역 문화의 흐름을 이해하기 위한 기획전시가 최근 서울대학교박물관에서 열린 것도 이 때문이다.(서울대학교박물관『2000년전 우리 이웃 - 중국요령지역의 벽화와 문물특별전』2001)

23) 고구려적 천하라는 개념은 盧泰敦,「5세기 金石文에 보이는 高句麗人의 天下觀」『韓國史論』19, 1988에서 본격적으로 제기되었다.

24) 고구려 고분벽화를 분석하는 시각에 대해서는 전호태「고구려고분벽화연구론」『고문화』50, 한국대학박물관협회, 1997 참조.

25) 북한의 내각기관지「민주조선」2001년 7월 31일호는 1948년 이후 2001년 7월까지 91기의 고구려 벽화고분이 북한에서 발굴되었다고 전하지만(연합뉴스 2001년 8월 8일호), 고분의 명칭조차 외부에 알려지지 않은 경우가 많아 여기에서는 알려진 자료에 근거하여 분포표를 작성하였다. 고구려 고분벽화 전시도록으로는 조선화보사『고구려 고분벽화』1985; 조선일보사『집안 고구려고분벽화』1991; 한국방송공사『고구려고분벽화』1993 등이 있으며, 자료집 성격의 도록으로 조선유적유물도감편찬위원회 편『조선유적유물도감』5, 6, 외국문종합출판사, 1990이 있다. 고분벽화의 역사적 전개과정에 대해서는 전호태『고구려고분벽화연구』사계절, 2000 참조.

26) 황욱『안악제3호분발굴보고』(『유적발굴보고』3, 과학원고고학및민속학연구소) 과학원출판사, 1958.

27) 고구려 귀족의 생활양식, 저택구조와 관련한 글로는 전호태『고분벽화로 본 고구려 이야기』풀빛, 1999 참조.

28) 全虎兌,「고구려의 五行信仰과 四神圖」『國史館論叢』48, 1993.

29) 全虎兌「高句麗 後期 四神系 古墳壁畵에 보이는 仙·佛 混合的 來世觀」『蔚山史學』7, 1997 참조.

30) 전호태,「고구려 고분벽화의 문화사적 위치」(『한국미술의 자생성』한길사, 1999)

31) 한강유역에 있었던 伯濟國은 馬韓 小國의 하나였지만 이 일대에서 발견되는 1~3세기의 무기단식적석총과 관련되었다면, 그 주민구성에 부여계 이주민들이 포함되어 있었을 가능성이 높다. 최근 국립중앙박물관에서 발행된 기회전시 도록은 한강 하류유역에서 시작된 백제 역사의 전개과정을 눈으로 느끼고 읽는 데에 큰 도움이 된다(국립중앙박물관『특별전 백제』1999)

32) 영산강유역 문화전통의 독자성은 5세기 전반까지 유지되고 있어 백제의 지배력이 이 시기까지는 영산강 일대에 깊숙이 뿌리내릴 정도에 이르지는 않았을 것이라는 평가도 나온다. 영산강 고대문화의 흐름을 알려주는 도록자료로는 국립광주박물관『영산강의 고대문화』1998; 전라남도『전남의 선사와 고대를 찾아서』2000

이 있다.

33) 한성시대 백제가 남긴 돌무지무덤 가운데 왕실의 출자와 관련하여 눈길을 모았던 것이 서울 송파구 석촌동의 대형기단식돌무지무덤인 석촌3호분과 석촌4호분이다. 두 무덤은 왕릉이었던 것으로 추정되고 있다. 석촌동 고분군에 대한 근래의 분석과 연구로는 임영진『백제한성시대고분연구』서울대학교박사학위논문, 1995가 있다.

34) 책계왕은 한[낙랑]과 맥[동예]의 침입을 막다가 전장에서 죽음을 당했고, 분서왕은 낙랑자객의 손에 암살되었다(『삼국사기』 권24「백제본기」2, 책계왕 및 분서왕조 참조).

35) 풍납토성 성벽과 그 내부에 대한 최근의 발굴성과는 국립문화재연구소『풍납토성Ⅰ』2001; 한밭대학교향토문화연구소『풍납토성의 발굴과 그 성과』2001을 참조.

36) 윤명철은 이 시기 고구려와 백제 사이에 서해 지배권을 둘러싸고 벌어지는 갈등을 '동아지중해'라는 보다 큰 개념의 범주 안에서 이해할 필요가 있다는 견해를 제시하였다(윤명철『한민족의 해양활동과 동아지중해』학연문화사, 2002; 윤명철『바닷길은 문화의 고속도로였다』사계절, 2000)

37) 부안 죽막동의 제사유적은 海神에게 제사지내던 장소로 백제 사람들의 해양활동과 관련하여 특별한 의미를 지니던 장소였다(국립전주박물관『부안죽막동제사유적』1994; 국립전주박물관『특별전 바다와 제사-부안 죽막동 제사유적-』1995)

38) 1971년 7월 5일 도굴의 손길을 전혀 겪지 않은 최초의 '백제왕릉'으로 발견되어 발굴조사된 무령왕릉에서는 2,900여 점의 유물이 쏟아져 나왔다. 발굴 30주년을 기념한 국제학술대회 개최 및 기념도록 발간이 2001년 국립공주박물관에 의해 이루어졌다(국립공주박물관『백제 사마왕-무령왕릉 발굴, 그후 30년의 발자취』2001).

39) 선사고대 금강유역에서 진행된 사회·문화적 흐름을 이해하는 데에는 국립공주박물관『특별전 금강 최근발굴10년사』2002가 도움이 된다.

40) 신광섭 外「부여능산리건물지발굴조사」『고고학지』5, 1993.

41) 전호태「고구려 龕神塚壁畵의 西王母」『한국고대사연구』11, 1997 참조.

42) 문화재관리국『무령왕릉발굴조사보고서』1973

43) 무왕은 궁성 남쪽에 못을 파고 그 안에 섬을 만들어 方丈仙山에 비기었다고 한다(『삼국사기』권27「백제본기」제5, 무왕35년 3월조).

44)『삼국사기』권1「신라본기」제1, 시조 박혁거세거서간 즉위년조 참조.

45) 마립간의 '마립'은 '마루', 곧 봉우리, 꼭대기를 의미하는 우리말을 한자로 나타낸 용어이다. 간(干)은 한, 칸(汗)으로도 쓰이며 '우두머리'를 뜻한다.

46) 파사니사금 때에 음즙벌국과 실직곡국이 두 나라 사이에 벌어진 국경분쟁에 대한 중재를 지역맹주로서의 지위를 노리던 사로국에 의뢰하지만, 결국 이를 처리하지 못하고 금관국의 수로왕에게 의뢰하여 마무리 지은 사건을 가리킨다(『삼국사기』권1「신라본기」제1, 파사니사금 23년 8월조).

47) 가야연맹 소속 국가들의 흥망성쇠에 대해서는 김태식『미완의 문명 가야사』1,2,3, 푸른역사, 2002 참조.

48) 463년(慈悲麻立干 6년) 신라에 주둔하고 있던 고구려군 100명을 포함한 신라 내 고구려인들이 '집안의 수닭을 잡으라'는 왕명에 따라 신라사람들에 의해 죽음을 당했다는 기사가『日本書紀』「雄略紀」8년조에 전한다. 시기나 내용의 정확성 여부를 떠나 고구려의 정치·군사적 보호 아래 있던 신라사람들의 대 고구려 인식과 태도의 일단을 보여주는 사례라고 하겠다.

49) 가야의 철 생산 및 교역에 대해서는 인제대학교가야문화연구소『가야 제국의 철』신서원, 1995 참조.

50) 전시도록으로 발행된 부산광역시립박물관 복천분관『부산의 역사와 복천동고분군』1996; 부산복천박물관『古代戰士와 武器』1999; 국립중앙박물관『神秘의 古代王國 伽倻特別展』1991과 도록으로만 간행된 김해시『김해의 고분문화』1998 은 가야 철기문화의 실체를 이해하는 데에 큰 도움이 된다.

51) 가야를 포함한 한반도 남부와 일본열도 사이의 문화교류의 흔적은 최근 국립전주박물관의 기획전시를 통해 다시 한 번 정리되었다(국립전주박물관『한·일 고대인의 흙과 삶』2001).

52) 가야 토기에 대한 개괄적인 정리는 김정완「신라와 가야토기의 발생 및 변화과정」(국립중앙박물관『한국고대의 토기』1997) 참조.

53) 국립김해박물관『가야의 그릇받침』1999는 가야에서 생산된 제의토기의 성격을 이해하는 데에 큰 도움이

된다.

54) 1988년 계명대학교박물관에 의해 조사된 경북 성주 성산동고분군의 5기의 고분(38·39·57·58·59호분)에서는 모두 1,000여 점에 이르는 토기가 출토되었다(김세기 「성주 성산동고분-제38·39·57·58·59호분 조사개요-」(계명대학교박물관 『개관10주년 기념 성주 성산동 고분 특별전 도록』 1988)

55) 최근 신라의 황금유물을 포함한 삼국시대 금속공예 장신구 850여 점을 한 자리에 모아 전시하는 한편, 1000여 점의 유물사진을 담은 도록 발간이 국립경주박물관에 의해 이루어져 이와 관련한 연구에 큰 도움을 주게 되었다(국립경주박물관 『신비한 황금의 나라 新羅黃金』 2001).

56) '눈부신 금은채색의 나라', 혹은 '금은의 나라'라는 표현이 『日本書紀』에 보이며, '신라에는 금이 너무 흔하다'라는 기술이 12세기 아랍인의 저서에 인용되어 있다(『日本書紀』 「仲哀紀」 8년조; 『日本書紀』 「神功紀」 섭정전기(仲哀 9년 10월조); 무함마드 깐수 『新羅·西域交流史』 단국대학교출판부, 1992).

57) 신라 금관의 주인공들을 유라시아 내륙 유목민족과 연결시키는 견해도 있으나,(김병모 『금관의 비밀-한국고대사와 김씨의 원류를 찾아서』 푸른역사, 1998) 아직은 신라 금관 등장의 역사·문화적 배경과 관련하여 제시되는 여러 가지 학설 가운데 하나로 여겨지고 있다.

58) 강우방 「新羅土偶論」(국립경주박물관 『新羅土偶-新羅人의 삶, 그 永遠한 現在』 1997)

59) 농경이 신석기혁명으로 불릴 정도의 사회적 변화를 가져왔다면, 그릇의 발명은 도구에 대한 개념을 근본적으로 바꾸어 놓았다고 할 수 있다.

60) 임효재는 방사성탄소연대측정치를 근거로 양양 오산리유적의 상한이 기원전 6000년까지 올라갈 수 있음을 지적하였다(임효재 「방사성 탄소연대에 의한 한국 신석기문화의 편년연구」 『김철준박사화갑기념사학논총』 지식산업사, 1983) 현재 한반도에서 확인된 신석기유적 가운데 이 시기로 편년될 수 있는 다른 사례로는 부산의 동삼동유적 정도가 있다.

61) 일반적으로 1,000℃ 이하로 구운 것을 토기, 그 이상의 온도로 구운 것을 도기라 하며, 그릇의 표면에 유약을 발라 1,200~1,300℃로 구워 높은 경도(硬度)를 지니게 된 것을 자기라고 한다.

62) 빗살무늬토기의 제작과 확산과정에 대해서는 신숙정 「신석기시대의 유물: 토기」(국사편찬위원회 『한국사』 2, 1997) 참조.

63) 동삼동 신석기시대 조개무지는 1930년대 초반부터 1999년까지 여러 차례 조사된 한반도의 대표적인 신석기유적이다. 유적이 처음 만들어진 시기는 기원전 6,000년까지 거슬러 올라가는 것으로 추정되며, 유적의 성립 시점부터 약 4,500년 동안 신석기인의 삶의 흔적이 켜켜이 쌓인 드문 사례에 속하는 것으로 평가받고 있다. 7개의 문화층 모두에서 토기편이 채집되었다(부산광역시립박물관 『동삼동패총』 1999)

64) 바닥이 넓어져 화분모양에 가까운 변형 팽이형 토기, 일명 가락동식 토기는 한강 이남, 심지어는 제주도에서도 발견된다. 팽이형 토기의 제작자들이 청동기를 사용했는지에 대해서는 아직은 회의적인 입장을 취하는 학자가 많다(한영희 「각형토기고」 『한국고고학보』 14·15합집, 1983).

65) 구멍무늬토기유적은 한강유역에서 제주도까지 분포하며, 기원전 10세기경부터 모습을 드러내어 다양한 지방유형을 발생시키다가 기원전 2세기경 소멸한다(이청규 「남한지방 무문토기문화의 전개와 공렬토기문화의 위치」 『한국상고사학보』 1, 1988).

66) 경질토기에 대해서는 명칭에 대해서부터 다양한 견해가 제기된다. '종말기무문토기'라고 불러야 된다는 견해도 그 가운데 하나이다(정징원·신경철 「종말기 무문토기에 관한 연구」 『한국고고학보』 20, 1987).

67) 와질토기가 한반도 중남부 전체에서 제작되었을 것이라는 견해는 일반적으로 받아들여지지 않고 있다(국립중앙박물관 『韓國의 先·原史土器』 1993; 최성락 「원삼국기 토기의 변천과 문제점」 『영남고고학』 5, 1989).

68) 고구려토기에 대한 종합적인 연구로는 최종택 『고구려토기연구』 서울대학교박사학위논문, 1999가 있다.

69) 서울지역 출토 백제토기들은 한성시대 백제의 문화를 파악하는 데에 매우 중요한 역할을 담당하고 있다(박순발 『백제국가의 형성연구』 서울대학교박사학위논문, 1998); 임영진 「백제초기 한성시대 토기연구」 『호남고고학보』 4, 1996).

70) 백제토기를 주제로 한 최근의 전시도록으로는 국립부여박물관 『박만식교수 기증 백제토기』 1995가 있다.

71) 토기 양식의 지역적 차이와 이의 극복과정을 주시하면서 이를 영남지역의 정치·사회적 변화와 관련시켜 검토한 글로는 이성주 『신라가야사회의 기원과 성장』 학연문화사, 1998이 있다.

72) 국립중앙박물관 「휘보」 『美術資料』 22, 1978

73) 최근에는 통일신라시대에 이미 청자 제작이 이루어졌다는 견해도 제기되고 있다(윤용이 「고려도자의 기원과 발전」(한림과학원 『한국미술사의 현황』 예경, 1992)).

74) 宋代 太平老人이 撰한 『袖中錦』 天下第1條에 언급된 '高麗秘色'은 고려청자를 가리킨다.

75) 고려청자의 세계를 펼쳐 보인 근년의 전시성과물로는 국립중앙박물관 『고려청자명품특별전』 1989이 있다.

76) 『고려사』 권18 「세가」 毅宗 11년 4월조.

77) 호암미술관이 발굴한 용인 서리 백자요지의 축조 및 사용 연대가 10세기로 거슬러 올라간다는 보고는 이러한 견해를 뒷받침하는 주요한 전거라고 할 수 있다(호암미술관 『용인서리고려백자요』 1987)

78) 분장청자의 약칭인 분청자기, 분청사기는 고유섭이 '분장회청사기'라는 용어를 쓰면서 사용되기 시작하였으나(고유섭 「高麗陶瓷와 李朝陶瓷」 『朝光』 1940.10) 김원룡은 이 용어가 다양한 기법으로 제작된 퇴화단계 청자의 유형별 특징을 뭉뚱그려 버리는 문제점을 안고 있다고 보고, 상감분청계와 백자분청계로 다시 크게 나눌 것을 제안하였다(김원룡 「韓國美術史硏究의 2·3問題」 『亞細亞硏究』 7-2, 1964).

79) 분청사기의 제작기법과 유형별 특징에 대해서는 강경숙 『粉靑沙器硏究』 일지사, 1986과 정양모 『韓國의 陶磁器』 문예출판사, 1991에 잘 정리되어 있다.

80) 조선 전기 백자의 생산과 공급과정, 특히 광주분원의 설치로 말미암은 영향에 대해서는 김영원 『朝鮮前期陶磁의 硏究-分院의 設置를 中心으로-』 학연문화사, 1995 참조.

81) 청화백자를 주제로 한 전시는 호암미술관에 의해 여러 차례 개최되었다(호암미술관 『조선백자전』 I, II, III, 1982, 1985, 1987).

82) 세종대에 明과 琉球로부터 다량의 청화백자가 들어오고, 그 여파로 명에서 수입된 코발트를 안료로 삼아 조선에서도 청화백자가 생산되었을 것으로 보는 견해(정양모 「조선백자, 청화백자」 『한국미술상의 현황』 예경, 1992)에 대하여 부정적인 입장을 취하는 견해(김원룡·안휘준 『신편 한국미술사』 서울대학교출판부, 1993) 도 제기된다.

83) 문방제구의 하나로 제작된 백자연적이나 지통, 필통류는 근래 국립중앙박물관에 의해 한 자리에 모여 일반에게 선보이기도 했다(국립중앙박물관 『조선시대 문방제구』 1992).

84) 후한 明帝의 이종동생인 楚王 英은 붓다를 복을 내리고 불로장수를 가능케 하는 신으로 이해하고 불교를 신봉했다고 전한다. 桓帝는 탁룡궁 안에 浮圖와 老子를 함께 모셨다고 한다. 불교를 불노장생을 추구하는 黃老신앙과 같은 것으로 보았기 때문이다(鎌田茂雄 저·정순일 역 『中國佛敎史』 경서원 1985)

85) 塚本善隆 「華北胡族國家の佛敎興隆」(『中國佛敎通史』 卷 1, 春秋社, 1979); 불교의 轉輪聖王說에 입각하여 자신을 정복군주이기 이전에 佛法을 널리 퍼뜨리기 위해 세속에 출현한 聖王임을 주지시키려는 胡族王들이 잇달아 나타나는 것도 이 시기의 사회적 특징 가운데 하나이다.

86) 동북아시아로의 불교 전래 및 확산과정에 대한 고전적인 정리로는 鎌田茂雄 저·신현숙 역 『韓國佛敎史』 민족사, 1988이 있다.

87) 석불사[石佛寺, 현재의 석굴암]는 전세의 부모를 위해, 불국사는 현세의 부모를 위해 지었다고 한다(『삼국유사』 권5 「효선」 제9, 大城孝2世父母 神文代).

88) 강우방 「불국사 건축의 종교적 상징구조」(경주시·동국대신라문화연구소 『불국사의 종합적 고찰』 1997)

89) 현재의 회랑과 강당은 1975년 복원·신축된 건물이다.

90) 강우방 「경주남산론」 『원융과 조화-한국고대조각사의 원리』 열화당, 1990.

91) 『삼국사기』 권18 「고구려본기」 제6, 소수림왕2년 6월, 동4년, 동5년 2월조.

92) 전제헌 『동명왕릉에 대한 연구』 사회과학출판사, 1994.

93) 국립부여문화재연구소, 1996 『미륵사지 유적발굴조사보고서』 2.

94) 황룡사터는 본래 새로 대궐을 지으려던 자리로 『삼국사기』에 의하면 '月城 동쪽', 『삼국유사』에 따르면 '龍宮 남쪽'이다. 黃龍의 출현을 계기로 대궐이 아닌 사원을 짓게 되었다고 한다(『삼국유사』 권3 「탑상」 제4, 黃龍寺九層塔條)

95) 문화재연구소 편, 1984 『황룡사유적발굴조사보고서』 1, 문화재관리국.

96) 본전의 명칭은 주된 예배대상의 여러 가지 이름을 따거나, 主佛이 주관하는 정토, 혹은 주불과 관련된 경전의 이름을 바탕으로 지어진다. 大雄은 석가여래의 다른 이름이며, 龍華는 미륵이 주관하는 정토의 명칭이다.

97) 시왕[十王]은 冥府에서 죽은 자의 죄업을 심판하는 왕들로 보통 道服을 입고 손에 笏을 쥔 험상궂은 얼굴의

인물로 표현된다. 흔히 염라대왕으로 일컫는 閻羅王도 이 10명의 명부왕들 가운데 한 사람이다. 불교회화에서 시왕은 지장보살을 모시는 존재로 지장보살과 함께 표현되는 경우가 많다.

98) 처음 석가모니 시신을 다비한 뒤 남은 유골은 8등분되어 8곳의 스투파에 안치되었으나, 약200년 뒤 불법의 전파를 염두에 둔 아쇼카왕에 의해 7곳의 스투파가 다시 열리고 그 유골이 왕이 세운 수많은 스투파에 나뉘어 안치되었다고 한다(이주형『간다라미술』사계절, 2003)

99)『삼국사기』권5「신라본기」제5, 선덕왕 3년조

100) 6층 부분까지 남은 미륵사지 서탑의 현재 높이는 14.24m이며, 高麗尺(35.6363㎝)을 기준으로 하였을 경우 원래의 탑이 7층이었다면 높이는 20.080m 가량이었을 것으로 추정하는 견해(전라북도『미륵사지 서탑 실측 및 동탑 복원설계보고서』1979)와 23m 가량으로 보는 견해(리화선『조선건축사』과학백과사전종합출판사, 1989)로 나뉘고 있다. 동탑은 연구보고서(문화재관리국『미륵사지 동탑 복원설계보고서』1990)를 근거로 1992년 27.670m 높이의 9층석탑으로 복원되었으나, 원래의 규모와 다를 것이라는 견해가 제기되고 있다.

101) 김원룡은 신라 부도가 당의 사리탑에서 기원한다고 보았다(김원룡「唐朝의 舍利塔」『考古美術』4-4, 1964)

102) 황수영「蔚山의 十2支像浮屠」『美術資料』5, 1962.

103) 흔히 고행상으로 알려진 석가모니의 단식고행, 단식명상상은 간다라에서 즐겨 만들어졌으며, 라호르박물관에 소장된 시크리 출토 고행상은 간다라 미술의 최고 걸작으로 꼽히기도 한다(이주형『간다라미술』사계절, 2003)

104) 카스트의 인정 여부는 석가모니 당대부터 문제가 되었다. 결국 이 난제는 世間과 出世間, 세속과 승단을 구분함으로써 해결되었다. 세속의 제도와 질서는 그대로 인정하되, 승단 안에서는 신분이나 계급을 묻지 않는 식이다.

105) 이를 흔히 '結集'이라고 한다. 초기 불교교단에서는 세 차례에 걸친 대규모 결집이 있었다.

106) 붓다의 입멸 뒤, 불상이 출현하기까지 약500년 동안을 흔히 무불상시대라고 한다.

107) 이주형『간다라미술』사계절, 2003.

108) 김리나『韓國古代佛教彫刻史研究』일조각, 1989.

109) 미륵신앙과 삼국초기 불교의 성격과 관련한 고전적인 정리로는 이기백「삼국시대 불교수용과 그 사회적 의의」『역사학보』6, 1954가 있다.

110) 이에 대한 근래의 정리로는 신종원「불교」(국사편찬위원회『한국사』8, 1998)이 있다.

111) 김리나『韓國古代佛教彫刻史研究』일조각, 1989; 일본학자 毛利久는 이 불상이 신라에서 만들어져 일본으로 보내진 것으로 보았다(毛利久『佛像東漸(朝鮮と日本の古代彫刻)』法藏館, 1983)

112) 김원룡은 1959년 뚝섬에서 발견된 이 불상을 중국에서 수입된 것으로 보았다(김원룡「뚝도출토 금동불상」『역사교육』5, 1961)

113) 삼국시대 불교조각의 흐름을 이해하는 데에는 전시도록인 국립중앙박물관『삼국시대불교조각』1990이 도움이 된다.

114) 강우방「금동삼산관사유상고-삼국시대 조각론의 일시도-」『미술자료』22, 1978; 국보83호로 지정된 이 상에 대해서는 신라설도 강하게 제기된다(김리나「삼국시대 불상양식연구의 제문제」『미술사연구』2, 1988).

115) 강우방은 파편을 근거로 이 상의 원형 복원을 시도하기도 하였다(강우방「사천왕사지 출토 채유사천왕부조상의 복원적 고찰-오방신과 사천왕상의 조형적 습합현상-」『원융과 조화-한국고대조각사의 원리』열화당, 1990)

116) 동삼층석탑의 사리기는 국립문화재연구소에 의해 1995년 12월부터 1996년 10월까지 실시된 동탑의 해체복원 과정에서 발견되었다. 동탑 출토 사리기의 4면에는 1959년 12월부터 1960년 3월까지 이루어진 서탑 해체복원 과정에서 수습된 사리기의 것과 거의 같은 형태의 사천왕상이 못으로 고정되어 있었다. 동탑에서 나온 사리기는 통도사성보박물관 특별전을 통해 일반에 공개되었다.(통도사성보박물관『불사리신앙과 그 장엄』2000) 서탑 출토 사리기를 포함한 국내의 사리장엄구들은 국립중앙박물관『불사리장엄』1991 를 통해 정리된 바 있다.

117) 최근의 전시성과물인 국립중앙박물관『통일신라』2003에는 통일신라기의 주요한 불교미술작품들이 정리, 소개되고 있다.

118) 신라 하대 지방사원의 재정, 재료 및 기술상의 문제와 맞물려 대형 철불이 등장하는 면도 있겠으나(문명대

『한국조각사』 열화당, 1980), 불상이 대중예배의 대상이 되면서 나타나는 현상일 가능성도 고려될 필요가 있을 것이다(강우방 「통일신라조각론」(한림과학원 『한국미술사의 현황』 예경, 1992))

119) 전호태 「집안장천1호벽화분」번역문의 부분(미공개; 원본 吉林省文物工作隊·集安縣文物保管所(陳相偉·方起東) 「集安長川1號壁畵墓」 『東北考古與歷史』 1輯, 1982)

120) 全虎兌 「고구려고분벽화에 나타난 하늘연꽃」 『美術資料』 46, 1990.

121) 장천1호분벽화에 보이는 서역계 문화요소에 대해서는 全虎兌, 「고구려 장천1호분벽화의 서역계 인물」 『울산사학』 6, 1993 참조.

122) 全虎兌 「5세기 高句麗古墳壁畵에 나타난 佛敎的 來世觀」 『韓國史論』 21, 1989

123) 『법화경』 관세음보살 보문품 제25; 『대방광불화엄경』 입법계품.

124) 楊枝, 淨水를 공양하여 관음을 청한다는 『청관세음경』의 내용과 표현과정에서 중요시된 공양물이나 관음보살의 모습 등에 근거하여 양유관음, 백의관음, 수월관음으로 나누기도 하나 실제 이러한 유형의 불화에서는 구별이 어려운 경우가 많다.

125) 『삼국유사』 권3 「탑상」 제4, 洛山2大聖 觀音·正趣·調信條.

126) 삼국시대 및 통일신라시대 아미타신앙의 전개과정, 이와 관련된 造像활동에 대한 논고들은 불교사학회 편 『신라미타정토사상연구』 민족사, 1988 참조.

127) 고려 말기 관경변상도의 유행을 부자 사이인 충렬왕과 충선왕 사이의 치열한 왕위쟁탈전과 관련시켜 이해하려는 견해도 있으나(문명대 「관경변상의 연구」 『불교미술』 6, 1981) 실제 특정 유형의 불화 제작과 역사적 사건 사이에 어떤 함수관계가 있는지에 대해서는 보다 정밀한 고증이 있어야 할 듯하다.

128) 조선시대의 불화에 대한 전체적인 소개와 정리는 문명대 『한국의 불화』 열화당, 1979; 홍윤식 『한국불화의 연구』원광대학교출판부, 1980; 한국정신문화연구원 『조선조 불화의 연구』 1985 참조.

129) 암사동 유적지는 1925년 한강 대홍수 때 일부 모습을 드러냈으며, 1967년부터 본격적으로 발굴조사되었다. 현재 5기의 움집터가 복원되어 있다. 암사동과 미사리 유적지에 대한 최근의 종합적인 발굴보고로는 국립중앙박물관 『암사동』 1994·1995; 미사리유적발굴조사단 『미사리』 Ⅰ~Ⅴ, 1994이 있다.

130) 집자리 규모가 차이나는 것은 여러 세대 거주용, 공동집회용, 단일가족 거주용 등으로 용도가 구분되었기 때문이라는 견해도 있다. 청동기 사회의 문화에 대한 논고로는 이청규 「청동기·철기시대의 사회와 문화」 『한국사』 1, 한길사, 1994가 참고된다.

131) 온돌의 기원에 대한 고전적인 정리로는 손진태 「溫突文化傳播考」 『新民』3-4(24), 1927; 손진태 「朝鮮溫突考」 『鄕土硏究』 5-6·7, 1931이 있다.

132) 리화선 『조선건축사』 1, 과학백과사전종합출판사, 1989.

133) 북중국에 전해진 고구려 온돌에 대해서는 『舊唐書』 권220 「高麗傳」 참조.

134) 趙明濟·李喜洙·朴胤成 『韓國의 에너지·動力技術發達史』 학연문화사, 1996.

135) 중성이나 약알칼리성을 띠는 전통 한지는 적절한 습도가 유지되는 상태에서는 천 년 이상 보존하는 것도 가능하다. 국립경주박물관에 소장된 '범한다라니'는 신라 종이로 만든 것이라고 한다(이내옥 『문화재다루기』 열화당, 2000) 전통 한지의 제반 특성과 제작방법에 대해서는 정동찬 외 『겨레과학인 우리공예』 민속원, 1999 참조.

136) 전통 한지와 관련된 근년의 전시성과물로는 국립민속박물관 『한국의 종이문화』 1995 가 있다.

137) 이형구 「高句麗의 享堂制度硏究」 『동방학지』 32, 1982; 고구려의 와전을 이해하는 데에는 국립중앙박물관 『井內功기증와전도록』 1990; 국립중앙박물관 『유창종기증 기와전돌』 2002가 참고가 된다.

138) 백제의 와전 전시도록으로는 국립부여박물관 『특별전 백제의 와전』 1989가 있다.

139) 『日本書紀』 「崇峻紀」 원년조.

140) 『삼국사기』 권39 「잡지」 8, 職官 中; 신라의 와전 자료는 최근 국립경주박물관에 의해 정리, 전시되었다(국립경주박물관 『신라 와전』 2000).

141) 한국전통가옥에 대한 소개 및 정리로는 김정기 『한국의 목조건축』 일지사, 1992; 신영훈 『한국의 살림집』 상·하, 열화당, 1993; 주남철 『한국주택건축』 일지사, 1994 참조.

142) 92곳의 청동기시대 집터가 발견된 울주 검단리 유적의 경우, 마을 전체가 환호(環濠)로 둘러싸여 있었다. 진주 대평리 유적에서는 이중환호가 발견되었고, 창원 서상동 남산유적에서는 깊이만 4m에 이르는 단면 V자

형 환호가 조사되었으며, 부여 송국리유적에서는 지름 20cm 정도의 굵은 나무를 잇대어 만든 목책시설이 확인되었다(이청규「청동기·철기시대의 사회와 문화」『한국사』1, 한길사, 1994)

143) 『史記』「朝鮮傳」의 내용 가운데 '우거가 험하고 견고한 것을 믿다가 나라의 대를 끊게 만들었다.'는 기사에 바탕을 둔 일반적인 추론이다. 한국의 고대 도성에 대한 근년의 연구성과로는 동아대학교『동북아시아의 고대도성』동아대학교개교50주년 기념 국제학술대회 발표논문집, 1996; 성주탁「한국의 고대도성」(서울시정개발연구원『동양 도시사 속의 서울』1994)가 있다.

144) 일본에 소재한 조선식 산성에 대한 최근의 정리로는 小田富士雄「일본에 있는 조선식 산성의 조사와 성과」(고구려연구회『고구려연구』8, 학연문화사, 1999)가 있다.

145) 성의 분류기준 및 유형에 대한 연구로는 반영환『한국의 성곽』세종대왕기념사업회, 1978; 손영식『한국성곽의 연구』문화재관리국, 1987이 있다.

146) 국립문화재연구소『풍납토성』1, 2001; 신희권「풍납토성의 축조기법과 성격에 대하여」(한밭대학교향토문화연구소『풍납토성의 발굴과 그 성과』2001)

147) 궁성, 궁궐에 대한 개설적인 안내서로는 홍순민『우리 궁궐 이야기』청년사, 1999가 있다.

148) 안학궁성터에 대한 보고 및 관련 연구성과로는 채희국『대성산 일대의 고구려 유적에 관한 연구(유적발굴보고 9)』사회과학원출판사, 1964; 민덕식「고구려 평양성의 축성과정에 관한 연구」『국사관논총』39, 1992이 있다.

149) 국립부여문화재연구소『부소산성』1997.

150) 『삼국사기』권7「신라본기」제7, 文武王(下) 참조; 신라 도성에 대한 근래의 종합적인 연구로는 박방룡『신라도성연구』동아대학교박사학위논문, 1997이 있다.

151) 송기호「발해 성지의 조사와 연구」(국사편찬위원회『한국사론』19, 1989); 방학봉『발해건축연구』연변대학출판사, 1995.

152) 고려 도성에 대한 최근의 연구성과로는 김창현「고려 개경의 궁궐」『사학연구』57, 1999; 신안식「고려전기의 축성과 개경의 황성」『역사와현실』38, 2000; 장지연「개경과 한성의 도성구성비교」『서울학연구』15, 2000 등이 있다.

153) 조선 궁궐에 대한 종합적인 연구로는 홍순민『조선왕조 궁궐경영과 '양궐체제'의 변천』서울대학교박사학위논문, 1996이 있다.

154) 고구려의 성과 방어체계에 대해서는 여호규『고구려성』I(압록강 중상류편) 국방군사연구소, 1998; 여호규『고구려성』II(요하유역편) 국방군사연구소, 1999; 고구려연구회『고구려연구』8, 1999 등에 잘 정리되어 있다.

155) 몽촌토성발굴조사단『몽촌토성발굴조사보고』서울대학교박물관, 1985; 박순발「백제도성연구」(충청남도『백제역사재현단지조성조사연구보고서-고고미술분야1-』1996; 국립문화재연구소『풍납토성』1, 2001.

156) 박방룡『신라도성연구』동아대학교박사학위논문, 1997.

157) 신안식「고려시대 개경의 나성」『명지사론』11·12합집, 2000.

158) 신라의 산성작성비의 검토사례로는 진홍섭「남산신성비의 종합적 고찰」『역사학보』26, 1964; 박방룡「명활산성작성비의 검토」『미술자료』41, 1988 등이 있다.

159) 『태조실록』권8, 태조4년 윤9월 갑술~『태조실록』권10, 태조5년 9월 기묘; 조선 초기 도성건설과 관련한 정리는 신영훈「건축」(국사편찬위원회『한국사』27, 조선초기의 문화II, 1996) 참조.

160) 『淮南子』「本經訓」

161) 유물에 새겨진 문자나 기호는 단순한 장식 이상의 의미를 담은 행위의 결과로 보아야 할 것이다. 청동기나 토기 등에 문자, 혹은 기호를 남긴 사례들은 최근 부산광역시립박물관 복천분관과 국립청주박물관, 국립경주박물관에 의해 수집, 정리되었다(부산광역시립박물관 복천분관『유물에 새겨진 고대문자』1997; 국립청주박물관『한국고대의 문자와 기호유물』2000; 국립경주박물관『문자로 본 신라』2002)

162) 삼국시대 서예의 흐름에 대해서는 이완우「서예」(국사편찬위원회『한국사』8, 삼국의 문화, 1998)참조.

163) 歐陽詢體에 능했다고 하는 최치원의 필체는 하동 쌍계사 '진감선사탑비'와 같은 비문을 통해 확인할 수 있다. 8세기에 활약한 金生도 통일신라기의 서예가로 명성을 얻었던 인물이다. 김생은 王羲之體의 行書를 특히 잘 썼다고 한다(김원룡·안휘준『신판 한국미술사』서울대학교출판부, 1996)

164) 조선시대 서예의 흐름에 대한 정리로는 최완수「한국서예사강」『간송문화』33; 이완우「서예」(국사편찬위원회『한국사』35, 조선후기의 문화, 1998) 참조.

165) 기획전시 도록인 국립중앙박물관『겨레의 글 한글』2000은 한글서체의 발전과정을 잘 보여주는 자료 가운데 하나이다.

166) 全虎兌「회화」(국사편찬위원회『한국사』8, 삼국의 문화, 1998); 반구대 암각화에 대한 최근의 조사보고서로는 울산대학교박물관·울산광역시『울산반구대암각화』2000가 있다.

167)『고려사』권122「열전」제55, 方技.

168) 안휘준『한국회화사』일지사, 1980.

169) 조선 중기에 이르면 사대부가 출신과 화원 출신으로 구별되는 두 유형의 화가 집안들이 다수 확인된다고 한다(안휘준「회화」(국사편찬위원회『한국사』31, 조선중기의 사회와 문화, 1998))

170) 안휘준『한국회화사』일지사, 1980; 안휘준『한국회화의 이해』시공사, 2000.

171) 謙齋 정선의 작품세계는 국립중앙박물관 전시도록을 통해서도 일별할 수 있다.(국립중앙박물관『謙齋 鄭敾』1992) 동국진경의 성립과 전개과정에 대한 최근의 연구서로는 최완수 외『우리문화의 황금기 진경시대』1,2, 돌베개, 1998이 있다. 추사 김정희를 중심으로 한 阮堂書派가 19세기 조선 화단에끼친 영향에 대해서는 이동주『우리나라의 옛그림』학고재, 1995 참조.

172) 조선 후기 풍속화의 흐름에 대해서는 홍선표「조선후기 풍속화발달의 이념적 배경」(중앙일보사『한국의 미』19, 풍속화, 1985); 정병모『한국의 풍속화』한길아트, 2000 참조.

173) 풍속화를 주제로 한 최근의 전시성과물로는 국립광주박물관『조선시대 풍속화』2002가 있다.

174) 단원 김홍도에 대한 최근의 대표적인 연구논저로는 오주석『단원 김홍도-조선적인, 너무나 조선적인 화가』열화당, 1998; 진준현『단원 김홍도 연구』일지사, 1999가 있다.

175) 단원 김홍도의 작품은 국립중앙박물관과 호암미술관에 의해 수집, 정리, 전시되고 도록으로도 간행되었다(국립중앙박물관『단원 김홍도』1990; 삼성문화재단『단원 김홍도-탄신250주년 기념특별전』1995).

176) 김득신에 대해서는 안휘준『한국회화의 전통』문예출판사, 1988; 송태완「경제 김득신의 회화 연구」홍익대학교석사학위논문, 1990이 참조된다.

177) 혜원의 화풍과 관련한 글로는 유봉학「조선후기 풍속화 변천의 사상적 검토」『간송문화』36, 1989; 이원복「혜원 신윤복의 화경」『미술사연구』11, 1997; 홍선표「회화」(국사편찬위원회『한국사』35, 조선후기의 사회와 문화, 1998) 등이 참조된다.

178) 조선 목가구에 대한 개설적인 정리 및 안내서로는 최순우·박영규『한국의 목칠가구』경미출판사, 1981; 박영규『한국의 목가구』삼성출판사, 1982; 김삼대자『전통 목가구』대원사, 1994; 이종석『한국의 목공예』상·하, 열화당, 2001 등이 참고된다.

179) 조선시대 목가구를 주제로 한 근년의 주요한 전시성과물로는 국립중앙박물관『조선조목공예』1989; 이화여자대학교박물관『옛 가구의 아름다움』1996이 있다.

180) 전통장석 및 자물쇠에 대한 개설적인 안내서로는 손재식 사진·홍정실 글『장석과 자물쇠』대원사, 1998이 있다.

181) '두석장'은『經國大典』「工典」에 등장하는 '주석으로 기물을 만드는 장인'을 가리키는 공식적인 용어이다. 일제강점기에는 장석기술자를 '주석쟁이'라고 불렀다. 두석장에 대한 조사보고로는 예용해·이종석『두석장 문화재보고서』문화재관리국, 1979가 있다.

182) 사랑채와 안채의 구분은 고구려시대 귀족 저택구조에서부터 확인이 가능하다(전호태『고분벽화로 본 고구려 이야기』풀빛, 1999) 그러나 각각의 기능과 역할이 어떤 방식으로 나뉘어졌는지는 알기 어렵다.

183) 전통주택의 실내공간 구성과 운용, 가구배치 등에 대해서는 손승광「조선조 한옥에 나타난 인간적 특징 연구-안채를 중심으로」서울대학교석사학위논문, 1985; 이유미「조선 전기 상류주택의 안채구성에 관한 연구」연세대학교석사학위논문, 1988; 박선희『조선시대 반가의 주생활과 공간사용에 관한 연구』연세대학교박사학위논문, 1991; 박영순 외『우리 옛집 이야기』열화당, 1998 참조.

184) 박영규『한국의 목가구』삼성출판사, 1982.

185) 마이클 로이 씀·이성규 역『고대 중국인의 생사관』지식산업사, 1987.

186) 정찬영「고구려 적석총에 대하여」『문화유산』61-5, 1961; 김원룡『한국의 고분』(교양국사총서 2) 세종대왕기념사업회, 1974.

187) 고인돌무덤에 관한 주요한 연구성과로는 국립중앙박물관『지석묘연구』1973; 한국고고학연구회『한국 지석묘의 제문제』1990; 문화재청·서울대학교박물관『한국 지석묘(고인돌)유적 종합조사연구』Ⅰ,Ⅱ, 1999; 이영문

『고인돌 이야기』 다지리, 2001 등이 있다.

188) 이상길 「지석묘의 장송의례」『고문화』45, 한국대학박물관협회, 1994; 이영문 「지석묘의 기능적 성격에 대한 일검토」『배종무총장퇴임기념논총』1994.

189) 주구묘에 대한 연구성과로는 강인구 「주구토광묘에 관한 몇 가지 문제」『정신문화연구』17-3, 1994; 최완규 「주구묘의 특징과 제문제」『고문화』49, 한국대학박물관협회, 1996 등이 있다.

190) 고구려 고분에 대한 최근의 종합적인 연구로는 강현숙『고구려 고분연구』서울대학교박사학위논문, 2000이 있다.

191) 대표적인 것이 도굴되지 않은 상태에서 발견, 조사된 무령왕릉이다. 무령왕릉에 대한 조사결과는 문화재관리국 『무령왕릉 발굴조사보고서』1973 참조.

192) 신라고분과 관련한 주요한 연구성과로는 최병현『신라고분연구』일지사, 1992; 이성주『신라가야사회의 기원과 성장』학연문화사, 1998 등이 있다.

193) 골호에 대해서는 정길자 「신라장골용기연구」『한국고고학보』8, 1980 참조.

194) 발해고분에 대한 근년의 주요한 연구성과로는 정영진 「발해무덤연구」『발해사연구』1, 연변대학출판사, 1990; 정영진 「고구려·발해·말갈 묘장형제 비교연구」『백제연구』22, 1991; 송기호 「육정산고분군의 성격과 발해 건국집단」『산운사학』8, 고려학술문화재단, 1998 등이 있다.

195) 국립경주박물관『울진후포리유적』1991.

196) 무덤의 껴묻거리 가운데 적지 않은 비중을 차지하는 것이 장신구류이다. 주술적·심미적 의미를 함께 지닌 장신구류의 출토사례들은 최근 부산광역시립박물관 복천분관에 의해 수집, 전시되고 도록으로도 간행되었다 (부산광역시립박물관 복천분관『고대장신구 아름다움과 힘의 조화』1999)

197) 『北史』권94 「列傳」제82, 高麗; 『隋書』권81 「列傳」제46 東夷 高麗.

198) 임영진·조진선·서현주『복암리고분군』전남대학교박물관·나주시, 1999.

199) 김정기 외『천마총발굴조사보고서』문화재관리국, 1974.

200) 김정기 외『황남대총(북분)발굴조사보고서』문화재관리국, 1985; 문화재연구소『황남대총(남분)발굴조사보고서』1994.

201) 조유전·신창수 「경주용강동고분발굴조사개요」『문화재』19, 1986; 이은창·강유신 「경주용강동고분의 연구」『고문화』41·42합집, 한국대학박물관협회, 1992.

202) 骨壺는 경주 남산의 기슭에서 자주 발견된다(정길자 「신라장골용기연구」『한국고고학보』8, 1980). 신라사람들의 '남산'에 대한 인식과 관련하여 눈여겨볼 부분이다.

도판목록

제2장 청동기 문화와 철기 문명이 남긴 것: 선사, 역사 초기의 한국

(그림 1) 주먹도끼, 외날찍개, 가로날도끼 등 구석기 일괄, 연천 전곡리 출토
(그림 2) 흑요석제 석기 일괄, 여천 돌산 송도, 통영 욕지도 외 출토
(그림 3) 돌도끼, 돌칼, 돌낫, 부여 송국리, 진양 대평리 외 출토
(그림 4) 뼈점의 흔적, 해남 군곡리 조개더미 출토
(그림 5) 뼈와 조가비로 만든 신석기 유물들, 부산 동삼동 조개더미 출토
(그림 6) 청동기시대의 농경장면, 전(傳) 대전 출토 농경문 청동기 부분
(그림 7) 탄화된 곡물, 부여 송국리유적 출토, 청동기시대
(그림 8) 잔줄무늬 청동거울, 전(傳) 논산 출토, 국보141호
(그림 9) 검파형 청동기, 예산 동서리 돌널무덤 출토
(그림10) 청동방울들, 전(傳) 덕산 출토, 국보255호
(그림11) 청동과(靑銅戈) 제작에 쓰인 거푸집, 영암 출토, 국보231호
(그림12) 청동제 말모양 허리띠 장식 출토상황, 천안 청당동5호분, 초기철기시대
(그림13) 철검 및 칠기검집 출토 상황, 창원 다호리1호분 통나무목관 밑 껴묻거리구덩이, 초기철기시대
(그림14) 철제 갑옷, 전(傳) 김해 퇴래리 출토, 삼국시대
(그림15) 철제 갑주로 무장한 고대 무사의 모습, 복원모형
(그림16) 복천동46호분 내부, 부산 동래, 가야 5세기

제3장 고분벽화의 세계: 고구려

(그림17) 오녀산성 원경, 중국 요녕성 환인, 고구려
(그림18) 대형 돌무지무덤들, 중국 길림성 집안, 고구려
(그림19) 광개토대왕비 전경, 중국 길림성 집안, 고구려 414년
(그림20) 일상투조금장식(日像透彫金裝飾), 진파리7호분 출토, 고구려 6세기

(그림21) 벽화고분 내부 전경, 안악3호분, 고구려 357년
(그림22) 대행렬 부분, 안악3호분 회랑 벽화 부분, 고구려 357년
(그림23) 유주13군태수배례, 덕흥리벽화분 벽화, 고구려 408년
(그림24) 시녀, 각저총 벽화, 고구려 5세기초
(그림25) 무용과 합창, 무용총 벽화, 고구려 5세기 중엽
(그림26) 문지기, 장천1호분, 고구려 5세기 전반
(그림27) 하늘세계를 받치는 역사, 삼실총 벽화, 고구려 5세기 중엽
(그림28) 하늘세계, 덕화리1호분 벽화, 고구려 5세기말
(그림29) 나무, 진파리1호분 벽화, 6세기 전반
(그림30) 현무(玄武), 강서대묘 벽화, 고구려 6세기말
(그림31) 해신과 달신, 오회분4호묘 벽화, 고구려 6세기 중엽

제4장 용봉대향로에 담긴 뜻: 백제의 문화

(그림32) 몽촌토성 전경, 서울, 백제
(그림33) 복원된 석촌동3호분 전경, 서울, 백제 4세기
(그림34) 칠지도(七支圖), 일본 나라현 천리시 석상신궁(石上神宮), 백제 369년
(그림35) 백제국사(百濟國使), 양직공도(梁職貢圖) 부분, 소역(蕭繹, 505 ~ 554)
(그림36) 미륵사지 석탑(동탑) 복원모형, 익산 미륵사지
(그림37) 백제금동대향로, 부여 능산리 사지 출토, 백제 6세기, 국보287호
(그림38) 봉황, 백제금동대향로 부분
(그림39) 기마인물, 백제금동대향로 부분
(그림40) 용, 백제금동대향로 부분
(그림41) 무령왕(재위 501 ~ 523)과 왕비의 관식(冠飾), 공주 무령왕릉 출토, 백제, 국보154호, 155호
(그림42) 무령왕비의 베개, 공주 무령왕릉 출토, 백제, 국보164호
(그림43) 산수문전(山水紋塼), 부여 규암면 외리 출토, 백제 6세기
(그림도44) 얼굴무늬 토기편, 부여 관북리 출토, 백제 6세기

제5장 금관과 갑옷: 신라와 가야의 문화

(그림45) 신라왕경(新羅王京, 경주), 복원도
(그림46) 철기, 덕흥리벽화분 벽화, 고구려 408년

(그림47) 금동관, 고령 지산동 32호분 출토, 대가야 5세기
(그림48) 기마인물형 토기, 전(傳) 김해 덕산 출토, 가야 5～6세기, 국보275호
(그림49) 여러 가지 화살촉, 부산경남 각지 유적 출토, 가야 5～6세기
(그림50) 철정, 부산경남 각지 유적 출토, 가야 5～6세기
(그림51) 둥근고리큰칼들의 손잡이 끝 장식, 출토지 미상, 삼국시대
(그림52) 그릇받침, 합천 옥전26호분, 고령 지산동30호분, 고령 쾌빈동1호분 출토, 가야 6세기
(그림53) 금제굽다리접시, 경주 황남대총(황남동98호분) 남분 출토, 신라 5세기경
(그림54) 금동제 신발, 경주 식리총(飾履塚) 출토, 신라 5세기말～6세기초, 보물635호
(그림55) 금귀걸이, 경주 황남대총, 황오리52호분 외 출트, 신라 5～6세기
(그림56) 금관, 경주 황남대총(황남동98호분) 북분 출토, 신라 5세기경
(그림57) 금제 허리띠, 경주 금령총 출토, 신라 6세기
(그림58) 토우로 장식된 그릇뚜껑, 경주 출토, 신라 6세기
(그림59) 토우로 장식된 그릇, 경주 출토, 신라 6세기
(그림60) 인물토우, 경주 출토, 신라 6세기

제6장 과학기술의 정화, 그릇1: 토기

(그림61) 빗살무늬토기, 서울 암사동 신석기 주거지 출토, 신석기시대
(그림62) 덧무늬토기. 통영 연대도 조개더미 7호 돌무지무덤 출토, 신석기시대
(그림63) 무늬없는토기, 각지 유적 출토, 청동기～초기철기시대
(그림64) 각종토기, 창원 다호리고분군 출토, 초기 철기시대
(그림65) 굽다리접시, 부산 복천동25호분, 가야 5세기
(그림66) 합(盒)과 그릇받침, 신라 6세기
(그림67) 팽이형 토기, 송림 석탄리유적 출토, 청동기시대～초기철기시대
(그림68) 구멍무늬토기, 웅기 송평동 조개더미 출토, 청동기
(그림69) 긴목항아리와 그릇받침, 부안 죽막동 제사유적 출토, 백제 5세기～6세기
(그림70) 집모양토기, 경주 사라리5호분 출토, 신라 4세기
(그림71) 오리모양토기, 출토지 미상, 삼국시대 4세기

제7장 과학기술의 정화, 그릇2: 청자와 백자

(그림72) 청자병(靑磁甁), 고려 12세기

(그림73) 청자오리형연적(青磁鴨形硯滴), 고려 12세기
(그림74) 청자철화백퇴화승형좌상(青磁鐵畵白堆花僧形坐像), 고려 12세기 전반
(그림75) 청자양각모란당초문와(青磁陽刻牡丹唐草文瓦), 고려 12세기 중엽
(그림76) 청자상감운학모란절지문침(青磁象嵌雲鶴牧丹折枝文枕), 고려 12세기
(그림77) 청자상감국화문탁잔(青磁象嵌菊花文托盞), 고려 12세기
(그림78) 청자상감운학국문표형주자(青磁象嵌雲鶴菊文瓢形注子)와 승반(承盤), 고려 13세기
(그림79) 분청사기상감항아리(粉青沙器象嵌壺), 조선 15세기
(그림80) 분청사기조화모란문편병(粉青沙器彫花牡丹文扁甁), 조선 15세기
(그림81) 도요지의 백자 파편들, 경기 광주, 조선
(그림82) 백자상감연당초문대접(白磁象嵌蓮唐草文鉢), 조선 15세기, 국보175호
(그림83) 백자병(白磁甁), 조선 15～16세기
(그림84) 백자방형향합(白磁方形香盒), 조선 19세기
(그림85) 청화백자투각용문지통(青畵白磁透刻龍文紙筒), 조선 19세기
(그림86) 청화백자복숭아형연적(青畵白磁桃形硯滴), 조선 19세기.

제8장 풍부한 불교유산1: 사원, 탑, 부도

(그림87) 불국사 건물배치도, 경주, 통일신라
(그림88) 황룡사지 일대, 경주
(그림89) 황룡사지, 경주, 신라 535년 창건, 사적6호
(그림90) 무량사 극락전, 부여, 조선 중기, 보물356호
(그림91) 금산사 미륵전, 김제, 조선 1635년(인조13년), 국보62호
(그림92) 요동성탑과 요동성, 요동성총 벽화, 고구려 5세기
(그림93) 정림사지 오층석탑, 부여, 백제 7세기 전반, 국보9호
(그림94) 미륵사지 석탑[서탑], 익산, 백제 7세기 초, 국보11호
(그림95) 불국사 다보탑, 경주, 통일신라 8세기 중엽, 국보20호
(그림96) 선암사 동삼층석탑, 승주, 통일신라 9세기 후반, 보물395호
(그림97) 보림사지 보조선사 창성탑, 장흥, 통일신라 9세기 말, 보물157호
(그림98) 태화사지 십이지상부도, 울산, 통일신라 9세기, 보물441호
(그림99) 청송사지 부도, 울산, 조선

제9장 풍부한 불교유산2: 불상

(그림100) 금동반가사유상, 삼국시대
(그림101) 금동미륵보살반가사유상, 국보83호, 삼국시대 7세기
(그림102) 금동보살입상, 부여 규암면 신리 출토, 백제 6세기
(그림103) 신묘명 금동무량수삼존불, 고구려 571년, 국보85호
(그림104) 납석제불좌상, 부여 군수리 사지 출토, 백제 6세기 후반, 보물329호
(그림105) 계유명전씨아미타불비상 부분, 연기 비암사, 통일신라 673년경, 국보106호
(그림106) 금동사리외함의 천왕상, 경주 감은사지 서삼층석탑 출토, 통일신라 682년경
(그림107) 석조약사여래좌상, 경주 남산, 통일신라
(그림108) 석조보살상, 경주 남산, 통일신라
(그림109) 석조미륵보살입상, 논산 관촉사, 고려 968(광종19년), 보물218호
(그림110) 마애불입상, 안동 이촌동, 고려 11세기, 보물115호
(그림111) 이불병좌상(二佛竝坐像), 중국 길림성 훈춘현 팔련성지 제2절터 출토, 발해
(그림112) 함화사년명비상(咸和四年銘碑像), 출토지 미상, 발해 834년

제10장 풍부한 불교유산3: 불화

(그림113) 예불도, 장천1호분 벽화, 고구려 5세기 전반, 중국 길림성 집안
(그림114) 보살도, 장천1호분 벽화, 고구려 5세기 전반, 중국 길림성 집안
(그림115) 수월관음도(水月觀音圖), 고려 14세기
(그림116) 수월관음도 세부
(그림117) 수월관음도 세부
(그림118) 대방광불화엄경변상도(大方廣佛華嚴經變相圖), 고려 1350년, 감지금자(紺紙金字)
(그림119) 변상도 세부
(그림120) 변상도 세부
(그림121) 아미타구존도(阿彌陀九尊圖), 고려 1320년
(그림122) 아미타구존도 세부
(그림123) 아미타구존도 세부
(그림124) 아미타극락회상도(阿彌陀極樂會上圖), 대구 동화사, 조선 1703년, 견본채색(絹本彩色)

제11장 자연 속의 집과 성1: 집, 온돌, 한지

(그림125) 신석기시대 움집 복원도
(그림126) 청동기시대 움집 복원 모형
(그림127) 환호로 둘러싸인 마을터, 울주 검단리, 청동기시대
(그림128) 집터, 울산 북구 연암동 주거지1호, 청동기시대
(그림129) 고구려 온돌 유지, 집안 동대자유적, 고구려
(그림130) 한지를 바른 방문
(그림131) 마루
(그림132) 초가마을, 순천 낙안읍성, 조선시대
(그림133) 기와집모양 토기, 출토지 미상, 신라 6세기
(그림134) 기와, 중국 길림성 집안 출토, 고구려 4~5세기
(그림135) 기와지붕
(그림136) 녹유용면와(綠釉龍面瓦), 경주 안압지 출토, 통일신라
(그림137) 맞배지붕의 측면, 강진 무위사 극락전, 조선 1476년(성종7년) 이전, 국보13호
(그림138) 기와집의 용마루, 순천 송광사 대웅보전, 1990년

제12장 자연 속의 집과 성2: 궁과 성

(그림139) 성산산성(城山山城), 중국 요녕성 장하현 성산향 사하촌 만덕둔, 고구려 7세기
(그림140) 성산산성(城山山城) 장대(將臺) 부분
(그림141) 남한산성(南漢山城), 경기 광주, 조선 1624년, 사적57호
(그림142) 포루, 수원 화성, 조선 1796년, 사적3호
(그림143) 북암문, 수원 화성, 조선 1796년, 사적3호
(그림144) 대성산성과 안학궁성 평면도, 평양, 고구려
(그림145) 안학궁 복원모형도, 평양
(그림146) 부소산성 곁을 흐르는 백마강, 부여, 백제
(그림147) 월성 원경, 경주, 신라
(그림148) 성(城)으로 둘러싸인 한양, 조선 19세기
(그림149) 동래부사순절도에 보이는 동래성, 변박(卞璞), 조선 1760년, 보물392호
(그림150) 평양성 각자성석(刻字城石), 평양, 고구려 566년
(그림151) 평양성 일부, 평양감사향연도(平壤監司饗宴圖) 부분, 김홍도(1745~1817?), 지본담채(紙本淡彩)

(그림152) 서장대(西將臺) 중심으로 본 수원 화성의 모습, 정리의궤첩(整理儀軌帖), 김홍도 1795년, 판본채색(板本彩色)

(그림153) 수원 화성, 조선 1796년, 사적3호

第13장 귀족의 글, 서민의 그림

(그림154) 광개토왕릉비문 부분, 중국 길림성 집안, 고구려 414년

(그림155) 적성비, 단양, 고구려

(그림156) 무구정광대다라니경, 통일신라

(그림157) 금강경판 세부, 익산 왕궁리5층석탑 출토, 통일신라~고려 8~10세기

(그림158) 숙신공주(淑愼公主) 허여문기(許與文記), 태조 이성계, 조선 1401년, 지본묵서(紙本墨書), 보물515호

(그림159) 증철옹부백부임지행(贈鐵甕府伯赴任之行), 정조(1752~1800), 견본묵서(絹本墨書)

(그림160) 예액(隸額), 김정희(1786~1856), 지본묵서(紙本墨書)

(그림161) 현종(顯宗, 1641~1674)이 쓴 편지, 조선 17세기, 필사본, 보물1220호

(그림162) 옷감발기, 조선 19세기, 필사본

(그림163) 암각화 세부, 울주 대곡리 반구대 암각화 유적, 청동기시대

(그림164) 천마도, 경주 천마총(황남동155호분) 출토 장니, 신라 5세기 후반~6세기초

(그림165) 인물상, 파주 서곡리 고려벽화묘(1호묘) 북벽 벽화(12지상중 자(子)상), 고려 14세기

(그림166) 고사관수도(高士觀水圖), 강희안(1417~1464), 지본수묵(紙本水墨)

(그림167) 정양사도(正陽寺圖), 정선(1676~1759), 지본담채(紙本淡彩)

(그림168) 씨름도, 단원풍속화첩, 김홍도(1745~1817?), 지본담채(紙本淡彩), 보물527호

(그림169) 주막도, 단원풍속화첩, 김홍도(1745~1817?), 지본담채(紙本淡彩), 보물527호

(그림170) 연당야유도(蓮堂野遊圖) 부분, 혜원전신첩(蕙園傳神帖), 신윤복(1758~?), 지본담채(紙本淡彩), 국보135호

第14장 장인의 손끝에서 나온 가구와 장식

(그림171) 책상(冊箱), 조선 후기

(그림172) 사층사방탁자(四層四方卓子), 조선 후기

(그림173) 삼층장(三層欌), 조선 후기

(그림174) 삼층찬장(三層饌欌), 조선 후기

(그림175) 한옥의 문에 사용된 장식, 조선 후기
(그림176) 장석, 이층농(二層籠) 부분, 조선 후기
(그림177) 장석, 반닫이 부분, 조선 후기
(그림178) 장석, 약장(藥欌) 부분, 조선 후기
(그림179) 사랑채 풍경, 삼공불환도(三公不換圖) 부분, 김홍도 1801년, 견본담채(絹本淡彩)
(그림180) 사랑채 내부, 복원 모형, 국립중앙박물관
(그림181) 서안(書案), 조선 후기
(그림182) 문방사우(文房四友), 조선 19세기
(그림183) 안채 풍경, 삼공불환도(三公不換圖) 부분, 김홍도 1801년, 견본담채(絹本淡彩)
(그림184) 의걸이장, 조선 후기

제15장 내세 삶터의 살림살이: 고분과 껴묻거리

(그림185) 고인돌, 배천 용동리, 청동기시대
(그림186) 장군총, 중국 길림성 집안, 고구려 5세기
(그림187) 대형 독널들, 영산강 유역 출토, 삼국시대
(그림188) 옥전M3호분 내부, 합천, 가야 5세기말
(그림189) 대형 봉토분들, 경주, 신라
(그림190) 황남대총(황남동 제98호분) 남분 내부, 경주, 신라 5세기경
(그림191) 골호(骨壺), 경주 출토, 통일신라 8세기
(그림192) 껴묻거리용 딸림돌널, 성주 성산동 38-2호분, 가야
(그림193) 토기 출토 광경, 김해 능동14호분, 가야 5~6세기
(그림194) 토기에 담긴 고둥, 고령 지산동34SE-3호분 돌덧널 출토, 대가야 5~6세기
(그림195) 토기에 담긴 밤, 칠기원형두(漆器圓形豆), 창원 다호리 출토, 삼국시대
(그림196) 명기용 토용(土俑), 경주 용강동돌방무덤 출토, 통일신라 7세기말~8세기초

참고문헌

사료

『三國史記』『三國遺事』『高麗史』『太祖實錄』『北史』『隋書』『舊唐書』『日本書紀』『淮南子』『法華經』『華嚴經』『聽觀世音經』『無量壽經』『阿彌陀經』『觀無量壽經』

도록

경상남도·남강유적발굴조사단『남강선사유적』1998

경상남도·동아대학교박물관『남강유역문화유적발굴도록』1999

국립경주박물관,『新羅土偶-新羅人의 삶, 그 永遠한 現在』1997

국립경주박물관,『신라 와전』2000

국립경주박물관,『신비한 황금의 나라 新羅黃金』2001

국립경주박물관,『문자로 본 신라』2002

국립공주박물관,『백제 사마왕-무령왕릉 발굴, 그후 30년의 발자취』2001

국립공주박물관,『특별전 금강 최근발굴10년사』2002

국립광주박물관,『선·원사인의 도구와 기술』1994

국립광주박물관,『영산강의 고대문화』1998

국립광주박물관,『특별전 호남고고학의 성과』2000

국립광주박물관,『조선시대 풍속화』2002

국립김해박물관,『가야의 그릇받침』1999

국립김해박물관,『한국고대의 갑옷과 투구』2002

국립민속박물관,『한국의 종이문화』1995

국립부여박물관,『특별전 백제의 와전』1989

국립부여박물관,『박만식교수 기증 백제토기』1995

국립전주박물관,『특별전 바다와 제사-부안 죽막동 제사유적-』1995

국립전주박물관,『한·일 고대인의 흙과 삶』2001

국립중앙박물관, 『조선조목공예』 1989
국립중앙박물관, 『고려청자명품특별전』 1989
국립중앙박물관, 『삼국시대불교조각』 1990
국립중앙박물관, 『단원 김홍도』 1990
국립중앙박물관, 『井內功기증와전도록』 1990
국립중앙박물관, 『神秘의 古代王國 伽倻特別展』 1991
국립중앙박물관, 『불사리장엄』 1991
국립중앙박물관, 『謙齋 鄭敾』 1992
국립중앙박물관·국립광주박물관, 『특별전 한국의 청동기문화』 범우사, 1992
국립중앙박물관, 『조선시대 문방제구』 1992
국립중앙박물관, 『韓國의 先·原史土器』 1993
국립중앙박물관, 『알타이문명전』 1995
국립중앙박물관, 『한국고대의 토기』 1997
국립중앙박물관·부산광역시립박물관 복천분관, 『고고유물로 본 한국고대국가의 형성』 1998
국립중앙박물관, 『특별전 백제』 1999
국립중앙박물관, 『겨레의 글 한글』 2000
국립중앙박물관, 『겨레와 함께 한 쌀』 2000
국립중앙박물관, 『유창종기증 기와·전돌』 2002
국립진주박물관, 『청동기시대의 大坪·大坪人』 2002
국립청주박물관, 『철의 역사』 1997
국립청주박물관, 『한국고대의 문자와 기호유물』 2000
김해시, 『김해의 고분문화』 1998
부산광역시립박물관 복천분관, 『부산의 역사와 복천동고분군』 1996
부산광역시립박물관 복천분관, 『유물에 새겨진 고대문자』 1997
부산광역시립박물관 복천분관, 『고대장신구 아름다움과 힘의 조화』 1999
부산광역시립박물관 복천분관·국립김해박물관, 『고고학이 찾은 선사와 가야』 2000
부산대학교박물관, 『선사와 고대의 문화』 1996
부산복천박물관, 『古代戰士와 武器』 1999
삼성문화재단, 『단원 김홍도-탄신250주년 기념특별전』 1995
서울대학교박물관, 『2000년전 우리 이웃-중국요령지역의 벽화와 문물특별전』 2001
전라남도, 『전남의 선사와 고대를 찾아서』 2000
조선유적유물도감편찬위원회 편, 『조선유적유물도감』 5, 6, 외국문종합출판사, 1990

조선일보사, 『집안 고구려고분벽화』 1991
조선화보사, 『고구려 고분벽화』 1985
통도사성보박물관, 『불사리신앙과 그 장엄』 2000
한국방송공사, 『고구려고분벽화』1 993
호암미술관, 『조선백자전』 I , II , III, 1982, 1985, 1987

보고서

국립경주박물관, 『울진후포리유적』 1991
국립문화재연구소 편, 『황룡사유적발굴조사보고서』 1, 문화재관리국, 1984.
국립문화재연구소, 『황남대총(남분)발굴조사보고서』 1994
국립문화재연구소, 『풍납토성 I 』 2001
국립부여문화재연구소, 『미륵사지 유적발굴조사보고서』 2, 1996
국립부여문화재연구소, 『부소산성』 1997
국립전주박물관, 『부안죽막동제사유적』 1994
국립중앙박물관, 「휘보」 『美術資料』 22, 1978
국립중앙박물관, 『암사동』 1994·1995
김삼대자, 『전통 목가구』 대원사, 1994
김세기, 「성주 성산동고분-제38·39·57·58·59호분 조사개요-」(계명대학교박물관 『개관10주년 기념 성주 성산동 고분 특별전 도록』 1988)
김정기 외, 『천마총발굴조사보고서』 문화재관리국, 1974
김정기 외, 『황남대총(북분)발굴조사보고서』 문화재관리국, 1985
몽촌토성발굴조사단, 『몽촌토성발굴조사보고』 서울대학교박물관, 1985
문화재관리국, 『무령왕릉발굴조사보고서』 1973
문화재관리국 문화재연구소, 『전곡리』 1984
문화재관리국, 『미륵사지 동탑 복원설계보고서』 1990
미사리유적발굴조사단, 『미사리』 I ~ V, 1994
배기동, 「전곡리 구석기 유적발굴 개보」 『한국고고학연보』 7(서울대학교박물관) 1980
부산광역시립박물관, 『동삼동패총』 1999
신광섭 外, 「부여능산리건물지발굴조사」 『고고학지』 5, 1993
울산대학교박물관·울산광역시, 『울산반구대암각화』2 000
예용해·이종석, 『두석장 문화재보고서』 문화재관리국, 1979

이화여자대학교박물관, 『옛 가구의 아름다움』 1996
전라북도, 『미륵사지 서탑 실측 및 동탑 복원설계보고서』 1979
호암미술관, 『용인서리고려백자요』 1987
황욱, 『안악제3호분발굴보고』(『유적발굴보고』 3, 과학원고고학및민속학연구소) 과학원출판사, 1958

저서

강경숙, 『粉靑沙器硏究』 일지사, 1986
강우방, 『원융과 조화-한국고대조각사의 원리』 열화당, 1990
강현숙, 『고구려 고분연구』 서울대학교박사학위논문, 2000
고구려연구회, 『고구려연구』 8, 학연문화사, 1999
국립중앙박물관, 『지석묘연구』 1973
김리나, 『韓國古代佛敎彫刻史硏究』 일조각, 1989
김병모, 『금관의 비밀-한국 고대사와 김씨의 원류를 찾아서』 푸른역사, 1998
김영원, 『朝鮮前期 陶磁의 硏究-分院의 設置를 中心으로-』 학연문화사, 1995
김원룡, 『한국의 고분』(교양국사총서 2) 세종대왕기념사업회, 1974
김원룡, 『한국고고학개설』 일지사, 1986
김원룡·안휘준, 『신판 한국미술사』 서울대학교출판부, 1993
김정기, 『한국의 목조건축』 일지사, 1992
김태식, 『미완의 문명 가야사』 1,2,3, 푸른역사, 2002
동아대학교, 『동북아시아의 고대도성』 동아대학교개교50주년 기념 국제학술대회 발표논문집, 1996
리화선, 『조선건축사』 1, 과학백과사전종합출판사, 1989
무함마드 깐수, 『新羅·西域交流史』 단국대학교출판부, 1992
문명대, 『한국의 불화』 열화당, 1979
문명대, 『한국조각사』 열화당, 1980
문화재청·서울대학교박물관, 『한국 지석묘(고인돌)유적 종합조사·연구』 I, II, 1999
박방룡, 『신라도성연구』동아대학교박사학위논문, 1997
박선희, 『조선시대 반가의 주생활과 공간사용에 관한 연구』 연세대학교박사학위논문, 1991
박순발, 『백제국가의 형성연구』 서울대학교박사학위논문, 1998
박영규, 『한국의 목가구』 삼성출판사, 1982

박영순 외,『우리 옛집 이야기』 열화당, 1998
반영환,『한국의 성곽』 세종대왕기념사업회, 1978
방학봉,『발해건축연구』 연변대학출판사, 1995
변광석,『한국의 문화유산』 도서출판 뉴워드, 2003
불교사학회 편,『신라미타정토사상연구』 민족사, 1988
손영식,『한국성곽의 연구』 문화재관리국, 1987
손재식 사진·홍정실 글,『장석과 자물쇠』 대원사, 1998
송호정,『한국고대사 속의 고조선사』 푸른역사, 2003
신영훈,『한국의 살림집』상·하, 열화당, 1993
심봉근,『한국청동기문화의 이해』 동아대학교출판부, 1990
안휘준,『한국회화사』 일지사, 1980
안휘준,『한국회화의 전통』 문예출판사, 1988
안휘준,『한국회화의 이해』 시공사, 2000
여호규,『고구려성』I (압록강 중상류편) 국방군사연구소, 1998
여호규,『고구려성』II (요하유역편) 국방군사연구소, 1999
오주석,『단원 김홍도-조선적인, 너무나 조선적인 화가』 열화당, 1998
윤명철,『바닷길은 문화의 고속도로였다』 사계절, 2000
윤명철,『한민족의 해양활동과 동아지중해』 학연문화사, 2002
윤무병,『한국청동기문화연구』 예경산업사, 1987
이내옥,『문화재다루기』 열화당, 2000
이동주,『우리나라의 옛그림』 학고재, 1995
이성주,『신라·가야사회의 기원과 성장』 학연문화사, 1998
이영문,『고인돌 이야기』 다지리, 2001
이융조 외,『우리의 선사문화(I)』 지식산업사, 1994
이종석,『한국의 목공예』 상·하, 열화당, 2001
이주형,『간다라미술』 사계절, 2003
이현혜,『삼한사회형성과정연구』일조각, 1984
인제대학교가야문화연구소,『가야 제국의 철』 신서원, 1995
임영진,『백제한성시대고분연구』 서울대학교박사학위논문, 1995
전제헌,『동명왕릉에 대한 연구』 사회과학출판사, 1994
전호태,『고분벽화로 본 고구려 이야기』 풀빛, 1999
전호태,『고구려고분벽화연구』 사계절, 2000

정동찬 외,『겨레과학인 우리공예』민속원, 1999
정병모,『한국의 풍속화』한길아트, 2000
정양모,『韓國의 陶磁器』문예출판사, 1991
趙明濟·李喜洙·朴胤成,『韓國의 에너지·動力技術發達史』학연문화사, 1996
주남철,『한국주택건축』일지사, 1994
진준현,『단원 김홍도 연구』일지사, 1999
채희국,『대성산 일대의 고구려 유적에 관한 연구(유적발굴보고9)』사회과학원출판사, 1964
최병현,『신라고분연구』일지사, 1992
최완수 외,『우리문화의 황금기 진경시대』1,2, 돌베개, 1998
최종택,『고구려토기연구』서울대학교박사학위논문, 1999
한국고고학연구회,『한국 지석묘의 제문제』1990
한국정신문화연구원,『조선조 불화의 연구』1985
한밭대학교향토문화연구소,『풍납토성의 발굴과 그 성과』2001
최순우·박영규,『한국의 목칠가구』경미출판사, 1981
홍순민,『조선왕조 궁궐경영과 '양궐체제'의 변천』서울대학교박사학위논문, 1996
홍순민,『우리 궁궐 이야기』청년사, 1999
홍윤식,『한국불화의 연구』원광대학교출판부, 1980
鎌田茂雄 저·정순일 역,『中國佛教史』경서원 1985
鎌田茂雄 저·신현숙 역,『韓國佛教史』민족사, 1988
毛利久,『佛像東漸(朝鮮と日本の古代彫刻)』京都, 法藏館, 1983
마이클 로이 씀·이성규 역,『고대 중국인의 생사관』지식산업사, 1987

논문

강우방,「금동삼산관사유상고-삼국시대 조각론의 일시도-」『미술자료』22, 1978
강우방,「통일신라조각론」(한림과학원『한국미술사의 현황』예경1992)
강우방,「新羅土偶論」(국립경주박물관『新羅土偶-新羅人의 삶, 그 永遠한 現在』1997)
강우방,「불국사 건축의 종교적 상징구조」(경주시·동국대신라문화연구소『불국사의 종합적 고찰』1997)
강인구,「주구토광묘에 관한 몇 가지 문제」『정신문화연구』17-3, (한국정신문화연구원, 1994)
고유섭,「高麗陶瓷와 李朝陶瓷」『朝光』1940.10

김리나, 「삼국시대 불상양식연구의 제문제」『미술사연구』 2, 1988
김원룡, 「뚝도출토 금동불상」『역사교육』 5, 1961
김원룡, 「韓國美術史硏究의 二·三問題」『亞細亞硏究』 7-2, 1964
김원룡, 「唐朝의 舍利塔」『考古美術』 4-4, 1964
김정완, 「신라와 가야토기의 발생 및 변화과정」(국립중앙박물관 『한국고대의 토기』 1997)
김창현, 「고려 개경의 궁궐」『사학연구』 57, 1999
盧泰敦, 「5세기 金石文에 보이는 高句麗人의 天下觀」『韓國史論』19, 1988
노태돈, 「고조선 중심지의 변천에 대한 연구」(노태돈 편저 『단군과 고조선사』 사계절, 2000)
문명대, 「관경변상의 연구」『불교미술』 6, 1981
민덕식, 「고구려 평양성의 축성과정에 관한 연구」『국사관논총』 39, 1992
박방룡, 「명활산성작성비의 검토」『미술자료』 41, 1988
박순발, 「백제도성연구」(충청남도 『백제역사재현단지 조성조사연구보고서-고고미술분야1-』 1996)
성주탁, 「한국의 고대도성」(서울시정개발연구원 『동양 도시사 속의 서울』 1994)
손승광, 「조선조 한옥에 나타난 인간적 특징 연구-안채를 중심으로」 서울대학교석사학위논문, 1985
손진태, 「溫突文化傳播考」『新民』 3-4(24), 1927
손진태, 「朝鮮溫突考」『鄕土硏究』 5-6·7, 1931
송기호, 「발해 성지의 조사와 연구」(국사편찬위원회 『한국사론』 19, 1989)
송기호, 「육정산고분군의 성격과 발해 건국집단」『산운사학』 8, 고려학술문화재단, 1998
송태완, 「경제 김득신의 회화 연구」 홍익대학교석사학위논문, 1990
신숙정, 「신석기시대의 유물: 토기」(국사편찬위원회 『한국사』 2, 구석기문화와 신석기문화, 1997)
신안식, 「고려시대 개경의 나성」『명지사론』 11·12합집, 2000
신안식, 「고려전기의 축성과 개경의 황성」『역사와현실』38, 2000
신영훈, 「건축」(국사편찬위원회 『한국사』 27, 조선초기의 문화Ⅱ, 1996)
신종원, 「불교」 (국사편찬위원회『한국사』8, 1998)
신희권, 「풍납토성의 축조기법과 성격에 대하여」(한밭대학교향토문화연구소 『풍납토성의 발굴 그 성과』 2001)
안휘준, 「회화」(국사편찬위원회『한국사』 31, 조선중기의 사회와 문화, 1998)
유봉학, 「조선후기 풍속화 변천의 사상적 검토」『간송문화』 36, 1989
윤용이, 「고려도자의 기원과 발전」(한림과학원 『한국미술사의 현황』 예경, 1992)

이기백, 「삼국시대 불교수용과 그 사회적 의의」『역사학보』 6, 1954
이상길, 「지석묘의 장송의례」『고문화』 45, 한국대학박물관협회, 1994
이영문, 「지석묘의 기능적 성격에 대한 일검토」『배종무총장퇴임기념논총』 1994
이유미, 「조선 전기 상류주택의 안채구성에 관한 연구」 연세대학교석사학위논문, 1988
이완우, 「서예」(국사편찬위원회 『한국사』 8, 삼국의 문화, 1998)
이완우, 「서예」 (국사편찬위원회 『한국사』 35, 조선후기의 문화, 1998)
이원복, 「혜원 신윤복의 화경」『미술사연구』 11, 1997
이청규, 「남한지방 무문토기문화의 전개와 공렬토기문화의 위치」『한국상고사학보』 1, 1988
이청규, 「청동기·철기시대의 사회와 문화」『한국사』1, 한길사, 1994
이형구, 「高句麗의 享堂制度研究」『동방학지』 32, 1982
임영진, 「백제초기 한성시대 토기연구」『호남고고학보』4, 1996
임효재, 「방사성 탄소연대에 의한 한국 신석기문화의 편년연구」『김철준박사화갑기념사학논총』지식산업사, 1983
장지연, 「개경과 한성의 도성구성비교」『서울학연구』 15, 2000
全虎兌, 「5세기 高句麗古墳壁畵에 나타난 佛敎的 來世觀」『韓國史論』 21, 1989
全虎兌, 「고구려고분벽화에 나타난 하늘연꽃」『美術資料』46, 1990
전호태, 「집안장천1호벽화분」의 부분(1990년 번역, 미공개; 원본 吉林省文物工作隊·集安縣文物保管所(陳相偉·方起東) 「集安長川一號壁畵墓」『東北考古與歷史』 1輯, 1982)
全虎兌, 「고구려의 五行信仰과 四神圖」『國史館論叢』 48, 1993
全虎兌, 「고구려 장천1호분벽화의 서역계 인물」『울산사학』 6, 1993
전호태, 「고구려 龕神冢壁畵의 西王母」『한국고대사연구』 11, 1997
전호태, 「신화와 제의」(한국역사연구회『한국사상사의 과학적 이해를 위하여』 청년사, 1997
전호태, 「고구려고분벽화연구론」『고문화』 50, (한국대학박물관협회, 1997)
全虎兌, 「高句麗 後期 四神系 古墳壁畵에 보이는 仙·佛 混合的 來世觀」『蔚山史學』 7, 1997
全虎兌, 「회화」(국사편찬위원회 『한국사』 8, 삼국의 문화, 1998)
전호태, 「고구려 고분벽화의 문화사적 위치」(『한국미술의 자생성』 한길사, 1999)
全虎兌, 「高句麗 文化와 古墳壁畵」(간행위원회 편, 『한국고대사와 고고학』 학연문화사, 2000)
정길자, 「신라장골용기연구」『한국고고학보』 8, 1980
정양모, 「조선백자, 청화백자」(한림과학원 편, 『한국미술사의 현황』 예경, 1992)
정영진, 「발해무덤연구」『발해사연구』 1, 연변대학출판사, 1990
정영진, 「고구려·발해·말갈 묘장형제 비교연구」『백제연구』 22, 1991
정징원·신경철, 「종말기 무문토기에 관한 연구」『한국고고학보』20, 1987

정찬영,「고구려 적석총에 대하여」『문화유산』61-5, 1961
진홍섭,「남산신성비의 종합적 고찰」『역사학보』26, 1964
최몽룡,「청동기시대」(국사편찬위원회『한국사』3, 청동기문화와 철기문화, 1997)
최성락,「원삼국기 토기의 변천과 문제점」『영남고고학』5, 1989
최완규,「주구묘의 특징과 제문제」『고문화』49, 한국대학박물관협회, 1996
최완수,「한국서예사강」『간송문화』33, 1987
최주·김수철·김정배,「한국의 세형동검 및 동령의 금속학적 고찰과 납동위원소비법에 의한 원료산지추정」『선사와고대』3, 1992
최주,「청동기시대의 유적과 유물: 야금술의 발달과 청동유물의 특징」(국사편찬위원회『한국사』3, 청동기문화와 철기문화, 1997)
한영희,「각형토기고」『한국고고학보』14·15합집, 1983
한영희,「신석기시대의 유적」(국사편찬위원회『한국사』2, 구석기문화와 신석기문화, 1997)
홍선표,「조선후기 풍속화발달의 이념적 배경」(중앙일보사『한국의 미』19, 풍속화, 1985)
홍선표,「회화」(국사편찬위원회『한국사』35, 조선후기의 사회와 문화, 1998)
황수영,「蔚山의 十二支像浮屠」『美術資料』5, 1962
塚本善隆,「華北胡族國家の佛教興隆」(『中國佛教通史』 卷 1, 東京, 春秋社, 1979

찾아보기

(1)

13군태수배례도 / 46

(2)

28별자리[28星宿] / 52

(O)

OFF LINE / 13, 14, 15

ON LINE / 14, 15

(ㄱ)

가께수리 / 220, 221

가락국(駕洛國) / 80, 81, 82, 83, 84

가로날도끼 / 20

가무진찬(歌舞進饌) / 50

가야 양식 / 104

가야양식 토기 / 104

각저총 / 46, 47, 50

간다라 / 139

간다라 불상 / 143

간돌검 / 233

갈색유 / 107

감로왕여래 / 159

감상화 / 203, 204

감은사지 동·서 삼층석탑, / 131

감잡이 / 216, 218

강서대묘 / 52, 53

강희안(姜希顔) / 205

개경 정궁 / 188

개로왕(蓋鹵王) / 64

개석식 고인돌 / 228

거푸집 / 25

겸제 정선(鄭敾) / 205

경복궁(景福宮) / 188

경서동 가마 / 109

경제 김득신 / 207

경주 남산(南山) / 124, 142

경주양식 / 104

경주양식 토기 / 104

경직도(耕織圖) / 206

경질무문토기 / 102

경질찰문토기 / 102

경질토기 / 98, 102, 103, 104, 107, 108, 236

경첩 / 216, 217

계단식돌무지무덤 / 230

고구려 문화 / 36, 37, 38, 39, 40

고구려 토기 / 102, 103

고구려적 천하(天下) / 38

고국원왕(故國原王) / 44, 63

고려불화 / 157

고려사 / 110

고려자기 / 110

고려청자 / 112
고령토 / 108
고리 / 121, 216, 217, 218
고비 / 219
고사관수도(高士觀水圖) / 205
고선사지 삼층석탑 / 131
고인돌 / 101, 227, 228, 229, 233
고조선(古朝鮮)문화 / 37
고타마 싯달타 / 121, 137, 140
곤륜산 / 69
곤륜선계 / 71
골호(骨壺) / 109, 232, 237
공산성 / 187
공제 윤두서 / 207
관경변상도(觀經變相圖) / 160
관무량수경 / 159, 160
관세음보살 / 127
관아제 조영석 / 207
관음보살 / 127, 139, 156, 157, 158, 160
광개토왕(廣開土王) / 45, 64, 81
광두정 / 216, 218
광주분원 / 115
광화문 / 188
구멍무늬토기 / 101
구석기유적 / 19
구형왕(仇衡王) / 82
국가문화재 / 12
국내성(國內城) / 186, 189, 190
굴식 돌방무덤 / 231, 232, 236
굴피지붕 / 173
굽다리 접시 / 87, 102, 236
굽받침 / 87
궁궐 / 63, 74, 186, 188, 189, 191
궁성(宮城) / 170, 186, 187, 188, 190
궁체(宮體) / 201
귀잡이 / 216
귀장식 / 216, 218
그릇받침 / 87, 102, 236
극락정토 / 124, 127, 159, 161, 162
긁개 / 20, 22
금관총 / 90
금동대향로 / 68, 71, 72, 74, 75
금령총 / 89
기념물 / 12, 138
기반식 고인돌 / 228, 229
기와 / 68, 174, 175, 176
기와집 / 173, 174, 176, 177
긴목 항아리 / 87, 91, 102
김대성(金大城) / 123
김알지(金閼智) / 89
김유신 / 83, 142
김제(金禔) / 205
김춘추 / 83
김해식 토기 / 102
까래기와 / 175
껴묻거리 / 73, 86, 88, 103, 227, 228, 231, 233-237

(ㄴ)
나무덧널무덤 / 234, 235
나반존자 / 128
나성 / 190, 191
낙랑(樂浪)문화 / 37
낙랑식 덧널무덤 / 229

낙산관음복장수보문 / 158
낙산사 / 158
난승보살 / 142
남부여(南夫餘) / 65
남산신성 / 190, 192
남조문화(南朝文化) / 65
남종화(南宗畵) / 205
남한산성 / 191
납작밑토기 / 99
납작쇠도끼 / 236
내림마루 / 174, 177
내물마립간(奈勿麻立干) / 81
너와지붕 / 173
널무덤 / 227, 228, 229, 230, 231
노천요(露天窯) / 97
녹갈색 도기 / 103
녹색유 / 107
녹청자 / 109
농사의 신 / 54
눌지마립간(訥祇痲立干) / 82

(ㄷ)
다각형지붕 / 176
다보여래 / 132
다보탑 / 123, 132
단원 김홍도 / 207
단원 풍속화첩 / 208
달신 / 54
담징 / 202
대(大)행렬도 / 44
대가야(大伽倻) / 82, 83, 84, 104
대경산수 인물도 / 205
대마루 / 176
대성산성 / 190
대세지보살 / 127, 160
대장장이 신 / 54
대행렬도 / 44
대형 나무덧널무덤 / 231
대형독널무덤 / 230
덕수궁 / 189
덕온공주 / 201
덕화리1호분 / 51
덕흥리벽화고분 / 41, 44
덧널무덤 / 229
덩이쇠 / 31, 32, 86, 235
도기(陶器) / 97
도불혼합 / 74
도성 / 63, 65, 83, 126, 182, 189, 190, 191
도솔천 / 141, 142
독널무덤 / 227
독무덤 / 228
돌널무덤 / 227, 228, 230, 232, 233, 234
돌덧널무덤 / 227, 228, 231, 232
돌도끼 / 23, 233
돌무지나무덧널무덤 / 232, 234, 236
돌무지돌덧널무덤 / 229, 230
돌무지돌방무덤 / 229, 230
돌무지무덤 / 41, 60, 61, 228
돌방무덤 / 232
돌쩌귀 / 217
돌칼 / 23
돌화살촉 / 233
동국진경(東國眞景) / 205
동궁 / 187

동남리사지 / 125
동명성왕(東明聖王) / 35, 36, 190
동모산성 / 191
동방문화권 / 32
동삼동식 토기 / 100
동삼동유적 / 100
동성왕(東城王) / 65
동수(佟壽) / 44
동아시아 문화 / 73, 75
동왕공(東王公) / 75
동투겁창 / 234
두석장(豆錫匠) / 216
들쇠 / 216, 217
등서체(謄書體) / 201
등요(登窯) / 98, 102
디지털 / 13, 14
디지털 시대 / 14, 15
딸림덧널 / 231
뚝섬 출토 여래상 / 143

(ㅁ)
마가다국 / 160
마라난타 / 72
마루 / 171
마루수막새 / 177
마립간시대 / 80, 90
마애불 / 147
마우리야왕조 / 129
막고굴(莫高窟) / 75
막새 / 174, 175
말갈(靺鞨)문화 / 37
망새 / 177
맞배지붕 / 176
매죽문주자 / 111
매지권 / 65
명기(明器) / 236
명부시왕(冥府十王) / 128
명활산성 / 190, 192
모서리기와 / 175
모전석탑 / 130, 131
목가구 / 213, 214
목지국(目支國) / 60
몽촌토성 / 184, 190
무덤 / 229
무덤주인초상 / 46
무덤주인출행도 / 46
무량광불 / 159
무량수경 / 159
무량수불 / 159
무령왕 / 65
무령왕릉 / 73, 74, 234
무왕(武王) / 66, 83, 125
무용총 / 46, 47, 50
무위자연(無爲自然) / 122
무형문화재 / 12
문갑 / 213, 217, 219, 220
문명신(文明神) / 54
문무왕 / 83, 84, 187
문방사우(文房四友) / 220
문수보살 / 127
문인화 / 203, 204
문주왕(文周王) / 65
문화 인프라 / 14, 15
문화유물 / 9

문화유산 / 5, 6, 9, 10-15, 20
문화유적 / 9, 10
문화재 / 11, 12, 13
문화재보호법 / 11, 12
문화재위원회 / 12
문화적 점이지대(漸移地帶) / 37
미륵반가상 / 142
미륵보살 / 127, 139, 141, 142
미륵보살반가사유상 / 141
미륵불 / 141
미륵불국토 / 66
미륵사 / 125
미륵사지 / 66, 125
미륵사지 석탑 / 131
미륵삼존 신앙 / 125
미륵상 / 141, 144
미륵신앙 / 66, 125, 142
미사리 유적 / 168
미시랑(未尸郎) / 142
미천왕(美川王) / 44
민무늬토기 / 101, 102, 233
민속자료 / 12
밀희투전 / 208

(ㅂ)
바닥난방법 / 170
박제상(朴堤上) / 82
박혁거세 / 79
반가사유상(半跏思惟像) / 139, 140, 141, 142
반짇고리 / 221
반형세발토기 / 103
배부른 단지 / 234
백제 문화 / 65, 72
백제금동대향로 / 68, 72
백제대향로 / 68
백희기악(百戲伎樂) / 50
범(汎)고구려 문화 / 39
법장 브살 / 159
법장(法藏) 비구 / 159
법주사 팔상전 / 130
법화경 / 156
법흥왕(法興王) / 82, 123, 125
벽돌무덤 / 65, 229, 231, 232
보(堡) / 182
보살도 / 155
보타락가 정토 / 156, 158
보타락가산(補陀洛迦山) / 156, 157,158
보현보살 / 127
복암리3호분 / 235
복천동 고분군 / 85
복합식 / 183
복합식 산성 / 184
부산성 / 190
부소산성 / 187, 190
북두칠성신 / 128
북방청동기문화 / 27
북한산성 / 191
북형산성 / 190
분장회청사기(粉粧灰青沙器) / 113
분청귀얄 / 113, 114
분청담금 / 114, 115
분청담금자기 / 115
분청박지(粉青剝地) / 113, 114
분청사기 / 113, 114, 115

분청상감 / 113, 114
분청음각 / 113
분청인화(粉靑印花) / 113, 114
분청인화사기 / 114
분청조화(粉靑彫花) / 114
분청철화(粉靑鐵畵) / 113, 114
분황사 / 125, 131
분황사탑 / 131
불교 문화 / 74, 160
불교신앙 / 52, 74, 75, 82, 123, 147
불국(佛國) / 123
불국사(佛國寺) / 123, 124, 132, 146
불국정토 / 123, 124
불국토 / 124, 127, 159
불의 신 / 54
붉은 간토기 / 101, 102
붉은간그릇 / 233
붓다 / 137, 138, 139
붓다교 / 137
붓다상 / 139
붙박이형 자물쇠 / 218
비류(沸流) / 59, 60, 230
비색(秘色,翡色) / 109, 112
비천도 / 155
비파형 동검 / 27
빗살무늬토기 / 96, 99, 100, 101
뾰족끝찍개 / 20

(ㅅ)
사군자도 / 203
사당(沙棠) / 68, 69
사랑방 / 117
사랑채 / 221
사래기와 / 175
사로국(斯盧國) / 79
사비(泗沘, 부여) / 65, 103
사비성터 / 187
사비시대 / 74, 187, 190
사이버 공간 / 13, 14, 16
사이버 박물관 / 15
사이버 세계 / 15
사이버 수영장 / 15
사천왕상 / 145
삭토법 / 184
산성(山城) / 182, 183, 184
산수화 / 111, 202, 203, 204, 205, 206
산치대탑 / 139
삼국사기 / 79, 187
삼국유사 / 126, 157
삼층장 / 220, 221
상감 기법 / 111, 112, 114
상감(象嵌)청자 / 110, 111, 113
상감백자 / 116
상형기법 / 109
상형청자 / 110
새나리지붕 / 173
생활풍속계 벽화고분 / 43
서(西)아시아문화 / 38
서긍(徐兢) / 109
서까래 / 173, 175
서봉총 / 89
서예 / 200, 201, 204
서예가 / 201
서왕모(西王母) / 75

서포항유적 / 99
서한체(書翰體) / 201
서형산성 / 190
석가모니 / 128, 129, 137, 138, 139
석가여래 / 121, 123, 124, 127, 128, 132, 138, 141
석가탑 / 123, 132
석굴암 / 132, 146
석기(碩器) / 98
석봉 한호 / 201
석성(石城) / 182
석종형 부도 / 133
석축 / 184
석축 산성 / 190
선덕여왕(善德女王) / 83
선재동자 / 157
선형 자물쇠 / 218
선화봉사고려도경(宣和奉使高麗圖經) / 109
성산자산 / 191
성왕(聖王) / 65
성읍국가 / 32, 60
성토법 / 184
세종(世宗) / 115
세한도(歲寒圖) / 205
세형동검 / 27, 234
소가야(小伽倻) / 104
소경산수인물도(小景山水人物圖) / 205
소지마립간(炤知麻立干) / 82
솔거 / 203
솟을지붕 / 176
송산리고분군 / 234
쇠단검 / 234
쇠도끼 / 234
쇠뿔모양 손잡이 토기 / 102
수레바퀴의 신 / 54
수막새 / 174
수문(水門) / 185
수박희(手搏戲) / 47
수산리벽화분 / 51
수성(戍城) / 182
수원성 / 193
수월관음도 / 157, 158, 159, 161
수자타 / 137
수키와 / 174
수평마루 / 176
순백자 / 115
순원왕후 / 201
순장(殉葬) / 40
순청자 / 109, 110, 203
신당(神堂) / 27
신라 석탑 / 131
신라·가야 토기 / 104
신라문화 / 91
신라양식 토기 / 104
신석기 문화 / 21, 99
신석기 유적 / 21, 23
신선신앙 / 52, 71, 72, 74, 122
신선향(神仙鄕) / 71
신윤복 / 207, 208
신촌리9호분 / 235
실궤 / 221
실요(室窯) / 97
실용화 / 203, 206
싯달타태자 / 139
쌍영총 / 51

(ㅇ)

아귀(餓鬼) / 121
아날로그 / 13
아라가야 / 104
아미타경 / 159
아미타구존도 / 161
아미타극락회상도 / 161
아미타내영도 / 161
아미타독존도 / 160
아미타불 / 156, 159
아미타불화 / 161
아미타삼존도 / 161
아미타상 / 160, 161
아미타여래 / 124, 127, 160, 161
아미타여래도 / 160
아미타여래상 / 160
아미타정토 / 156, 162
아쇼카왕 / 129
아수라(阿修羅) / 121
아신왕(阿莘王) / 64
아폴론 / 139, 143
안방 / 46, 219, 220, 221, 222
안악3호분 / 41, 44
안채 / 45, 220
안학궁성(安鶴宮城) / 186, 190
암각화 / 202
암막새 / 174
암문(暗門) / 185
암사동 유적 / 168
암키와 / 174
앞바탕 / 218
앞받침 / 218
앞트기식 돌방무덤 / 232
약사여래 / 127
약수(弱水) / 69, 71
양이정(養怡亭) / 110
언해본 / 201
여의주 / 68
여장(女墻) / 185
역상감법 / 111
연개소문(淵蓋蘇文) / 83
연상(硯床) / 219
연유 / 107, 109, 227
연화화생(蓮花化生) / 71, 75, 152-155
염불왕생(念佛往生) / 161
영모화 / 203
영성(營城) / 182
영홍사 / 125
예불공양도 / 155
예불도 / 151
예서(隷書) / 199
오녀산성 / 190
오르도스식 청동기 / 27
오회분4호묘 / 52, 54
오회분5호묘 / 52
오회분5호묘 / 54
옥저(沃沮)문화 / 37
온돌 / 169, 170, 171, 172, 214, 215
온돌난방 / 170
온조(溫祚) / 59, 60230
옷걸이장 / 220
옹성(甕城) / 185
와기전(瓦器典) / 174
와당 / 174

와박사(瓦博士) / 174
와질(瓦質)토기 / 102
완당 김정희(金正喜) / 205
왕검성(王儉城) / 182, 189
왕경 / 91, 190, 232
용강동고분 / 236
용두 / 176
용마루 / 173, 174, 175, 176, 177
용면와 / 175
용수보살 / 141
용화정토(龍華淨土) / 125, 142
용화향도 / 142
우거(右渠) / 182
우산하41호분 / 41
우주역사 / 70
우진각지붕 / 176
운학문매병 / 111
움무덤 / 227, 228, 229, 232, 233
움집 / 22, 27, 168, 169, 172
웅진시대 / 65, 73, 74, 187, 190, 231
원교 이광사 / 201
원시민무늬토기 / 96, 99, 100, 101
월성(月城) / 187, 190
월하정인(月下情人) / 209
유주(幽州) 13군태수(郡太守) / 45
유토기 / 108
유형문화재 / 12
으뜸덧널 / 231, 235
음양각 기법 / 110
읍성(邑城) / 182
의상법사 / 158
의자왕(義慈王) / 67, 83
이광필 / 203
이규보 / 158
이녕 / 203
이불란사 / 124
이차돈 순교설화 / 82
이형 토기 / 103
인왕제색도(仁王霽色圖) / 205
임류각터 / 187
입곧은항아리 / 103

(ㅈ)
자기(磁器) / 108
자물쇠 / 216, 218
작성비 / 192
잔줄무늬 청동거울 / 27
장대(將臺) / 185
장성불사(長生不死) / 122
장석 / 98, 216, 217, 218, 219
장석유 / 107, 109
장수왕 / 64
장안성 / 190, 192
장의(葬儀) / 227
장천1호분 / 49, 50, 143, 151, 154, 155
적산(赤山)항로 / 64
전(傳)동명왕릉 / 124
전곡리유적 / 19, 20
전륜성왕(轉輪聖王) / 129
전서(篆書) / 198
전조후침(前朝後寢) / 186
전통 한지 / 171
전통가구 / 213
절풍(折風) / 51

정릉사지(定陵寺址) / 124
정림사지 / 125
정양사도(正陽寺圖) / 205
정토왕생(淨土往生) / 49, 154
정토화생관 / 75
제우스 / 139, 143
조로 / 177
조선 백자 / 115, 116, 117
조질토기 / 102
졸본부여 / 35, 59
종마루 / 176
주구묘 / 229
주먹도끼 / 20
주몽(朱蒙) / 35, 36, 190
주몽신화(朱蒙神話) / 38
중국문화 / 38, 72, 128
지방문화재 / 12
지산동 고분군 / 85
지증마립간(智證麻立干) / 82
진(鎭) / 45, 182
진덕여왕(眞德女王) / 83
진사백자 / 116
진시황(秦始皇) / 198, 199
진지왕(眞智王) / 83
진파리1호분 / 52, 53
진파리4호분 / 52
진흥왕(眞興王) / 66, 82
짚 / 172

(ㅊ)
창덕궁 / 188, 189
창성(倉城) / 182
창힐(蒼頡) / 198
처마 / 173, 174, 175, 176, 177
천마총 / 90, 236
천지신 / 66
철검 / 86
철기문화 / 32, 60, 85, 86, 102
철불(鐵佛) / 147
철정(鐵鋌) / 86
철화백자 / 116
청동거울 / 25, 26, 27, 234
청동검 / 25, 26
청동기문화 / 27, 28, 32, 59
청동모 / 25
청동방울 / 25, 26, 30, 234
청동의기 / 25
청동제 거울 / 25
청동제 방울 / 25
청암리 사지 / 124
청자기와 / 110
청자상감운학문매병 / 113
청자투각칠보향로 / 110
청화백자 / 115
초가 / 172, 173
초문사 / 124
초서 / 199
최치원 / 200
추녀마루 / 174, 177
추사 김정희 / 201
추사체 / 201
축생(畜生) / 121
축성법 / 184
취두 / 176

치미(鴟尾) / 175
치성(雉城) / 185

(ㅋ)
카필라국 / 121, 137, 140

(ㅌ)
타원수막새 / 175
탁자식 고인돌 / 228
탑리 오층석탑 / 131
태자사유상(太子思惟像) / 140
태조왕(太祖王) / 36
태호 / 109
태화사지12지부도 / 133
텀벙분청 / 115
텀벙자기 / 115
테뫼식 / 183, 184
테뫼식 산성 / 184
토석혼축성(土石混築城) / 182
토성(土城) / 182
토우(土偶) / 91
토축 / 184
통구사신총 / 52
투각기법 / 109

(ㅍ)
판갑갑주(板甲甲胄) / 85
판축 / 190
판축 토성 / 190
판축법 / 184
팔각원당형 / 133
팔각원당형 부도 / 133
팔상탱화 / 128
팔작지붕 / 176
팽이형 토기 / 101
평양 천도(平壤遷都) / 38, 64
평양성 / 63, 190
평양천도(平壤遷都) / 38
평지성 / 182, 183, 184, 189, 190, 191
포곡식 / 183
포곡식 산성 / 184, 190
포루(砲樓) / 185
풍납토성(風納土城) / 63, 184, 187, 190
풍속화 / 206, 207, 208, 209

(ㅎ)
하고성자고성 / 190
하늘기둥 / 70
한(漢) 문화 / 36
한국식동검 / 27
한림제설도(寒林霽雪圖) / 205
한성 / 64, 65, 190
한성시대 / 61, 64, 66, 73, 103, 144, 187
한양성 / 193
한자문화권 / 200
한지 / 171, 172, 205
해서 / 199
해신 / 54
해자(垓字) / 185, 190
행서 / 199
혜원 신윤복 / 209
혜원전신첩 / 209
호모-사피엔스 / 225, 226
홍도(紅陶) / 101

화문(畵文)청자 / 112
화분형 토기 / 234
화생천인(化生天人) / 54
화엄경 / 156, 158
화장(火葬) / 232, 237
화조도 / 203
환도성 / 190
황금의 나라 / 88
황남대총 / 90, 236
황남동155호분 / 236
황남동98호분 / 236
황룡사(黃龍寺) / 125, 203
황룡사터 / 125
황제 / 198
황토(黃土) / 43, 171, 172
회도(灰陶) / 102
회색 경질토기 / 103, 108
회유 / 107, 108, 109
회청색 경질토기 / 236
회회청(回回靑) / 115
후림 / 177
후불탱(後佛幀) / 162
흙무지돌방무덤 / 41, 229, 230, 234
흙무지돌방벽화무덤 / 229, 230, 232
흙바닥 / 170, 172
흙벽 / 171, 172
홍륜사 / 125
홍법사 염거화상탑(廉居和尙塔) / 133